Françoise Perriot

LE GUIDE DE l'Amérique indienne

Partez à la découverte des Indiens des Plaines et du Sud-Ouest

ÉDITIONS HORS COLLECTION

Courrier des lecteurs

Vous avez aimé ce guide ?
Vous souhaitez nous informer de vos impressions de voyage, de vos découvertes personnelles, de vos bonnes adresses…
N'hésitez pas à nous faire part de vos remarques en nous écrivant à l'adresse suivante :

Éditions Hors Collection
12, avenue d'Italie
75627 Paris Cedex 13

Conformément à une jurisprudence constante (Toulouse, 14-01-1887), les erreurs ou omissions involontaires qui auraient pu subsister dans ce guide, malgré nos soins, ne sauraient engager la responsabilité de l'éditeur.

Maquette : Paul-Raymond Cohen

ISBN 2-258-04974-1
N°d'éditeur : 302

Sommaire

L'invitation au voyage

L'intention de ce livre est de préparer le lecteur à découvrir une Amérique cachée, l'Amérique originelle, celle des Indiens de toujours.

Explorer cette Amérique indienne, c'est franchir un pont entre différentes cultures. C'est l'opportunité de s'enrichir des expériences de peuples porteurs d'une histoire qui, malgré des siècles d'oppression et de dénigrements, continuent à s'exprimer, avec difficulté mais à voix haute, et qui se projettent dans le futur. Pour cette destination, une seule solution : en faire l'expérience...

Les Indiens, conscients des atouts économiques de l'intérêt qu'ils suscitent, développent depuis peu dans les réserves des structures d'accueil touristique, mais celles-ci se trouvent la plupart du temps en dehors des chemins balisés que prennent les voyageurs. L'essor touristique indien est (avec l'implantation de casinos) le secteur économique le plus prometteur des États-Unis. Son potentiel, par la demande de touristes blancs, américains ou étrangers, est un véritable défi pour les Indiens. Ces derniers achètent désormais des hôtels de luxe, des ranchs immenses, réservent des milliers d'hectares pour en faire des paradis de pêche, de chasse et de randonnée. Désormais, ils forment leurs guides à l'accueil touristique.

Depuis les camps d'été sous tipis où l'on peut apprendre à tanner des peaux de bison, fabriquer des bijoux ou cuisiner à l'indienne jusqu'aux ranchs qui proposent de participer au travail sur le bétail, en passant par des parcours culturels et sportifs (jeux indiens, tir à l'arc, pêche) dans plusieurs camps de tipis installés à une journée de cheval les uns des autres, on peut aujourd'hui faire un incroyable séjour en pays indien.

Il est parfois difficile de découvrir les bonnes adresses car les Indiens gardent jalousement un contrôle absolu de leur

territoire et divulguent des informations avec parcimonie ; il est indispensable de savoir à qui s'adresser et quel comportement adopter pour être bien accueilli et partager un univers somptueux et étonnant. Les guides indiens dont les familles ont vécu sur cette terre depuis plus de dix mille ans en sont les meilleurs conteurs. Ils connaissent leur culture, leur art et leur histoire mieux que quiconque. Ils bâtissent leurs propres musées, font visiter les lieux historiques, les prairies marquées par le sang de leurs parents, avec des mots chargés d'émotion. En visitant les Indiens sur leur terre, on peut voir l'Amérique avec les yeux de ses premiers habitants.

Ce livre se propose donc d'offrir un guide pratique à tout voyageur de langue française avide de découvrir l'Amérique indienne. Il recense et dévoile les particularités, les lieux sacrés et les traits cachés de l'Ouest américain inconnu et pourtant si souvent rêvé. Il fournit des adresses pour se loger, participer à une visite guidée ou engager un guide personnel, assister aux fêtes et cérémonies, acheter de l'artisanat.

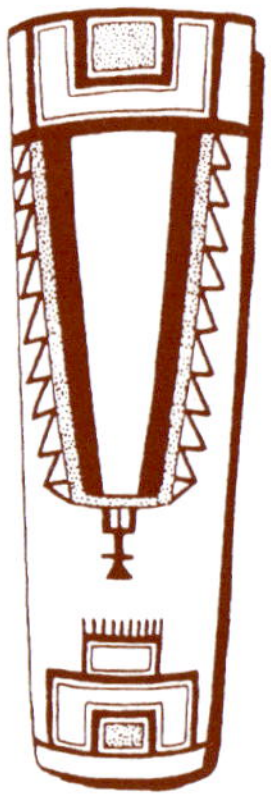

Cet ouvrage est comme une photographie, un instantané d'un monde en mouvement ou d'un mustang au galop. Même s'il vous donne l'apparence d'être immobile, avant que vous n'ayez refermé ses pages, il aura déjà bougé. Les rues ont peut-être changé de nom, les téléphones de numéro, les lieux de propriétaires, mais le vent indien souffle partout. Cherchez-le bien, il a un goût d'éternité que vous ne pouvez pas rater. Je vous pointe simplement du doigt un coin de ciel bleu...

Sur l'organisation du livre

En première partie, vous trouverez les recommandations de base pour visiter une réserve, les adresses des organismes de tourisme, ainsi que le portrait de l'Amérique indienne. Puis vous découvrirez chaque réserve, classée État par État et par ordre alphabétique.

Les réserves présentées sont réparties en deux régions, les Grandes Plaines et le Sud-Ouest, qui regroupent chacune plusieurs États aux caractéristiques géographiques et aux aires culturelles bien distinctes. Les frontières de ces deux régions ne correspondant pas toujours à celles des

États qui s'y trouvent, elles sont ici d'abord délimitées par rapport aux tribus qui y vivent et qui se sont adaptées aux particularités écologiques, climatiques et zoologiques de leur contrée. Ainsi la majorité du Colorado pourrait être classée dans les Grandes Plaines, mais les tribus indiennes qui y sont depuis des siècles ont des traits culturels proches de ceux des Indiens du Sud-Ouest et vivent dans une zone géographique présentant toutes les caractéristiques du Sud-Ouest.

L'ouvrage propose un ***itinéraire conseillé*** *par État, l'****adresse du bureau officiel*** *de chaque réserve, comment* ***y aller****, un* ***résumé historique*** *des tribus dans lesquelles le voyageur se rend. Ensuite sont énumérés les* ***fêtes et cérémonies*** *publiques, le monde de l'****art*** *et de l'****artisanat*** *(les musées et galeries, les institutions culturelles),* ***que faire dans la réserve*** *(les lieux à visiter et les activités proposées). Enfin, des encadrés développent plus en profondeur certains sujets, comme la gastronomie indienne ou le déroulement d'un powwow.*

À la fin de l'ouvrage, un index des noms, une bibliographie, la liste et les coordonnées des musées, un glossaire.

Informations pratiques

Se préparer pour visiter une réserve

Les cultures indiennes ont évolué comme toutes les cultures vivantes et cette notion contredit l'image de l'« Indien typique traditionnel » que l'on se représente avec des plumes d'aigle et un cheval. Cette vision appartient désormais à l'Histoire… Il vaut mieux, avant d'aborder l'Ouest américain, se débarrasser des stéréotypes qui figent les Indiens dans un monde obsolète.

En dehors des chemins balisés, des réserves ou des cérémonies, il existe cependant des lieux d'exception où le voyageur se sentira enfin « arrivé » en terre indienne. Ainsi les grands espaces de la région des Plaines martelés par le galop des guerriers sioux, ou les déserts du Sud-Ouest, qui semblent avoir échappé au temps.

Alors que beaucoup de réserves s'efforcent de développer l'accueil touristique, il n'en reste pas moins que leurs sentiments vis-à-vis des étrangers sont parfois ambivalents. Loin d'être insurmontable, cette barrière peut se franchir pour peu que le voyageur soit bien informé et respectueux de l'environnement – culturel et géographique – dans lequel il va pénétrer.

« Respect » est bien le mot d'ordre dans un voyage en pays indien. Il faut connaître les codes du protocole indien, qui varient d'une tribu à une autre et qui sont souvent divergents de ceux des Occidentaux.

• Il est important de tenir compte des règlements tribaux. Les restrictions concernant la chasse, la pêche, les promenades dans certains lieux sacrés, la photographie, la consommation d'alcool peuvent être très strictes. Il faut s'en informer auprès des bureaux officiels.

• Les plumes d'aigles, animaux protégés par la loi, ne peuvent être utilisées et détenues que par des Indiens.

• Les communautés et villages indiens sont des lieux de vie et non des musées à ciel ouvert. Il faut respecter la vie privée des habitants.

• Les cérémonies sont des événements organisés par et pour les Indiens. Elles ont souvent un caractère religieux et les Indiens peuvent se sentir mal à l'aise en présence d'étrangers. Les visiteurs qui y assistent en garderont un souvenir inoubliable, mais il est prudent de toujours demander l'autorisation avant de prendre des photographies, perçues éventuellement comme des actes de voyeurisme. Dans certains endroits, elles sont strictement interdites, dans d'autres elles sont autorisées gratuitement ou contre une redevance minime (entre 2 $ et 10 $) qui profite à toute la tribu.

• Soyez attentif à ne pas gêner le déroulement des cérémonies et armez-vous de patience, car les horaires annoncés ne sont pas toujours tenus.

• Si vous posez des questions, ne vous attendez pas que les Indiens y répondent avec précision. Leur attitude est plutôt conservatrice et ils tiennent à tenir secrets certains faits, aussi est-il malséant d'insister. En général, la discrétion est une valeur hautement appréciée, de même que la générosité. Échangez vos connaissances, faites partager vos expériences, parlez de votre pays ou région. À des amis venus lui rendre visite et qui lui demandaient ce que je devais conseiller aux Français qui iraient dans son pays, John, un Shoshone de Wind River, répondit après avoir réfléchi longuement : « Dites-leur d'apprendre à donner, à partager. C'est tout. » Le tabac a une valeur symbolique pour beaucoup d'Indiens, l'alcool est interdit dans la plupart des réserves. Les perles achetées en Europe sont très recherchées.

• Pour ce qui concerne les dates des cérémonies, retenez bien que vous vivrez à *l'Indian time*. C'est-à-dire que les horaires et les dates sont extrêmement fluctuants. Dans un camping où sont installés des tipis chaque été, cette année ils sont restés dans une remise. Nous sommes en juillet, j'interroge le propriétaire et lui rappelle qu'après tout il reste encore de beaux jours touristiques en août et septembre. « Ah oui, me dit-il. Je vais les monter… l'année prochaine. »

◆ L'étiquette des powwows

• Il est généralement autorisé de faire des photos, mais mieux vaut se renseigner auprès des responsables de l'organisation du powwow.

• Hors de la piste de danse, demandez aux personnes concernées la permission de les photographier.

• La piste centrale de danse est considérée comme sacrée. Vous ne pouvez y pénétrer sans y être invité.

• Les visiteurs peuvent participer à la danse de clôture, la *Round Dance*, ainsi qu'au *Giveaway* (distribution et échange de cadeaux).

• Levez-vous lors de la *Grand Entry*, parade qui marque le début des danses, et lorsque sont joués des hymnes.

• Pensez à emporter avec vous un siège pliable ou une couverture, pour vous asseoir autour de la piste de danse.

◆ Étiquette chez les Pueblos

• En règle générale : ne pas entrer sans y être invité dans des domiciles privés, rester dans l'enceinte du village et ne pas pénétrer dans les *kivas* ni dans les cimetières.

• Ne pas amener d'animaux familiers dans le pueblo et surveiller vos enfants.

• Les armes à feu, les drogues et l'alcool sont interdits.

• Les appareils photo, les enregistreurs sonores, les caméras vidéo ou même faire les croquis nécessitent une permission, parfois accordée moyennant une faible redevance qui profite à l'économie tribale.

• Les danses, malgré la foule des spectateurs, sont des cérémonies religieuses et non pas des spectacles. Il faut y assister respectueusement, ne pas parler aux danseurs ni leur barrer le passage (pour prendre des photos, par exemple).

• Il est également malséant d'applaudir.

• Les Indiens pueblos sont extrêmement pudiques et une curiosité déplacée peut les mettre mal à l'aise.

• Enfin, n'oubliez pas que ce sont les abus qu'ils ont subis dans le passé qui les ont conduits à se montrer pointilleux. Actuellement, il est même question d'interdire certaines cérémonies jusqu'alors ouvertes au public, comme la célébration zuni des Shalakos.

CE QU'IL FAUT SAVOIR, UNE FOIS SUR PLACE

◆ Où atterrir

Les grandes villes ont toutes des aéroports. En venant de France, vous n'aurez pas de vol direct pour les Grandes Plaines. Les aéroports de Denver et de Salt Lake City sont les plaques tournantes du trafic aérien des Plaines.
Pour le Sud-Ouest, Phoenix, Tucson et Albuquerque accueillent les vols internationaux.

◆ Pour circuler

La location de voiture ou de camping-car est le meilleur moyen de visiter l'Amérique indienne et de rencontrer les Indiens. Le pays est doté d'un vaste réseau routier, ainsi que de pistes praticables la plupart du temps. Chaque État fixe les limites de vitesse, mais généralement sur route elle est de 55 ou 65 miles/h (88 km/h ou 100 km/h). En agglomération, elle est de 25 miles/h (40 km/h) et de 15 miles/h (25 km/h) aux abords des écoles. Au Montana, il n'y a pas de limite de vitesse hors agglomération. Le permis de conduire français est valable partout. Les principales compagnies de location automobile ont des annexes dans les grandes villes, mais il est parfois plus avantageux d'acheter un forfait billet d'avion et location de voiture en France. En général, vous obtiendrez de meilleurs tarifs dans les villes que dans les endroits perdus. Dans les aéroports se trouvent plusieurs bureaux de location de voitures. Cependant, vous pouvez téléphoner à une compagnie en ville pour comparer les prix et conditions. Les prix varient d'un État à l'autre ainsi que les taxes. Une carte de crédit est indispensable pour régler la location, de préférence une Gold, qui vous évite de souscrire à des assurances de responsabilités supplémentaires.

Les autocars sont un moyen de transport pratique et économique, mais c'est aussi un moyen lent et qui restreint votre liberté de mouvement. Les gares routières sont toujours situées dans le centre-ville. Les plus célèbres sont ceux de la compagnie Greyhound.

Les avions sont le moyen de transport le plus rationnel pour couvrir de longues distances. Les vols intérieurs ont des tarifs très compétitifs qui varient selon les heures et la date de départ, si les trajets sont directs, etc. Les prix promotionnels sont fréquents. Mais la voiture, ou moto, est indispensable pour découvrir les réserves.

Plusieurs lignes ferroviaires desservent les États de l'Ouest en assurant des liaisons quotidiennes entre la côte Pacifique et le Middle West. Les trains de l'Amtrak desservent le Dakota du Nord, le Montana et le Nebraska.

◆ Les signalisations des routes

Les *highways* (Hwy) sont les autoroutes ou routes principales. Elles portent toutes un numéro (les nombres impairs indiquent les liaisons nord-sud, les pairs les liaisons est-ouest) et sont classées en plusieurs catégories : les principales, qui traversent plusieurs États (*interstate*), celles qui sont fédérales (*US Hwy*), celles qui sont propres à l'État (*State Hwy :* ND Hwy pour le Dakota du Nord, AZ Hwy pour l'Arizona, etc.), les routes rapides (*freeway, highway, expressway*) et enfin les routes secondaires dans les réserves, qui portent soit un nom, soit un numéro.

◆ Urgence

Un seul numéro gratuit pour la police, les pompiers, les ambulances : 911.

Dans certains endroits, si le numéro direct ne fonctionne pas, composez le 0, et une opératrice vous mettra en rapport avec le service d'urgence demandé.

Dans les réserves, les hôpitaux sont réservés aux Indiens.

◆ Distances, poids et mesures

1 mile = 1,6 km
1 inch (in.) = 25 mm
1 foot (ft.) = 0,30 m
1 yard (yd.) = 0,92 m
1 acre = 0,4 ha

1 once (oz. masse) = 25 g
1 pound = env. 0,5 kg

1 once liquide (fl.oz.) = 29,6 ml
1 liquid quart (qt.) = 0,94 l
1 US gallon = 3,78 l

◆ Jours fériés

New Year's Day (jour de l'An) : 1er janvier.

Martin Luther King's Birthday : 3e lundi de janvier.

President's Day : 3e lundi de février.
Memorial Day (jour du Souvenir) : dernier lundi de mai.
Independence Day (fête nationale de l'Indépendance) : 4 juillet.
Labor Day (fête du Travail) : 1er lundi de septembre.
Columbus Day (fête de Christophe Colomb) : 2e lundi d'octobre.
Veteran's Day (journée des Anciens Combattants) : 11 novembre.
Thanksgiving (journée d'action de grâce instaurée par les pèlerins, qui, sans l'aide de Dieu et des Indiens de la côte est, seraient morts de faim dès leur premier hiver en 1620, dans le Nouveau Monde) : dernier jeudi de novembre.

◆ Autres célébrations

Native American Day : chaque année, le 13 octobre, les Indiens commémorent ce qu'ils appellent le Native American Day. Pour eux, pas question de croire qu'ils ont été « découverts ». Au contraire, ce sont eux qui, le 13 octobre de l'année 1492, ont surpris ces étrangers sur leur terre. Ce jour est en effet la date de débarquement de Christophe Colomb sur la terre des Indiens. Cette découverte de Christophe Colomb n'en était pas vraiment une puisque dès le XIe siècle des Vikings avaient installé des colonies sur la terre américaine.
Journée de libération et des droits de l'homme : jour férié chez les Lakotas, par un décret approuvé le 22 janvier 1998.

◆ Pass pour les parcs nationaux

Le Golden Eagle Passport est une carte annuelle qui donne le droit d'entrer dans tous les parcs, monuments, zones d'intérêt historique et aires de loisirs gérées par le service des Parcs nationaux. Elle donne droit à une entrée gratuite pour le propriétaire d'un véhicule et tous ses passagers. On achète ce « pass » aux entrées des parcs.

RÉSEAU INDIEN

◆ Principaux journaux et magazines indiens

Les Indiens publient plusieurs centaines de magazines, journaux et bulletins. Ils possèdent leur agence de presse, l'**American Indian Press Association**, installée à Washington, DC. Cette presse reflète les préoccupations (art, environnement, politique, société) des Indiens.

LES NATIONAUX
Aboriginal Voices (bimensuel)
116 Spadina Ave. Suite 201
Toronto, ON M5V 2K6

Indian Country Today
(hebdomadaire)
1920 Lombardy Drive
Rapid City, SD 57701
Tél. : (605) 341 0011
Fax : (605) 964 3411
Site web : www.indiancountry.com
E-mail : general@indiancountry.com

Native People (trimestriel)
P.O. Box 36820

Phoenix, AZ 85067-6820
Tél. : (602) 252 2236
Fax : (602) 265 3113
Site web : www.nativepeople.com
E-mail : circulation@nativepeople.com

Indian Artist (trimestriel)
P.O. Box 5465
Santa Fe, NM 87502-5465
Tél. : (505) 982 1600
E-mail : 75467.1545@compuserv.com

QUELQUES RÉGIONAUX
Apache Scout
P.O. Box 898
Whiteriver, AZ 85941
Tél. : (602) 338 4813

Hopi Tribal News
P.O. Box 123
Kykotsmovi, AZ 86039
Tél. : (602) 734 2401

Navajo Nation Today
P.O. Box 2466
Window Rock, AZ 86515
Tél. : (602) 871 4289

PRESSE NON INDIENNE, MAIS QUI DIFFUSE DES INFORMATIONS SUR LES RÉSERVES
Arizona Highway (mensuel)
2039 W. Lewis Ave.
Phoenix, AZ 85009

Magazines sur les Indiens, publiés en France
Nitassinan (trimestriel)
C.S.I.A. – BP 110-08
75363 Paris Cedex 08

Big Bear (trimestriel)
Saint Gourson – 16700 Ruffec
Tél. : 05 45 31 48 31

◆ Sur les ondes

Plusieurs stations de radios locales indiennes sont affiliées à ***AIROS*** (American Indian Radio on Satellite), qui émet des émissions 24h/24 dans plusieurs réserves. Site web : www.nativetelecom.org.
Pour avoir plus de renseignements : Native American Public Telecommunications. P.O. Box 83111. Lincoln, NE 68501.
Tél. : (402) 472 3522.
E-mail : inet@unlinfo.unl.edu.

◆ Pour se loger

Bed and breakfast **:** il tient plus du gîte rural que de l'hôtel. L'accueil y est chaleureux et douillet. Le moment fort est celui du petit déjeuner avec les hôtes. Jusqu'à présent, ce type de logement est peu répandu chez les Indiens.
Campings : généralement nombreux, ils sont classés selon plusieurs niveaux de qualité. Certains sont rudimentaires, d'autres bien équipés. Dans les endroits touristiques, lors des saisons d'affluence, mieux vaut réserver. La plupart des réserves n'autorisent le camping que dans les endroits aménagés, cependant certaines permettent aux visiteurs de s'installer n'importe où en demandant la permission au préalable.
Chez l'habitant : certaines réserves ont su développer l'accueil chez l'habitant, en particulier lors des fêtes. C'est idéal pour partager la vie quotidienne d'une famille indienne.
Ranchs : typiques de l'Ouest, ils offrent des activités telles que se promener à cheval ou participer au travail sur le bétail.

Tipis, *log cabins* : certaines réserves proposent la location de tipis ou de cabanes en rondins.

Le guide de l'acheteur

Acheter des objets artisanaux est chose facile, que ce soit dans les *trading posts*, *pawn shops*, galeries, boutiques dans les musées ou directement aux artistes eux-mêmes. Ce qui l'est moins, c'est de ne pas dépenser son argent dans des contrefaçons, dont le marché bat son plein au pays des Indiens. La règle d'or est donc de s'assurer que les objets sont authentiquement indiens et non pas « made in Mexico » ou « Thailand » (la compagnie thaïlandaise Buck-a-Gram édite un catalogue de bijoux de style hopi !). Essayez d'obtenir un reçu qui décrit l'objet et donne le nom de son auteur. La qualité de l'artisanat indien varie d'un objet sur l'autre et d'un artiste à l'autre. Certains travaillent dans le style traditionnel, d'autres dans le contemporain. Les partenaires de l'**Indian Arts and Crafts Association** (IACA) garantissent l'authenticité des objets qu'ils vendent. Pour défendre leurs productions locales, plusieurs tribus ont également développé des associations d'artistes et d'artisans. Adressez-vous à elles pour connaître les noms et coordonnées de leurs artistes.

• **Joaillerie :** la plupart des bijoux indiens sont faits en argent et pierres semi-précieuses. Plusieurs grades d'argent peuvent être utilisés. Assurez-vous que les pièces sont poinçonnées (sauf pour les anciennes, qui sont parfois reconnaissables parce qu'elles sont faites en plusieurs morceaux d'argent dont on voit les soudures au revers de la pièce). Vérifiez que les pierres ne soient ni ébréchées, ni branlantes dans leur serti. Demandez au vendeur d'identifier les pierres (il existe plusieurs catégories de turquoises). Certaines pierres sont en fait des imitations en plastique, parfois difficiles à différencier des vraies.

• **Perlage :** plus les perles sont petites et les motifs compliqués, plus la pièce est chère. Il existe deux techniques de base, l'une au point « appliqué », l'autre au point « lâche ». Pour le premier, les perles sont enfilées sur une ficelle en rang. Ce rang est ensuite cousu, toutes les trois ou quatre perles, au cuir ou textile qui sert de base. Dans le point « lâche », seules les extrémités du rang sont cousues au cuir. Assurez-vous de la finition : si un fil se détachait, vous auriez beaucoup de mal à rattraper vos perles. Il existe également un perlage fait à la machine, essayez de savoir qui a fait l'objet pour éviter cette production industrielle. Les motifs variant selon les tribus, essayez d'en connaître les origines.

• **Poterie :** la poterie traditionnelle indienne est faite à la main sans l'aide d'un tour et décorée avec des pigments naturels. Les poteries faites à la machine sont communes, vu les prix exorbitants qu'atteignent celles faites à la main, mais leurs décorations étant parfois peintes manuellement, elles peuvent vous tromper quant à leur qualité. Les terres employées varient selon les lieux de production. Essayez toujours d'avoir le plus de renseignements possible avant d'acheter l'objet désiré.

• **Poupées :** pour les poupées kachinas, sachez que les plus réputées sont faites par les Hopis, mais que les Zunis et les Navajos en produisent également de très belles. Celles qui ont le plus de valeur sont taillées dans un seul morceau de bois (en *cottonwood,* espèce de peuplier américain). Les autres sont faites de plusieurs morceaux (pour les bras, les jambes) collés. Il est difficile d'acheter une belle kachina pour moins de 100 $. Les poupées en cuir et textile des Indiens des Plaines sont réalistes et ressemblent à de vrais personnages en costumes traditionnels, différents selon les tribus. Cependant, les traits du visage (yeux, nez, bouche) ne sont parfois pas représentées car certains artistes estiment que seul le Créateur peut donner une expression au visage. Auparavant, les poupées étaient fourrées avec de la laine de bison. Aujourd'hui, elles le sont avec des crins de cheval ou du coton.

• **Vannerie :** la belle vannerie faite à la main est devenue un produit rare. Sur le marché se trouvent de nombreux produits importés d'Afrique, d'Asie et d'Amérique latine. Pour voir si le panier est bien fait, mettez-le à la lumière et constatez si elle ne passe pas au travers. Trop d'interstices révèlent un travail bâclé.

• **Tissage :** la grande demande en tapis navajos a créé une véritable industrie de copies, dont la plupart viennent du Mexique. Renseignez-vous sur la provenance du tapis, son mode de fabrication, son style, et demandez s'il est 100 % en laine. Traditionnellement, les Indiens teignaient leur laine avec des pigments naturels. Certains continuent à le faire. Leurs tapis ont alors des teintes plus subtiles que ceux réalisés avec des écheveaux teintés chimiquement. Ils sont aussi plus chers.

Les principaux offices de tourisme

Arizona

Arizona Office of Tourism
1100 W, Washington St.
Phoenix, AZ 85007
Tél. : (602) 230 7733
Fax : (602) 277 9289
Site web : www.arizonaguide.com

Navajo Tourism Department
P.O. Box 663
Window Rock, AZ 86515
Tél. : (52) 871 6436
Fax : (520) 871 7381
Site web : www.atiin.com/navajoland

Colorado

Denver Metro Convention & Visitors Bureau
225 W. Colfax Ave.
Denver, CO 80202
Tél. : (303) 892 1505 ou 892 1112
Site web : summitnet.com/index.htme

Dakota du Nord

North Dakota Tourism Dept.
604 East Bld.
Bismarck, ND 58505-0825
Tél. : (710) 328 3502 ou 328 2525
Fax : (710) 224 4878
Site web : www.ndtourism.com

Dakota du Sud
South Dakota Dept. of Tourism
711 E. Wells Ave.
Pierre, SD 57501-3369
Tél. : (605) 773 3301
Fax : (605) 773 3356
Site web : www.state.sd.us

Oglala Sioux Tribe Tourism Office
P.O. Box 3008
Pine Ridge, SD 57770
Tél. : (605) 867 5301
Fax : (605) 867 1471

Kansas
Kansas Travel & Tourism
700 SW Harrison ; Ste 1300
Topeka, KS 66603-3712
Tél. : (913) 296 7091
Fax. : (913) 296 6988

Montana
Travel Montana Dept. of Commerce
Helena, MT 59620
Tél. : (406) 444 2654
Fax : (406) 444 1800
Site web : www.travel.mt.gov

Nebraska
Nebraska Division of Travel and Tourism
P.O. Box 94666
Lincoln, NE 68509
Tél. : (402) 471 3791
Fax : (402) 471 3026
Site web : www.visitnebraska.org

Nouveau-Mexique
Convention & Visitors Bureau
121 Tijeras Ave. N. E.
Albuquerque, NM
Tél. : (505) 243 3696
Site web : www.newmexico.org

Department of Indian Tourism
491 Old Santa Fe Trail
Santa Fe, NM 87503
Tel. : (505) 827 7382
Fax : (505) 827 7402
Site web : www.newmexico.org

New Mexico Dept. of Tourism
491 Old Santa Fe Trail
Santa Fe, NM 87501-2753
Tél. : (505) 984 6760
ou (505) 827 7400
Site web : www.newmexico.org

New Mexico Indian Tourism Association. P.O. Box 27407
Albuquerque, NM 87125
Tél. : (505) 843 7270
Fax : (505) 842 6959

Oklahoma
Oklahoma Tourism and Recreation Dept. 500 Will Rogers Blvd.
Oklahoma City, OK 73105
Tél. : (405) 521 2406
ou (405) 522 4554
Fax : (405) 521 3992
Site web : www.oklaosf.state.ok.us/odt

Texas
Texas Dept. of Commerce
Tourism Division
P.O. Box 12728
Austin, TX 78711-2728
Tél. : (512) 462 9191
Fax : (512) 936 0450
Site web : www.traveltex.com

Wyoming
Wyoming Division of Tourism
1-25 at College Drive
Cheyenne, WY 82002
Tél. : (307) 777 7777
Fax : (307) 777 6904

Les représentations diplomatiques et consulaires françaises

Ambassade de France
4101 Reservoir Road, NW
Washington, DC 20007
Tél. : (202) 944 6100
Site web : www.info-france-usa.org

Les consulats généraux

Houston, Texas
2777 Allen Parkway #650
Houston, TX 77019
Tél. : (713) 528 2181
Site web : www.info-france-usa.org/america/consulat/houston/main.htm

et pour les autres régions traitées dans ce guide, s'adresser à
San Francisco Californie
540 Bush St.
San Francisco, CA 94108
Tél. : (415) 397 4330
Site web : www.accueil.sfo.org.

Des agents consulaires qui font office de relais de l'action consulaire se trouvent dans différentes villes. Pour obtenir leurs coordonnées, adressez-vous au consulat de Houston ou de San Francisco.

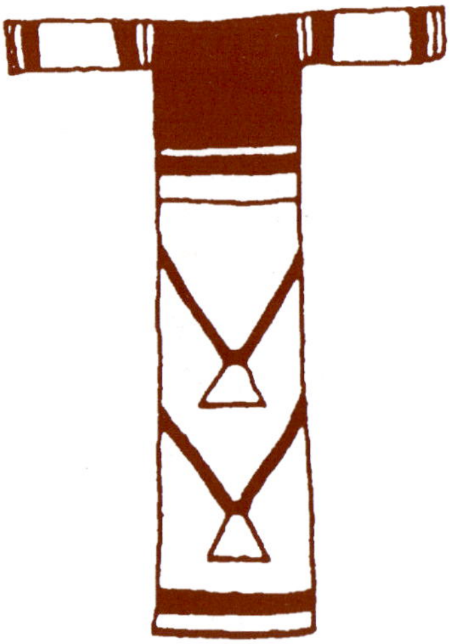

Portrait de l'Amérique cachée

Les réserves

Il existe plus de **300 réserves** (représentant plus de 554 tribus) reconnues fédéralement aux États-Unis. Les réserves sont des terres commises à la garde du gouvernement fédéral et réservées à l'utilisation des Indiens. Comme disent avec humour certains d'entre eux : « Le Renard du Congrès est le gardien du poulailler indien ! » Douze réserves ne sont reconnues que par l'État dans lequel elles se trouvent. Une centaine sont en instance d'être reconnues. Deux cents tribus ont aujourd'hui disparu.

Les réserves couvrent **22 millions d'hectares** (contre 56 en 1880 à l'époque des traités) sur les 900 millions d'hectares qui constituent les États-Unis. Sur ces 22 millions d'hectares, les trois quarts sont des terres tribales et le quart restant est propriété individuelle.

Les réserves comportent :

• **Des terres tribales :** commises à la garde du gouvernement américain pour le bénéfice d'une tribu. Le gouvernement tribal décide de leur utilisation. Elles sont inaliénables.

• **Des terres loties :** commises à la garde du gouvernement américain pour le bénéfice d'un individu. Elles sont inaliénables.

• **Des terres occupées** par des non-Indiens.

Il n'existe pas de réserve « typique », ni en terme de population, ni géographiquement, ni en taille. Les unes sont boisées, d'autres sont désertiques, certaines ont des ressources minières importantes, d'autres n'en ont pas. Certaines ne possèdent que 8 hectares, comme la réserve Alturas Rancherias (Californie), d'autres jusqu'à 3 600 000 hectares pour la Navajo (Arizona).

Les réserves indiennes aux États-Unis sont en principe des territoires à l'usage exclusif des Indiens. Elles sont en fait souvent quadrillées par des propriétés (ranchs, terres agricoles) louées ou vendues à des non-Indiens. Le personnel des hôpitaux, des écoles, du BIA (bureau des Affaires indiennes, dépendant du ministère de l'Intérieur) est en majorité non indien.

Hormis les Pueblos et les Navajos du Sud-Ouest, la plupart des Indiens n'habitent plus dans leurs habitations traditionnelles. Ils vivent dans de petites maisons uniformisées et, pour les plus pauvres, dans des taudis. Pour rencontrer les Indiens « typiques » tels que les conçoivent encore beaucoup d'Occidentaux, il faut aller dans les réserves au moment des fêtes et cérémonies.

Les tipis se dressent alors dans la prairie, les maisons en adobe se repeuplent, les chevaux harnachés de cuirs décorés réapparaissent, jeans et costumes « western » sont mis au placard et remplacés par les costumes traditionnels.

La population indienne

La population indienne s'élève aujourd'hui à 2 millions d'individus et elle continue à croître. Depuis 1917, on enregistre plus de naissances que de décès.

La population des réserves va d'une poignée d'individus pour certaines (7 membres inscrits à Summit Lake au Nevada) à 230 000 pour la réserve Navajo.

Certaines réserves sont occupées à 100 % par des Indiens (Pueblo Zia) et d'autres sont majoritairement occupées par des non-Indiens (Pueblo Pojoaque : sur 2 550 habitants, 180 sont Indiens).

Légalement, les réserves sont attribuées à « toute tribu, bande, nation, rancheria, pueblo, colonie ou communauté reconnue par le gouvernement des États-Unis comme éligible pour le programme spécial et services procurés par le secrétariat de l'Intérieur aux Indiens, par le fait de leur statut d'Indiens ».

Les Indiens sont identifiés tribalement selon un pourcentage sanguin. Certains sont *full-bloods*, c'est-à-dire que leurs deux parents appartiennent à la même tribu, *mixed-bloods*, parents indiens mais de tribus différentes, et enfin *racially mixed-bloods,* les parents ne sont pas tous indiens. Un grand pourcentage des Indiens sont métissés.

La définition officielle du statut légal d'Indien est : « Toute personne ayant un certificat de sang indien qui est en accord avec le pourcentage de sang requis par sa tribu. » Ces certificats ressemblent à des cartes d'identité (taille d'une carte de crédit) avec, entre autres indications, le quantum de sang de la tribu d'appartenance. Ainsi pour être ute (de l'Utah) faut-il avoir 5/8e de sang ute. Dans la plupart des cas, le quota requis varie de 1/4 à 1/2. La nation cherokee n'a pas établi de quota spécifique et a, par ce fait, doublé sa population (180 000) depuis 1987.

Il y a deux classes sociales d'Indiens : les « Indiens des réserves » et les « Indiens urbains ». Les premiers, qui vivent à l'intérieur des réserves, bénéficient des programmes fédéraux : aide au logement, soins médicaux gratuits, aide à l'éducation et au développement économique, indemnité de subsistance. Ceux des villes en sont exclus, mais peuvent en profiter dès qu'ils sont dans leur réserve.

Plus de 77 % des Indiens ne vivent pas dans les réserves mais dans les grandes villes. Cependant, ces deux groupes ont des relations familiales étroites et se rencontrent régulièrement sur les réserves.

Politique relative aux Indiens

En 1830 fut voté le **Indian Removal Act**, qui autorisait le gouvernement fédéral à déplacer les Indiens de leurs territoires ancestraux pour les installer sur des terres dont ne voulaient pas les colons blancs. Cette politique s'appliqua à grande échelle jusque dans les années 1887.

En 1887, le Congrès homologua le **General Allotment Act**, appelé aussi **Dawes Act**, qui divisait les terres communes tribales en parcelles attribuées aux individus. Le but de cette politique était de pousser les Indiens à devenir fermiers sur le modèle blanc et de leur apprendre les « vertus » de la propriété privée.

Les Indiens obtinrent la citoyenneté américaine et le droit de vote au niveau fédéral en 1924 avec le **Indian Citizenship Act**. Pour ce qui concernait les affaires de l'État, ce dernier était libre d'accorder ou non le droit de vote aux Indiens. Ainsi, au Nouveau-Mexique les Indiens n'acquirent le droit de vote qu'en 1948.

En 1944 fut fondé le **National Congress of American Indians**, qui devint le Congrès indien.

Dans les années 1950, le gouvernement américain ratifia une politique dite **Termination**, dont le but était l'assimilation des Indiens aux Blancs. Cette politique de « relogement » eut pour conséquence le déplacement d'une forte population dans les grandes villes, où des emplois leur étaient fournis. La tribu perdait également sa reconnaissance d'État souverain et ses droits aux aides fédérales. Soixante et une tribus disparurent ainsi de la carte politique. Beaucoup d'Indiens de la nouvelle génération, qui furent élevés dans les villes, loin de leurs réserves et de leur culture, portent les stigmates de cette politique (dont la perte de leur langue traditionnelle).

La liberté de culte ne fut officiellement accordée aux Indiens qu'en 1978, lorsque le Congrès ratifia le **American Indian Religious Freedom** (AIRFA), devant, entre autres, leur permettre de pratiquer leurs rituels sur les sites sacrés tombés dans le domaine public et gérés par le gouvernement. Malgré cette loi, beaucoup de sites sacrés ne sont toujours pas protégés et certains sont menacés, voire détruits, par la construction de routes ou par l'exploitation forestière.

Les Indiens sont extrêmement patriotes. Ils se sont battus dans l'armée américaine lors de chaque conflit (Asie, Europe) depuis la Première Guerre mondiale. Ils furent 17 fois plus nombreux à le faire que les autres populations non blanches.

Gouvernement tribal

La liaison entre le gouvernement américain et les gouvernements tribaux est assurée par le BIA. En 1824, le gouvernement américain constituait le **Bureau of Indian Affairs (BIA)**, qui aujourd'hui fait partie du département de l'Intérieur.

La plupart des membres du BIA ne sont pas indiens, pourtant, dans les années 1930, c'était le BIA qui choisissait les conseils tribaux. Malgré l'IRA (voir ci-dessous), tout changement dans le système du gouvernement tribal devait obtenir l'approbation du BIA. Le BIA supervisait la plupart des décisions des conseils tribaux.

En 1934, le gouvernement des États-Unis ratifia un amendement, le **Indian Reorganization Act (IRA)**, dont la fonction était de protéger les terres tribales (les terres indiennes ne pouvaient être vendues ou transmises sans l'accord du département de l'Intérieur), de reconnaître la légitimité des gouvernements tribaux souverains et autonomes et celle de leur Constitution, d'encourager et d'aider leur développement économique. Cette loi limitait le pouvoir fédéral sur les décisions tribales. Le gouvernement tribal était alors constitué par un conseil tribal comprenant entre cinq et onze membres élus par les membres de la tribu (auparavant, ce gouvernement était choisi par le BIA). Un président *(chairman)* et un vice-président *(vice-chairman)* faisaient partie du conseil. Les tribus étaient libres d'adhérer à l'IRA ou de le rejeter. Les structures gouvernementales des tribus non adhérentes à l'IRA variaient. Certaines tribus du Sud-Ouest avaient un gouvernement traditionnel comprenant les leaders des différentes sociétés et les leaders spirituels, un capitaine de guerre et son lieutenant.

La structure du gouvernement indien revêt plusieurs formes. Il peut contrôler plusieurs tribus, clans, communautés. En principe, ces gouvernements ont la pleine souveraineté, ne cédant que devant les décisions du Congrès des États-Unis et exceptionnellement à celles de l'État. Les gouvernements tribaux annexent souvent pouvoir législatif et pouvoir exécutif. Ils bénéficient d'une immunité contre certaines actions en justice.

Généralement, les membres élus du conseil tribal nomment un gouverneur ou un président, dont la durée de mandat varie d'une tribu à l'autre. Le statut de leader ne repose pas sur l'hérédité.

Les revenus des tribus (y compris ceux des casinos) sont exempts de taxes. Les Indiens vivant sur la réserve ne paient pas d'impôts locaux, mais acquittent, en revanche, celui sur les revenus au gouvernement tribal.

En 1970, les Indiens créèrent le **Native American Rights Fund (NARF)**, dirigé par des hommes de loi qui sont les « guerriers » d'aujourd'hui et dont la mission est de protéger la souveraineté des gouvernements tribaux, les ressources naturelles, les droits des Indiens, et de développer des lois indiennes. Ces « guerriers » se battent pour faire respecter les anciens traités signés entre les tribus et le gouvernement américain, récupérer des terres dont ils furent spoliés, aider les tribus qui le désirent à être reconnues fédéralement.

Activisme indien

En 1968 naît à Minneapolis l'**American Indian Movement (AIM)**. L'AIM se veut le défenseur d'une contre-culture reposant sur les valeurs symbolisées par les anciens Indiens et lutte pour le respect des traités signés dans le passé. Sa première action fut l'occupation de la prison désaffectée d'Alcatraz en 1969.

De nombreuses organisations indiennes se sont constituées pour défendre leurs droits. Elles sont encadrées par des hommes de loi, des économistes, des religieux, des environnementalistes, issus de la nouvelle génération d'Indiens diplômés, ainsi que par des anciens respectés.

Sur l'économie

Les Indiens ont les revenus les plus bas de la société américaine, les taux de mortalité et de chômage les plus hauts.

Bien que le BIA eût installé des programmes d'éducation professionnelle, la plupart des Indiens ne participèrent pas à la révolution industrielle qui transforma l'économie des États-Unis. L'estimation du pourcentage de chômeurs indiens est de 45 %, voire 87 % dans certaines réserves. Les raisons sont : la discrimination raciale, le faible niveau d'éducation et le manque d'industries dans les (ou près des) réserves. Les activités traditionnelles comme la bijouterie, la tapisserie, la vannerie ou la poterie ont un impact important sur l'économie de la tribu, mais les revenus sont insuffisants pour la majorité des Indiens.

Beaucoup de réserves possèdent des richesses naturelles (gaz, pétrole, charbon...). Certaines les exploitent, d'autres s'y refusent pour protéger l'environnement. Jusqu'en 1982, le gouvernement concluait avec les tribus des accords de location de terrains (au profit de sociétés d'exploitation privées) à des taux inférieurs au marché. En 1982, une loi autorisait enfin les Indiens à négocier directement avec les compagnies minières.

L'agriculture et l'élevage sont des activités vitales dans la plupart des réserves. Une majorité de terres agricoles ou de pâturages sont loués à des non-Indiens.

Les réserves se tournent de plus en plus vers les casinos pour accroître leurs ressources économiques. Pour certaines, c'est même une question de survie. N'étant pas soumises aux lois de l'État, elles peuvent développer des activités interdites hors des réserves, dont les jeux à forte mise et gain important. Bien que cela soit sujet à critique, les casinos permettent aux réserves pauvres de gagner de l'argent, qui est ensuite redistribué pour le bien-être de la tribu (écoles, hôpitaux, etc.). Il y a près de 280 casinos indiens, tenus par 186 tribus, répartis dans 28 États. Ils sont contrôlés par la **Native National Indian Gaming Commission.** En 1996, le revenu des salles de jeu indiennes était de 6 milliards de dollars.

Les Grandes Plaines

- Dakota du Nord
- Dakota du Sud
- Kansas
- Montana
- Nebraska
- Oklahoma
- Texas
- Wyoming

Au cœur de l'Amérique du Nord, les Grandes Plaines vibrent encore au son des tambours et des chants indiens. Balayées par les vents et rayonnantes sous le soleil, elles s'étirent majestueusement sur 4 000 km, du Rio Grande, dans le sud du Texas, jusqu'à la rivière Saskatchewan au nord (Canada). Elles s'arrêtent à l'est sur les rives des fleuves Mississippi et Missouri, et à l'ouest le long de la chaîne montagneuse des Rocheuses. Les Grandes Plaines couvrent 2 600 000 km^2 répartis dans les États des Dakotas du Sud et du Nord, Kansas, Missouri, Montana, Nebraska, Oklahoma, Texas et Wyoming.

Les prairies ondoyantes qui les recouvrent en majorité s'élargissent vers l'horizon dans des transparences marines qui semblent annoncer des mirages ; elles sont interrompues çà et là par des collines verdoyantes, des lacs azurés et des canyons vertigineux. Dans les vallées des fleuves Mississippi et Missouri, les plaines sont luxuriantes de verdure tandis qu'un peu plus à l'ouest les prairies sont recouvertes d'une herbe rase, jaune la majeure partie de l'année, appelée « herbe à bisons ». Des vallées accueillantes le long des méandres des rivières jusqu'aux Badlands (mauvaises terres), immensités arides qui ont l'air de n'avoir besoin que du vent pour vivre, les Grandes Plaines subjuguent le voyageur avide des mystères de la nature et des secrets des hommes qui y vivent.

L'histoire des tribus indiennes des Plaines est caractérisée par des années de nomadisme. La résistance à la colonisation fut plus forte dans les Plaines que partout ailleurs dans le continent. Elle mobilisa des armées entières, commandées par les plus prestigieux officiers des États-Unis (G. A. Custer, H. B. Carrington, J. M. Chivington), et fit entrer dans la légende les plus grands leaders indiens (Sitting Bull, Big Foot, Crazy Horse, Dull Knife, Red Cloud).

Les premiers Indiens étaient chasseurs-cueilleurs, vivant dans les vallées et pénétrant dans la prairie pour y chasser, à pied, les bisons dont le nombre était évalué à près de dix millions avant l'arrivée des Blancs. À partir de l'an 1000, d'autres tribus s'installèrent, menant une vie semi-sédentaire, partagée entre la culture et la chasse au bison. Au début du XVIIIe siècle arrivèrent les Sioux, chassés des régions de l'est par les Ojibways.

La culture des Indiens des Plaines se transforma radicalement au milieu du XVIIIe siècle, avec la propagation du cheval, réintroduit par les Espagnols. Avec ce nouveau moyen de transport rapide, la notion de distance évolua, l'horizon s'ouvrit et les sociétés guerrières s'épanouirent. De pauvres agriculteurs ou chasseurs besogneux, ils devinrent des prédateurs farouches. Les tribus semi-sédentaires se firent nomades tandis que les nomades amplifièrent leurs déplacements. L'agriculture et la cueillette saisonnières furent remplacées par l'élevage (ou le vol) des chevaux et la chasse au bison, dont les habitudes migratoires déterminèrent les mouvements des tribus.

En 1803, la France vendait au gouvernement américain sa colonie appelée « Louisiane », représentant une zone géographique de plus de 2 millions de km^2 comprenant la région des Grandes Plaines. Elles étaient alors habitées par des tribus dont les noms devinrent synonymes de bravoure. En direction du sud se trouvaient les Comanches, les Cheyennes du Sud, les Arapahos et les Kiowas. Au nord, les Sioux, les Cheyennes du Nord, les Crows, les Blackfeets, les Gros Ventres et les Assiniboines. Les Américains signèrent le premier traité avec les Indiens des Plaines en 1851 à Fort Laramie, ancien comptoir de fourrures devenu en 1849 un poste de garnison. Petit à petit, les comptoirs commerciaux devinrent presque tous des forts militaires chargés de protéger l'avancée de la colonisation qui bouleversa les Indiens : leur gibier fut décimé et ils souffrirent terriblement des maladies colportées par les Blancs. L'hostilité grandit entre les deux communautés, et le premier conflit armé (massacre de Grattan) éclata en 1854. Afin de concentrer leurs efforts pour lutter contre les Blancs, les Indiens des Plaines interrompirent leurs luttes intertribales et conclurent entre eux une alliance. Malgré un afflux de prospecteurs attirés par la découverte de filons aurifères dans le Colorado en 1858, l'alliance garda le contrôle des Plaines jusqu'en 1863.

En 1864, exaspéré par l'intrusion des colons sur leur terre, une troupe de guerriers Cheyennes et Sioux Brules massacrèrent une famille d'immigrants. En représailles, l'armée attaqua à l'automne 1864 un camp cheyenne à Sand Creek, occupé par des Indiens pacifistes, menés par Black Kettle et White Antelope. Ce dernier trouva la mort tandis que Black Kettle et quelques rescapés parvinrent à s'échapper. Cette tuerie révolta les tribus indiennes. Plusieurs tentatives de paix échouèrent et le feu de la guerre se propagea dans les Plaines.

En novembre 1868, l'ambitieux lieutenant-colonel George A. Custer donna l'ordre à ses troupes d'anéantir sans pitié le village cheyenne de Black

Kettle, installé alors dans l'Oklahoma sur la Washita River. La plupart des victimes furent des femmes et des enfants, et ce massacre odieux brisa le courage des Indiens des Plaines tout en faisant grandir leur haine des Blancs. Le 25 juin 1876, Custer s'apprêtait à renouveler son exploit contre un campement installé près de la Bighorn River, au Montana, où étaient réunis plusieurs milliers d'Indiens sioux, cheyennes et arapahos, mais son attaque se solda par un échec total, qui lui coûta la vie ainsi que celle de près de 300 de ses soldats. Cette cuisante défaite pour l'armée américaine fut la dernière victoire des Indiens des Plaines. En hiver 1890, l'armée exterminait 200 Sioux lakotas installés à Wounded Knee, dans le Dakota du Sud. Plus de 100 fugitifs périrent peu après de froid. Ce dernier coup funeste sonna le glas des tribus des Plaines.

Les Indiens qui sillonnèrent ce territoire immense font partie de l'histoire et de la légende de l'Amérique. Ils représentent l'archétype de l'Indien : nomade, belliqueux, courageux, cavalier émérite et infatigable chasseur de bisons.

Pour les tribus indiennes attachées à leur terre, l'histoire de cette région est celle d'une spoliation dont témoignent aujourd'hui leurs territoires étriqués, dans lesquels la pauvreté économique est contrebalancée par une richesse culturelle faite d'un passé glorieux.

Définitivement vaincus en 1890, les Indiens des Plaines retrouvent aujourd'hui un souffle nouveau, avec pour principal souci la préservation de leurs identités culturelles. Dans cette quête se révèle une de leurs valeurs essentielles : le désir de rencontre et de partage des connaissances des autres peuples qui viennent à eux.

Dakota du Nord

Des horizons où se perd le regard, d'immenses exploitations céréalières qui vivent au rythme des moissons, des ranchs d'élevage où règnent les bêtes à cornes et de petites communautés rurales d'une autre époque composent le paysage du Dakota du Nord (nom se rapportant à la tribu sioux qui y vivait). C'est le pays de l'*open range*, pâturage sans clôture que le bétail parcourt librement. Des étendues fertiles de la vallée de la Red River à l'est jusqu'aux collines des Badlands à l'ouest, des sommets des montagnes Turtle aux rives du puissant fleuve Missouri, le Dakota du Nord est une frontière où commence l'Ouest mythique. Terre des tribus arikara, chippewa, hidatsa, mandan, wahpeton, sisseton et teton, le Dakota fut exploré au XVIIIe siècle par un trappeur franco-canadien, P. G. de Varennes de La Vérendrye. Il ouvrit un passage par lequel pénétrèrent les marchands de fourrures, les prospecteurs d'or, puis les fermiers. Les cinq réserves indiennes dispersées sur cet État de 183 119 km² tentent de retrouver un peu de la grandeur de leur passé bousculé sans ménagement par cette marche de l'histoire.

Itinéraire conseillé pour les deux Dakotas

Il y a quatorze réserves sioux aux États-Unis, dont dix (parmi lesquelles les plus importantes) se trouvent au Dakota du Sud et Dakota du Nord. Certaines réserves chevauchent les deux États, aussi vaut-il mieux oublier les frontières tracées. Si vous désirez visiter toutes les réserves sioux, prévoyez au moins trois semaines. Dans beaucoup d'entre elles, la pauvreté est apparente, sans fard et brutale. Elle est la conséquence de longues périodes de violences, d'acculturation, d'humiliations et de frustrations ; aussi les préjugés doivent-ils faire place à la réflexion.

Aujourd'hui, la résignation et le désespoir se perçoivent dans le comportement de nombreux Sioux. Les efforts (en particulier en direction des jeunes) entrepris par les Sioux eux-mêmes pour lutter contre les fléaux de l'alcool, de la drogue, de la violence et de la misère s'appuient sur des valeurs traditionalistes, telles la restauration du sens de la responsabilité envers la famille et la communauté ainsi que la participation aux cérémonies de purification. Pourtant, dans ces communautés démunies qui parviennent malgré tous les obstacles à préserver leur indianité, on peut éprouver un sentiment intense d'intimité avec l'univers qui nous entoure. Voilà sûrement un des mystères qui font la grandeur de leur nation.

Si vous recherchez des images venues d'un passé glorifié, il est conseillé de s'y rendre lors de fêtes et cérémonies (les powwows) ou de découvrir les nombreux musées. Prenez soin de contacter le bureau officiel de la réserve visitée ou parfois l'office du tourisme tribal, afin de vous faire confirmer les dates des événements auxquels vous souhaitez assister. Les dates sont sujettes à changements.

Si vous avez peu de temps, concentrez votre voyage dans le Dakota du Sud.

Commencez votre parcours à **Rapid City** (hors réserve), avec une visite au Sioux Indian Museum et à la galerie Prairie Edge. Dans le musée sont exposés d'admirables objets sioux qui vous donneront une idée de la richesse de leur passé culturel et l'envie de savoir ce qu'ils sont devenus aujourd'hui. De Rapid City, pénétrez dans les Blacks Hills en passant par Hot Spring sur le Hwy 89 et pénétrez par le sud dans la réserve de **Pine Ridge** (deuxième des USA en superficie après celle des Navajos). Elle est attenante aux paysages grandioses des Black Hills et du Parc national des Badlands, lieux d'histoire et terres sacrées des Sioux, qui jadis faisaient partie de leur territoire. Pine Ridge se trouve au sud-est du Dakota du Sud, d'où vous pourrez continuer votre long périple en remontant jusqu'au Dakota du Nord. Dès votre entrée dans Pine Ridge, le contraste entre deux mondes vous frappera. Choisissez l'époque des powwows, qui, dès début mai, se déroulent chaque week-end. Prenez vos précautions pour trouver un endroit où dormir hors de la réserve. Ainsi à **Cedar Pass**, en remontant vers la I 90, se trouve un immense motel appartenant aux Indiens et géré par eux. Le Cedar Pass Lodge possède aussi un grand *gift shop* (boutique de souvenirs) et un bon restaurant. Plusieurs petits motels se trouvent aussi à Interior, petite ville en bordure de la réserve sur le Hwy 44. Évitez de vous promener de nuit dans Pine Ridge, à moins d'être en compagnie d'un ami lakota.

De Pine Ridge, allez à **Rosebud**, réserve juxtaposée à l'est. Le 4e week-end d'août s'y déroule un powwow. Vous pourrez dormir au White Antelope Motel, installé à Mission sur le Hwy 18. Pour éviter la grande route fréquentée (I 90), suivez vers l'est le Hwy 18 jusqu'au comté de Charles Mix, faisant partie de la réserve **Yankton.** En allant vers Pickstown, avant de traverser le Missouri, tournez immédiatement sur la gauche. Vous trouverez un endroit parfait pour pique-niquer et se baigner. Dormez au Casino de Fort Randall. Dès que vous traversez le Missouri, les terres sont plus humides et les routes en meilleur état.

De Pickston, allez à Wagner par le Hwy 44, où se trouve un casino très sympathique. Remontez, après votre visite de la réserve Yankton, vers **Sioux Falls** (très jolie ville qui mérite une halte au musée The Old Courthouse) au nord-est vers la réserve des **Sioux Santee de Falndreau** en prenant la I 29. Faites un écart dans le Minnesota au **Pipestone National Monument** à Pipestone. Depuis longtemps les Indiens se servent de la catlinite de cette carrière pour façonner les fourneaux de leurs pipes sacrées.

De là, reprenez vers l'ouest la route State 34 qui conduit aux réserves **Lower Brule** et **Crow Creek**. Il est difficile de se rendre compte que l'on est dans des réserves indiennes, si ce n'est par l'état des routes qui vous obligent à avoir de bons pneus et amortisseurs. Descendez jusqu'à Chamberlain pour visiter la ville d'**Oacoma**, où se trouve Al's Oasis, grand centre commercial indien, avec un bon restaurant et de nombreux objets artisanaux de qualité. Profitez-en pour vous baigner ou pêcher dans les eaux du lac Sharpe et découvrir les paysages de ces deux réserves par la route **Native American Loop Tour**.

Ensuite, quittez Lower Brule par la route 1806, qui vous mène jusqu'à Pierre, où vous visiterez le **South Dakota Cultural Heritage Center.** Prenez ensuite vers le nord la route 1804 jusqu'à la State 212. Tournez à gauche pour traverser le mythique Missouri et pénétrer dans la réserve **Cheyenne River**. De la mi-mai à septembre s'y déroule chaque mois un powwow.

De Cheyenne River, remontez en partant de Ridgeview par la piste qui mène à Whitehorse, de l'autre côté de la Moreau River (à peu près 30 km de piste carrossable, mais non goudronnée). Tournez à droite sur la route indienne 8 qui suit la rivière Moreau (faites un arrêt près du lac Oahe) jusqu'à Mobridge (à quelque 60 km au nord-est) dans la réserve de **Standing Rock.** Une partie de la réserve se trouve dans le Dakota du Nord.

Si vous avez le temps de faire le tour de toutes les réserves des deux Dakotas, remontez jusqu'à Bismarck et visitez le United Tribes Technical College, grand campus universitaire appartenant aux cinq réserves établies dans le Dakota du Sud. Chaque année y est organisé un important powwow (plus de 2 500 danseurs s'y rendent pour des compétitions), le **International Powwow,** qui commence généralement le jeudi après Labor Day (1er lundi de septembre) et dure trois jours. Renseignez-vous au : UTTC 3315 University Drive. Bismarck, ND 58504. Tél. : (701) 255 3285 Ext. 293. Poursuivez votre route jusqu'à la réserve de **Fort Berthold** (tribus arikara, mandan et hidatsa). Visitez le parc adjacent **Theodore Roosevelt National Park** et les mythiques **Fort Union** et **Fort Buford** près de Williston, à l'ouest de la réserve. Puis, toujours plus au nord et à l'est, continuez jusqu'à **Turtle Mountain** (tribu chippewa) et redescendez vers l'est jusqu'à la réserve sioux **Devils Lake.** Toujours sur la piste sioux, poussez plus au sud-ouest jusqu'à la réserve **Lake Traverse**.

Avant de partir, pourquoi ne pas lire les romans réalistes écrits par des écrivains sioux contemporains : *Danseur d'herbe* (fresque familiale au cœur de l'indianité) par Susan Power, aux éditions Albin Michel, 1995, *Lakota Woman* (la vie des femmes sioux dans l'ombre des « braves ») par Mary Crow Dog, chez le même éditeur, 1992, et *Colères sioux* (ouvrage violent qui décrit un univers sordide), par Adrian C. Louis, aux éditions du Rocher, 1996.

FORT BERTHOLD

Bureau officiel de la réserve
Three Affiliated Tribes
P.O. Box 220
New Town, ND 56763
Tél. : (701) 627 4781
Fax : (701) 627 3805

➪ Pour y aller

Située dans le centre ouest du Dakota du Nord, la réserve s'étend sur près de 400 000 ha de collines alternées de prairies tantôt arides, tantôt verdoyantes dans les vallées traversées par le fleuve Missouri. Une grande partie de la réserve est constituée par le lac Sakakawea. De Minot au nord ou de Bismarck, la capitale (sur l'I 94), au sud, prenez la route US 83 jusqu'à l'intersection avec la route State 37 qui mène à la réserve.

◆ Three Affiliated Tribes

Depuis la signature du traité de Fort Laramie en 1851 avec le gouvernement américain, les tribus arikara, hidatsa et mandan sont regroupées à Fort Berthold sous le nom de Three Affiliated Tribes. Vers 1780, à l'époque des premiers contacts avec les Blancs, les trois tribus étaient séparées géographiquement et linguistiquement (les Arikaras appartiennent à la famille linguistique caddoane alors que les Mandans et les Hidatsas sont rattachés à la siouane). Groupées en villages de huttes en terre, éparpillées dans la vallée de la Missouri River, ces tribus semi-sédentaires vivaient de la chasse et de l'agriculture (maïs, haricots, courges). Les maladies transmises par les Blancs, dont une sévère épidémie de variole en 1837, poussèrent un groupe d'Hidatsas à remonter le fleuve pour établir en 1845 le village de Like-A-Fishook, où les rejoignirent bientôt, pour ne plus s'en séparer, des Arikaras et des Mandans.

En 1950, la construction d'un barrage sur le Missouri forma le lac Sakakawea, dont 960 km bordent la réserve établie officiellement en 1871. Elle compte aujourd'hui 8 500 Indiens inscrits, dont presque 6 000 y vivent en permanence. L'économie repose sur l'élevage et l'agriculture, actuellement sous-exploités, mais quelques industries (électronique, construction) s'y développent avec succès.

◆ Fêtes et cérémonies

Lors des powwows, les visiteurs sont les bienvenus. Ces fêtes et cérémonies extrêmement codées (voir encadré sur le powwow) se déroulent toutes plus ou moins de la même façon avec des concours de danses, récompensés par des prix. La finale a lieu le dimanche. On assiste gratuitement aux powwows de Fort Berthold mais l'alcool, les drogues et les armes à feu y sont prohibés. Quoique ayant lieu chaque année aux mêmes mois (juillet et août), il est prudent de se renseigner au bureau tribal sur la date exacte du powwow, susceptible de changer. Tél. : (701) 627 4781.

- **Powwow de White Shield** : à White Shield, le 2e week-end de juillet.

- **Powwow de Mandaree** : à Mandaree, le 3e week-end de juillet.

- **Powwow de Little Shell :** à New Town, le 2e week-end d'août.

- **Powwow de Twin Buttes :** à Twin Buttes, le 3e week-end d'août.

◆ Art et artisanat

Les artisans de Fort Berthold vendent les objets qu'ils fabriquent, dont des vêtements, sacs, mocassins en peaux tannées décorées de perles ou brodées avec des piquants de porcs-épics. Pour avoir les adresses de ces artisans et découvrir des objets traditionnels, arrêtez-vous au musée de Four Bears.

◆ Que faire ?

• Sur le **Sakakawea Lake**, vous pouvez faire des promenades en bateau, vous baigner ou aller à la pêche. La tribu possède et gère trois campings, installés sur les berges du lac. Hormis les campings, les Indiens n'ont pas encore développé d'infrastructures touristiques. À New Town (sur la US 23) se trouvent quatre motels, mais aucun n'appartient aux Indiens.

• Hors des pistes indiennes, pour découvrir la beauté souvent furtive de cette région, promenez-vous avec un guide en voiture, en canoë, à pied ou à cheval, dans le **Theodore Roosevelt National Park**, baptisé ainsi en souvenir de celui qui devint président des États-Unis en 1901. Venu en 1883 pour une partie de chasse, T. Roosevelt succomba au charme sauvage de ces Badlands, au point d'y acquérir des terres et de se lancer dans le commerce du bétail.

Le parc divisé en deux parties, séparées géographiquement, est proche de la réserve de Fort Berthold. Pour ce qui concerne la partie nord (**North Unit**), on y accède par la route US 89 en venant de Watford City (24 km de l'entrée du parc) ; la partie sud (**South Unit**) commence à 16 km à l'ouest de Belfield sur la route I 94. Près de chaque entrée se trouve un **Visitors Center** où il est conseillé de s'arrêter.

Les deux parties du parc sont parcourues chacune par une route panoramique.

Celle de la South Unit, longue de 58 km, vous permet de visiter **Wind Canyon**, où la pluie et le vent ont modelé de vieilles roches sédentaires colorées par la lignite. Vous pouvez aussi parcourir, à pied ou à cheval, la **Petrified Forest**, parsemée d'immenses troncs de conifères (certains atteignent 2 m de diamètre) pétrifiés qui prennent l'apparence de pierres précieuses.

Le marquis de Mores, un riche Français extravagant, s'installa au XIXe siècle dans cette partie sud pour créer une entreprise d'abattoir et de chambres froides. Il fit faillite mais le village **Medora**, qu'il fonda, se transforma en un centre d'activités culturelles (non indiennes) et touristiques. Vous pouvez y visiter le Museum of the Badlands.

La North Unit, parcourue par une route longue de 24 km, s'achève en cul-de-sac. C'est la partie la plus sauvage du parc ; elle abrite des wapitis, des bisons et des chevaux sauvages, ainsi qu'une multitude d'oiseaux.

La meilleure époque pour explorer le parc court de mai à octobre. Pour tous renseignements complémentaires : Superintendant. P.O. Box 7. Medora, ND 58645. Tél. : (701) 623 4466.

• À quelques kilomètres au sud-est de la réserve, sur la route State 200, découvrez un site historique indien : le **Knife River Indian Village**. Un groupe d'Indiens hidatsas établit au XVIIe siècle un village de 113 huttes de terre qu'ils habitèrent jusqu'en 1838. On peut encore voir les traces des huttes ainsi que les lignes laissées par le frottement des travois sur les pistes, témoignages de la grande activité qui régnait alors dans cette région. Pour obtenir des renseignements concernant ce site, adressez-vous au Superintendant Knife River Indian Villages NHS. P.O. Box. 9, Stanton, North Dakota 58571. Tél. : (701) 745 3309.

LE POWWOW, CONSÉCRATION DE LA CULTURE INDIENNE

Le powwow est à la fois une fête, une cérémonie et une exaltation de l'identité indienne où les tambours, les chants, les danses représentent plusieurs siècles de traditions.

Le mot algonquin *pauwau*, des Indiens massachusetts, signifiait littéralement « celui qui utilise la divination », c'est-à-dire l'« homme-médecine », ou chaman. Les Anglo-Américains généralisèrent le terme pour désigner une pratique magique avec danse cérémonielle. De nos jours, bien qu'héritiers en droite ligne des coutumes d'antan, les powwows ont évolué dans leur forme et leur contexte social. Ils sont devenus de grands rassemblements tribaux ou intertribaux (généralement tenus le week-end), auxquels viennent se joindre les familles et amis dispersés dans toute l'Amérique. Danses et chants traditionnels, rodéos, compétitions sportives, exposition et vente d'art et d'artisanat les animent.

« Nous allons au powwow pour être heureux, oublier les crédits auto, les factures d'électricité, le chômage », explique Tyler Medicine Horse, un Indien crow. Pendant des siècles, les Indiens n'ont guère eu d'occasions de se réjouir. Ils perdirent ce qui faisait leur raison de vivre.

Avec la résurgence des cultures indiennes, les powwows poussent comme des champignons dans tous les États-Unis. Ils ont lieu en extérieur, mais aussi parfois dans les gymnases des universités. La plupart des campements en plein air sont installés en cercle, parfois immenses comme à Crow Fair au Montana, qui accueille 2 000 tentes et 50 000 visiteurs de toutes nationalités. Au milieu se trouve la piste centrale, véritable cœur du powwow qui bat au rythme des tambours et des danses. Jadis, la plupart de celles-ci étaient des danses de guerre qui, peu à peu, se transformèrent en danses sociales. Les coiffes en plumes d'aigle, autrefois réservées aux plus valeureux guerriers, sont aujourd'hui portées par tous en symbole de leur identité indienne.

Le powwow est un événement pragmatique et, dans leur effort pour raviver la culture traditionnelle, les Indiens n'hésitent pas à utiliser les moyens techniques du monde moderne. Chevaux de chair et chevaux vapeur s'y côtoient, tandis que des hérauts clament leurs annonces dans les haut-parleurs.

Dans la journée, un brouhaha continuel de hennissements de chevaux, moteurs de voitures, cris d'enfants vous environne. Les odeurs de poussière se mêlent aux odeurs de cuisine. On y mange des soupes aux tripes et des pains frits, mais aussi des hamburgers à la viande de bison. La nuit, il est parfois difficile de dormir : derrière les tipis, quelque part dans les sous-bois, les chants rythmés par des tambours accompagnent sans relâche dans leur dévotion les adeptes de l'Église du Peyotl, la *Native American Church*, sans parler des moustiques et des fêtards nocturnes.

L'événement crucial d'un powwow est la *Grand Entry* : sur la piste centrale, les danseurs, dont certains concourent pour des sommes d'argent importantes, vont apparaître. Les tambours grondent, les ancestrales mélopées des Plaines s'élèvent. Hommes, femmes, enfants, dans leurs plus beaux costumes, s'avancent sur l'arène. Le cortège est mené par un ancien, le « garde d'honneur », ancien combattant dans l'armée américaine, symbole des guerriers d'autrefois. Il porte le bâton ou insigne cérémoniel symbolisant les valeurs traditionnelles indiennes et le drapeau américain étoilé. Derrière lui viennent les invités d'honneur : leaders indiens, personnalités politiques non indiennes, personnages importants, dont les « princesses », ambassadrices de leur tribu. Puis généralement arrivent dans l'ordre les catégories suivantes de danseurs, d'abord les hommes, puis les femmes : *traditional dancers*, *grass dancers* et *fancy dancers*. Après la *Grand Entry*, une prière publique en langue indienne est dite.

La cadence des ***traditional dancers*** est digne et posée, ils portent des costumes tribaux semblables à ceux des guerriers du passé et leur danse est une réminiscence des danses de guerre.

Les ***grass dancers*** portent des empiècements et tabliers à longues franges colorées en coton ou laine (symbolisant les hautes herbes des prairies), et leur démarche rythmée est accompagnée de balancements d'épaules appuyés. Certains danseurs semblent connaître le secret des mouvements des herbes sous le vent.

Les ***fancy dancers*** se reconnaissent à leurs costumes exubérants de couleurs, dont une parure dorsale en forme de soleil, garnie de grandes plumes que portent aussi les *traditional dancers*. La danse *fancy* est la plus pétulante, les hommes avancent d'un pas relevé et énergique tout en virevoltant.

Ensuite entrent dignement les femmes ***traditional dancers***, qui portent au bras un long châle frangé, et à la main un éventail en plumes d'aigle. Elles sont suivies des ***shawl dancers,*** qui portent un châle sur les épaules, puis viennent les ***jingle dress dancers***, dont les petits cônes en métal cousus sur les robes tintent à chacun de leurs mouvements.

Les enfants ferment le cortège, richement vêtus comme leurs parents.

La célébration commence par une danse des Vétérans, anciens combattants de l'armée des États-Unis, sous le drapeau étoilé. Contrairement aux autres danseurs, ils font le tour de la piste en sens inverse de celui des aiguilles d'une montre. La cérémonie s'achève avec la ***Round Dance***, où tous, même les visiteurs, sont invités à danser ensemble. Quand l'arène se remplit et que chaque corps est en action, la terre et les esprits s'émeuvent à l'unisson.

Traditionnellement propres aux Indiens des Plaines, des powwows se tiennent aujourd'hui dans tous les États-Unis.

SIOUX DEVILS LAKE

Bureau officiel de la réserve
Devils Lake Sioux Tribe
Sioux Community Center
P.O. Box 359
Fort Totten, ND 58335
Tél. : (701) 766 4221
Fax : (701) 766 4126

➪ Pour y aller

D'une superficie de 102 000 ha, la réserve se trouve dans la partie centre-est du Dakota du Nord. Collines boisées et étendues plates sont les paysages qui s'offrent aux yeux des voyageurs. Pour s'y rendre, il faut prendre à partir de Grand Forks (42 km) la route US 2.

◆ Les Sioux Devils Lake

Au XVIe siècle, le territoire des **Sioux Devils Lake** s'étalait dans ce qui est aujourd'hui le Minnesota. Les Sioux Devils Lake appartiennent à la bande Sisseton-Wahpeton, qui constituait, avec les Wahpekutes et les Mdewakantons, les Santees (voir encadré sur les Sioux).

Ils migrèrent dans le Dakota entre 1700 et 1750 et leur réserve fut établie dans le Dakota du Nord lors d'un traité signé en 1867. Sur les 4 500 Devils Lake recensés aujourd'hui, près de 3 000 vivent sur la réserve et contribuent à perpétuer leurs traditions et leur culture. Parmi les cérémonies religieuses encore pratiquées (mais non accessibles au public) se déroulent les réunions des adhérents à la ***Native American Church*** (les pratiquants du peyotl) et la cérémonie de la Pipe sacrée. L'économie de la réserve repose en partie sur l'agriculture mais aussi sur l'industrie et le tourisme, constitué principalement par les pêcheurs qui se rendent sur le Devils Lake.

◆ Fêtes et cérémonies

Fort Totten Days : dernier week-end de juillet. Un powwow est organisé. On y rencontre aussi des artisans qui viennent vendre leurs productions. Tél. : (701) 766 4221.

◆ Que faire ?

La tribu possède un casino sur la réserve. En dehors des jeux de hasard, peu d'attractions sont offertes aux touristes, hormis une promenade dans l'importante réserve de chasse de **Sulleys Hill National Preserve** et sur un site archéologique près de Graham Island. Le **Devils Lake** offre la possibilité d'aller à la pêche, mais ce n'est pas la tribu qui gère directement cette activité.

Les archives tribales sont regroupées à la bibliothèque de **Fort Totten**. À travers des documents écrits et des photographies anciennes, vous pouvez découvrir l'histoire de cette réserve. Le **Fort Totten State Historical Site** fut édifié en 1867 pour protéger les colons en partance vers le Montana. Une dizaine de bâtiments conservés (dont un musée) donnent une idée de ce que fut la vie au temps de la colonisation (ouvert du 15 mai au 15 septembre).

LA NATION SIOUX

Sioux est une abréviation du mot par lequel leurs ennemis chippewas les désignaient : *nadewisou*, soit « petites vipères ». Au XVIIe siècle, les Français, premiers Blancs à les rencontrer au Minnesota, déformèrent ce mot en « sioux », et ce nom leur est resté.

L'ensemble ethnique sioux se nommait lui-même ***Oceti Sakowin Oyate*** (Les Sept Feux du Conseil) et regroupait, comme son nom l'indique, sept tribus : les **Sissetons**, les **Wahpetons**, les **Mdewakantons,** les **Wahpekutes**, les **Yanktons**, les **Yanktonais** et les **Tetons.** Les quatre premières constituaient le groupe des Santees ou Sioux de l'Est (parlant le dialecte dakota). Les Yanktonais (dialecte nakota) et les Yanktons (dialecte dakota) composaient le groupe central sioux. Enfin les Tetons, appelés Sioux de l'Ouest (dialecte lakota), étaient, et sont encore, les plus nombreux. À l'intérieur de ces séparations se formaient également des sous-groupes portant des noms différents. Par exemple, les Tetons se divisent en cinq sous-groupes : les Hunkpapas, les Sihasapas, les Oohenunpas, les Miniconjous et les Sans Arcs (mot français encore en vigueur). Excepté lors de la grande réunion tribale à l'occasion de la Danse du Soleil, ces groupes vivaient toute l'année dans des campements séparés sur leurs territoires respectifs.

Mutuellement compréhensibles, leurs différents dialectes (dakota, lakota et nakota) appartiennent au groupe linguistique siouan. Aujourd'hui, les Indiens sioux s'appellent généralement par le nom du dialecte qu'ils parlent : **Dakota, Lakota** ou **Nakota.** Ces noms sont porteurs d'une identité rehaussée de spiritualité et de traditionalisme, tandis que le terme « Sioux » désigne plutôt les individus « administrés et dans les réserves ».

Entre 1200 et 1400, les Sioux auraient occupé la Caroline du Nord, la Caroline du Sud et la Virginie, avant d'émigrer dans la région des sources des fleuves Minnesota et Mississippi. Évincés du Minnesota par les Chippewas, que les Français avaient armés de fusils, ils parvinrent entre la fin du XVIIe siècle et 1750 au cœur des Plaines, noircies par les immenses troupeaux de bisons. C'est alors qu'ils acquirent des chevaux et devinrent, portés par leurs mustangs, les flamboyants guerriers à coiffes en plumes d'aigle immortalisés par le photographe E. S. Curtis à la fin du XIXe siècle. Jusque dans les années 1850, ils régnèrent en maîtres sur les Plaines du Nord, leur territoire couvrant ce qui deviendrait plus tard cinq États. Combattants redoutables, ils terrorisaient leurs ennemis indiens et repoussèrent l'avancée de la colonisation blanche pendant plus de cinquante ans. Leurs triomphes et leurs défaites – la guerre de Red Cloud (1868), la bataille de Little Bighorn (1876) ou le massacre de Wounded Knee (1890) – entrèrent dans l'histoire de l'Amérique et leurs chefs – parmi eux **Red Cloud** (Oglala), **Sitting Bull** (Hunkpapa), **Crazy Horse** (Oglala) – devinrent des légendes dont le souvenir hante encore les Lakotas. Les meilleures terres furent enlevées aux Indiens, comme leur fut enlevé tout ce qui constituait les fondements essentiels de leur vie : chasse, guerre, cérémonies religieuses, vie nomade. En perdant le bison et le cheval, les hommes se retrouvèrent sans fonction.

LA RELIGION SIOUX

Les Sioux sont très religieux, mais c'est parmi les Lakotas que se trouvent encore aujourd'hui les hommes ou femmes-médecine (hommes et femmes qui ont des pouvoirs surnaturels) les plus puissants. Ces leaders religieux, voyants-guérisseurs, jouent aussi un rôle politique au sein de leur communauté.

Au fondement de la cosmogonie sioux, il y a **Wakan Tanka**, le « Grand Mystère », qui est à la fois le bien et le mal, le visible et l'invisible, l'humain et l'animal. Tout en étant Un, il est toutes choses. Issus de Wakan Tanka se trouvent quatre dieux créateurs qui contrôlent chacun un domaine particulier de l'univers : **Inyan** le Roc, **Maka** la Terre, **Skan** le Ciel et **Wi** le Soleil. Dans l'ordre hiérarchique viennent après des dieux « associés » et leurs parents (dont l'Ours, le Bison, les Quatre Vents), et enfin les **Wanalapis**, soit « ceux qui ressemblent aux dieux » et qui sont des conceptions abstraites comme l'Esprit et la Force. Ces puissances bienveillantes ont leurs contreparties néfastes. La création du monde prend la forme d'une véritable saga dont l'épisode le plus marquant est celui de la déesse **Pte San Win** ou **White Buffalo Woman** (Femme Bison Blanc). Cette divine jeune femme rendit visite aux humains et leur donna la Pipe sacrée qui est à l'origine de la plupart des postulats et rituels qui règlent le code moral de la société lakota. La **Sacred White Buffalo Pipe** est le symbole de la paix et le chaman la fume pour entrer en communion avec Wakan Tanka. Fabriquée en os de jeune bison albinos, elle est aujourd'hui encore en possession d'un Lakota de Green Grass, sur la réserve Cheyenne River dans le Dakota du Sud. Elle passa de génération en génération jusqu'à son gardien actuel, Arvol Looking Horse, âgé d'une quarantaine d'années. Cette haute responsabilité lui fut transmise après que la Pipe sacrée se révéla à lui lors d'une vision, alors qu'il avait douze ans. Rares sont les Indiens qui ont pu la voir. La dernière fois qu'elle fut exposée au public remonte à 1930, pendant une sévère période de sécheresse. Lors d'importantes cérémonies, comme la **Danse du Soleil** (la plus grande cérémonie religieuse), elle est présentée cachée dans son étui sacré, mais, depuis 1930, elle n'en a jamais été sortie. Les non-Indiens ne peuvent absolument pas la voir.

Parmi les pratiques religieuses lakotas se trouve le ***yuwipi***, rituel de guérison de l'âme ou du corps, fondé sur le pouvoir surnaturel de pierres sacrées (pierres minuscules et brillantes – quartz et agate – que les Indiens ramassent sur des fourmillières). Il est pratiqué par un homme-médecine (*yuwipi-man*) qualifié pour parler aux pierres magiques et les comprendre. On rencontre des Lakotas qui portent au cou un petit sac-amulette (sac-médecine) renfermant quelques pierres sacrées remises par un homme-yuwipi à la suite d'un rituel.

STANDING ROCK

Bureau officiel de la réserve
Standing Rock Sioux Tribal Council
Fort Yates, ND 58538
Tél. : (701) 854 7201
Fax : (701) 854 7299

◆ Pour y aller

Le réserve chevauche le Dakota du Nord et le Dakota du Sud. Elle s'étend sur 380 000 ha. En direction du sud de Bismarck, la capitale de l'État, les routes State 63 et 65 la traversent du nord au sud, et la route US 12, d'est en ouest.

◆ Les Hunkpapas de Sitting Bull

Les Sioux de Standing Rock (famille linguistique siouane) descendent des Tetons qui quittèrent le Minnesota au XVIIIe siècle. Ils vivaient alors dans des terres boisées, habitant des villages de huttes rondes, et pratiquaient principalement l'agriculture. Ils migrèrent dans les Plaines, à la recherche des troupeaux de bisons qui leur assuraient un meilleur moyen de subsistance. Bien que les Tetons aient souvent guerroyé contre d'autres tribus, ils n'entrèrent en conflit avec les Blancs que lorsque ces derniers menacèrent d'extinction les animaux dont ils dépendaient.

C'est à Standing Rock que **Sitting Bull** (né probablement en 1831), le grand chef de la bande Hunkpapa et saint homme des Lakotas, fut conduit avec quelques-uns de ses compagnons d'armes le 10 mai 1883, après quatre années de détention dans un fort militaire (Fort Randall, Dakota du Sud). Il fut assassiné en décembre 1890 par des policiers indiens enrôlés dans l'armée américaine, venus l'arrêter parce qu'il pratiquait la Danse des Esprits, jugée subversive par le gouvernement. Chef de guerre et chef spirituel, renommé pour son courage, sa générosité, sa sagesse et sa compassion, il était l'incarnation des vertus essentielles. Aujourd'hui, sur les 7 956 Sioux recensés sur la réserve établie en 1868, la majorité est constituée par des Hunkpapas. L'économie de Standing Rock repose sur l'élevage et la location des pâturages à des non-Indiens.

◆ Fêtes et cérémonies

Pour obtenir les dates exactes des fêtes et cérémonies, téléphonez au bureau officiel à Fort Yates.
Tél. : (701) 854 7201.

• **Rodéo du 4 Juillet** : il a lieu chaque année à Fort Yates, le jour de la fête nationale (équivalent de notre 14 Juillet).

• **Powwow de Little Eagle :** en juillet, fête annuelle et powwow qui se déroulent à Little Eagle (Dakota du Sud), au nord de Mobridge sur la US 12.

• **Powwow de Standing Rock :** il a lieu en août à Fort Yates.

• **Sitting Bull Stampede (rodéo) :** il a lieu du 2 au 4 juillet à Mobridge (Dakota du Sud). Vous y rencontrez les professionnels du rodéo, mais aussi des danseurs traditionnels. La fête organise un carnaval et des parades. Tél. : (605) 845 3654.

◆ Que faire ?

• Le **lac Oahe**, qui longe la réserve sur sa frontière est, offre tous les agréments dont les amateurs de baignades, promenades, pêche ou chasse au gibier d'eau peuvent rêver. Des campings sont installés sur ses berges à plusieurs endroits. Pour en connaître les adresses exactes ainsi qu'obtenir l'autorisation de pêcher et de chasser, adressez-vous au bureau officiel de Fort Yates. Tél. : (701) 854 7201.

• Le casino **Prairie Knights Casino** et, dans ses environs, une petite station de ski à Huff Hills attirent les touristes. La tribu prévoit le développement d'infrastructures touristiques, dont un hôtel.

◆ À ne pas manquer

• Prenez la route qui mène au nord à Bismarck, pour vous rendre début septembre à l'un des powwows les plus importants des États-Unis : le **United Tribes International Powwow.** Pendant quatre jours, plus de trente tribus indiennes sont représentées à travers des compétitions de danses traditionnelles, de musiciens (tambours, flûtes, chants), des expositions d'art et d'artisanat. Renseignements au Bismarck Convention and Visitors Bureau, 107 W, Main Suite 200, Bismarck, ND 58501. Tél. : (701) 222 4308. Site web : www.ndtourism.com.

• De Bismarck vers le sud-ouest par l'US 2 et la State 1804, visitez **Fort Buford Historic Site** (à 38 km de Bismarck), construit en 1866. Les Indiens venaient y signer les traités et recevoir leurs annuités. Sitting Bull y signa sa reddition en 1881. À 3 km de là, sur la même route, arrêtez-vous à **Fort Union Trading Post Historical Site**, qui fut un grand comptoir de commerce dans les années 1830. On y découvre les marchandises typiques de ces années-là.

• Dans un paysage magnifique près de Mobridge (Dakota du Sud, où se trouve une partie de la réserve), sur une colline dominant le fleuve Missouri, repose une tombe surplombée d'un buste. C'est le **mémorial du grand chef Sitting Bull**.

Après avoir été assassiné, le vieux chef fut enterré sans cérémonie dans le cimetière militaire de Fort Yates. Devenu une légende dans tous les États-Unis et jusqu'en Europe, ses biens éveillèrent la cupidité de plus d'un après son décès. La plupart de ceux-ci furent achetés par le sénateur du Dakota du Nord de l'époque, jusqu'à son cheval gris, offert par Buffalo Bill.

Après la Seconde Guerre mondiale, alors qu'un projet de barrage menaçait d'engloutir Fort Yates, les Indiens demandèrent l'autorisation d'exhumer le corps de leur héros pour le placer dans un lieu préservé et plus convenable. Les autorités, pour qui la tombe représentait une attraction locale lucrative, refusèrent. En avril 1953, une expédition pirate menée par Clarence Gray Eagle (fils du beau-frère de Sitting Bull) réussit à la faveur de la nuit à déterrer et enlever le cercueil du chef. Sa nouvelle tombe, installée dans le Dakota du Sud, fut recouverte de plusieurs tonnes de rails de chemin de fer et de béton, pour prévenir toute nouvelle exhumation.

Depuis, sur le site de Fort Yates (Dakota du Nord), qui n'a finalement pas été noyé, est dressé un panneau qui annonce évasivement : « Sitting Bull est enterré là, mais sa tombe a été saccagée de nombreuses fois. »

• Quand vous êtes à Mobridge, faites une halte au **Klein Museum** pour admirer des objets lakotas et rêver devant ceux des pionniers à ce que fut la vie d'autrefois. Klein Museum 1829 W, Grand Crossing, Mobridge, SD 57501. Tél. : (605) 845 7243.

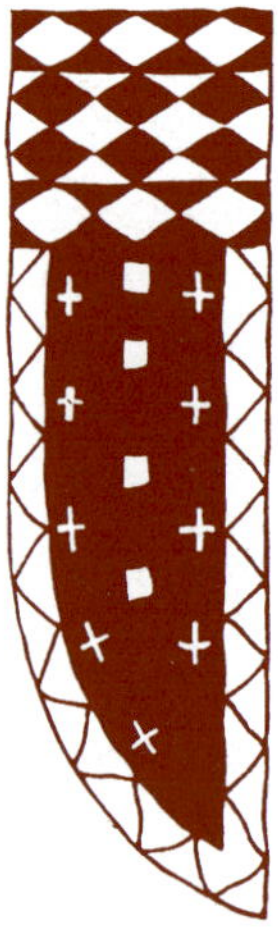

TURTLE MOUNTAIN

Bureau officiel de la réserve
Turtle Mountain Band of Chippewa
P.O. Box 770
Belcourt, ND 58316
Tél. : (701) 477 6451
Fax : (701) 477 6836

➪ Pour y aller

La réserve se trouve à 12 km de la frontière avec le Canada. Elle comprend 60 000 ha de terres divisées, moitié en propriétés privées et moitié en communauté tribale. Une partie de ces terres sont boisées et leur beauté, dans cette région plutôt désolée, est maintenue grâce au programme de protection des espèces végétales et animales que la tribu a instauré. Pour s'y rendre, il faut prendre la route US 5 qui traverse la réserve d'est en ouest.

◆ Les Chippewas

Venus de la région des Grands Lacs, les Chippewas de la bande Turtle Mountain (groupe linguistique algonquin) migrèrent dans la région des Grandes Plaines autour de 1600. Cette tribu était apparentée aux Chippewas (ou Obijwas) des Forêts, installés dans les régions boisées du Nord-Est, où ils sont encore aujourd'hui. Les Chippewas Turtle Mountain adoptèrent la culture des Indiens des Plaines, qui les distingue aujourd'hui totalement des autres Chippewas.

Le gouvernement américain leur attribua une réserve dans le Dakota du Nord en 1882 et, sur les 25 500 membres inscrits de cette tribu, 11 000 y vivent en permanence.

◆ Fêtes et cérémonies

• **St Ann's Novena et Turtle Mountain Days :** cette fête dure neuf jours et a lieu chaque année fin juillet à Belcourt. S'y déroulent : rodéos, powwow avec danses traditionnelles, concours d'athlétisme, expositions d'artisanat. Certaines entrées sont payantes.

• **Sun Dance (Fête du Soleil)** : les spectateurs sont les bienvenus. Comme il s'agit d'une cérémonie religieuse à caractère spirituel et curatif, le public est invité à se comporter respectueusement. Les caméras et appareils photo, drogues, alcool, armes à feu y sont strictement interdits. Cette cérémonie a lieu chaque année en été (vous renseigner sur la date, qui varie) à Dunseith sur la State 5.

◆ Art et artisanat

Pour vous faire une idée de ce qu'est la culture des Indiens chippewas, vous devez visiter, au musée tribal à Belcourt, le **Turtle Mountain Chippewa Heritage Center**. Vous pouvez y consulter les archives tribales (documents écrits, traités, photographies anciennes…), découvrir les œuvres des artistes et artisans contemporains, et éventuellement faire du shopping dans la boutique du musée.

◆ Que faire ?

Au centre **Anishinaubag**, situé à 4 km de Belcourt dans un remarquable cadre naturel près de Fish Lake, on se promène parmi différents types d'habitats traditionnels des Indiens des Plaines, dont les huttes en terre des Mandans. Ce centre offre aussi un programme d'activités culturelles (stages de musique, conférences…) et loue des canoës pour se promener sur le lac. Tél. : (701) 477 6452.

Sur les ondes radiophoniques de Belcourt, vous pouvez écouter les émissions de la plus ancienne station indienne des USA. Le *Turtle Mountain Star* est l'hebdomadaire local publié par les Indiens.

◆ À ne pas manquer

La tribu gère un élevage de bisons sur des terres situées à l'ouest de la ville de Belcourt. Pour s'y rendre, prendre la route State 5.

AUTRES RÉSERVES DANS LE DAKOTA DU NORD

Réserve Lake Traverse (une partie de la réserve est dans le Dakota du Sud, voir Dakota du Sud)
Bureau officiel de la réserve
Sisseton-Wahpeton Sioux Tribe
P.O. Box 509
Agency Village, SD 57262
Tél. : (605) 698 3911

LA DANSE DU SOLEIL

La plupart des tribus des Grandes Plaines pratiquaient le rite de la Danse du Soleil, sous une forme ou une autre. Célébrée pendant la période du solstice d'été, elle était le seul moment de l'année où la tribu entière se réunissait pour consolider son unité et ses liens avec les forces surnaturelles. Cette cérémonie, complexe dans son déroulement, reposait sur une philosophie de la vie : l'union avec l'Univers, le respect de la nature, dont les ressources sont fragiles, et le courage face aux aléas et souffrances de l'existence. Elle impliquait une offrande des corps et des âmes au Grand Esprit pour lui rendre grâce de sa bonté envers toutes choses peuplant l'Univers.

Le nom de « Danse du Soleil » est d'origine lakota (*wiwanyang wacipi*, « danser en regardant le soleil ») ; les Cheyennes l'appellent la « Cérémonie du Renouveau ».

Les participants étaient des hommes et des femmes ayant fait le vœu au début de l'année de vivre dans le respect des traditions et des cultes.

Tout au long de la célébration, des prières et des chants se déclamaient. Le tambour, principal instrument de musique, était vénéré car sa forme ronde représentait l'Univers, et le son qui en sortait résonnait comme le cœur de cet Univers.

Les préparatifs demandaient bien quatre jours de travail. Il fallait se procurer les éléments suivants : un rouleau de tabac, de l'écorce de saule rouge, de l'herbe aromatique, un couteau en os, une hache, de la moelle, un crâne et une peau de bison, de la teinture, des plumes d'aigle, des sifflets en os d'aigle. Des hommes désignés coupaient un *cottonwood* (espèce américaine de peuplier) respectueusement puis l'érigeaient au centre de la loge cérémonielle, qui mesurait jusqu'à 50 m de diamètre. Des branches d'armoise et des banderoles de tissu ornaient son sommet.

On recouvrait le sol du cercle sacré de sauge ou d'armoise tandis qu'un auvent circulaire recouvert de branchages protégeait les spectateurs, parents et amis des participants venus les soutenir. L'entrée principale de cette loge par où pénétraient les danseurs se trouvait toujours orientée vers l'est. Les participants jeûnaient quatre jours puis se purifiaient dans la loge à transpirer (*sweat lodge*) avant de se faire peindre le corps. Un homme-médecine conduisait la cérémonie en respectant des rites précis (comme présenter la Pipe aux quatre directions).

La Danse du Soleil se déroulait en trois temps : le temps de la danse, celui du *piercing* (percement) et enfin celui de l'honneur pour les danseurs. L'homme-médecine, assisté par des aides, perçait avec des broches de bois le dos ou la poitrine des danseurs qui choisissaient de faire ce sacrifice, et ceux-ci étaient attachés dans leur chair par des lanières en cuir reliées au tronc sacré. Tout en dansant, ils se libéraient quand la peau se déchirait sous la pression. Les femmes qui participaient offraient en sacrifice de minuscules morceaux de chair que l'homme-médecine prélevait avec un couteau sur leurs épaules.

La Danse du Soleil fut interdite de 1880 à 1928, parce qu'elle comprenait des scènes d'automutilation et surtout en raison de la question de l'identité indienne qu'elle soulevait et entretenait. Elle fut autorisée à nouveau à partir de 1928, mais sans que puisse être pratiqué de sacrifice personnel. Ce ne fut qu'à partir de 1950 que cette cérémonie put se dérouler normalement comme autrefois.

Les Danses du Soleil tendent à se développer en nombre (43 Danses du Soleil eurent lieu à Pine Ridge en été 1997), parfois en dehors de la période traditionnelle pour répondre au désir qu'ont de plus en plus d'Indiens d'y participer. Parallèlement, elles sont de plus en plus traditionalistes, et si, dans les années 1970, on pouvait parfois trouver autour de l'enceinte cérémonielle une ambiance de kermesse, les stands commerciaux ont désormais disparu ou se tiennent loin de l'enceinte. Les non-Indiens sont rarement autorisés à y assister ; cette cérémonie renforce l'unité tribale et se fonde sur la spiritualité qui définit les Sioux en tant que peuple indien différent de celui des Blancs. Cependant, certains hommes-médecine admettent des Blancs comme assistants. Certains Indiens profitent de la crédulité des étrangers pour se déclarer hommes-médecine et organiser des Danses du Soleil payantes. Le mouvement excessif indianiste et le New Age constituèrent de véritables dangers pour la spiritualité indienne, et la polémique sur la présence d'étrangers lors de cette cérémonie n'est pas encore éteinte.

Dakota du Sud

Territoire de grands guerriers indiens, aujourd'hui regroupés dans huit réserves, le Dakota du Sud couvre 197 417 km^2 de terres déployées sous le ciel, qu'elles rejoignent sur une ligne d'horizon distante parfois de 150 km. Les vastes étendues planes et vallonnées, autrefois herbages des bisons que chassaient les Indiens, sont devenues des champs cultivés par les Blancs et des pâturages à bétail délimités par des barbelés. Aujourd'hui les ranchs et les exploitations agricoles couvrent les 9/10 de la superficie de l'État. Le paysage monotone offre des surprises, tel le décor torturé et aride des Badlands, ou l'oasis montagneuse couleur émeraude des Black Hills. C'est un pays au climat changeant dont la démesure peut être extrême (en 1936, 49 °C relevés en été et - 50 °C en hiver) et où se déchaînent parfois blizzards et ouragans. Mais le soleil y domine tout au long de l'année, malgré les égarements climatiques. Sous le ciel bleu cristallin d'août, les descendants de Red Cloud pratiquent dans le recueillement la Danse du Soleil à Pine Ridge, tandis que, non loin de là, des cavaliers de l'Apocalypse idolâtrent dans un vacarme d'enfer leurs Harley-Davidson regroupées par milliers à Sturgis.

ITINÉRAIRE CONSEILLÉ

Reportez-vous au Dakota du Nord, « Sur la piste des Sioux ».

CROW CREEK

Bureau officiel de la réserve
Crow Creek Sioux Tribal Council
P.O. Box
Fort Thompson, SD 57339
Tél. : (605) 245 2327

➪ Pour y aller

Située sur la berge est du fleuve Missouri, dans la partie centrale du Dakota du Sud et attenante à la réserve Lower Brule (rive ouest), la réserve des Sioux Crow Creek s'étend sur quelque 50 000 hectares. Du sud on y accède en prenant le **Native American Loop Tour** (route panoramique) qui part de Chamberlain par la route State 34.

◆ Les Hunkpatis

Les Sioux Crow Creek (Lower Yanktonais ou Hunkpati, groupe linguistique siouan) se sont installés vers le XVIe siècle dans les forêts et les prairies fertiles de ce qui est aujourd'hui le Minnesota. Vivant auparavant de pêche, de chasse aux cervidés et de cueillette, ils changèrent radicalement de mode de vie en arrivant dans les Plaines (vers 1660, voir encadré sur la nation sioux p. 45), où ils devinrent des chasseurs de bisons.

Leur réserve fut établie en 1889 et aujourd'hui, sur les 3 500 membres inscrits, plus de 1 500 y vivent. Pendant longtemps, les populations indiennes de cette région pauvre n'avaient rien de mieux à faire que d'admirer les couchers de soleil pour y chercher la promesse d'un avenir meilleur. Aujourd'hui, ici comme dans beaucoup d'autres réserves, le bruit des machines à sous et l'effervescence des salles de jeu interrompent la monotonie des jours et remplissent les caisses tribales. Leur économie repose cependant principalement sur l'agriculture.

◆ Fêtes et cérémonies

Powwow Crow Creek : 3e week-end d'août à Fort Thompson. Des visites guidées et des séjours chez l'habitant peuvent être organisés. Pour obtenir la date exacte, qui varie d'une année sur l'autre, adressez-vous au bureau officiel. Tél. : (605) 245 2327.

◆ Art et artisanat

Installés au collège indien St. Joseph, situé près de Chamberlain, à quelques kilomètres au sud, en dehors de la réserve, se trouvent le musée **Akta Lakota** et le **centre culturel Lakota**. À travers des objets traditionnels usuels et cérémoniels, des vêtements (dont les robes des femmes avec l'empiècement du haut entièrement décoré de perles de couleurs, style typique des Sioux), des tableaux, des scènes reconstituées, de la musique et de nombreux livres, vous découvrez la culture des Lakotas du Dakota du Sud. Un service de visite guidée vous est proposé. Le musée est ouvert toute l'année et l'entrée est gratuite. Akta Lakota Museum. St. Joseph's Indian School, Chamberlain, SD 57326. Tél. : (605) 734 3455.

◆ Que faire ?

La réserve possède d'excellents terrains de chasse, et les pêches sur le lac Sharpe (formé par un barrage sur le Missouri) sont souvent fructueuses. Vous pouvez aussi faire du ski nautique, du canoë ou simplement nager dans les eaux claires de ce grand réservoir. Au bureau officiel, vous obtiendrez toutes les informations concernant ces activités (permis, guides, sites). Vous pouvez aussi flâner dans les boutiques (tenues par des Indiens) vendant des objets traditionnels ou jouer au casino de la réserve, le **Lode Star Casino** à Fort Thompson.

◆ À ne pas manquer

Prenez la route panoramique **Native American Loop Tour**, qui, comme son nom l'indique, effectue une boucle que l'on peut faire en deux heures en voiture. Elle part de Chamberlain par la State 34, suit les rives du Missouri, passe par les réserves Crow Creek et Lower Brule et revient à la I 90 par la State 47.

Les points forts de cette route sont, bien sûr, les paysages mais aussi le musée Akta Lakota et l'école indienne de St. Joseph à Chamberlain. Des cartes sont disponibles à la Chamber of Commerce de Chamberlain. Tél. : (605) 734 6541.

LAKE TRAVERSE, SISSETON-WAHPETON

Bureau officiel de la réserve
Sisseton-Wahpeton Sioux Tribe
Route 2, Agency Village
Sisseton, SD 57262
Tél. : (605) 698 4972
Fax : (605) 698 7054

➪ Pour y aller

La réserve se trouve dans le nord-est du Dakota du Sud et comprend 42 800 ha de prairies entrecoupées de collines, de lacs et de terres marécageuses. Pour y arriver en venant de Fargo, dans le Dakota du Nord, prendre la route I 29 qui traverse la réserve du nord au sud, ou, si vous vous dirigez d'est en ouest, prenez la route US 12.

◆ Les Sissetons-Wahpetons

Les Indiens sissetons et wahpetons constituaient, avec les Wahpekutes et les Mdewakantons, la tribu santee (voir encadré sur la nation sioux p. 45). Installés au Minnesota, ils arrivèrent dans les Dakotas entre 1700 et 1750, plus de cent ans avant que les premiers Blancs – des trappeurs français – n'y pénètrent. Avec ses terrains accidentés, ses collines boisées et ses ravins, la région du nord-est du Dakota du Sud offrait des sites de campement naturellement protégés et pourvus en bois de chauffage. L'abondance de poissons dans les lacs, de gibier dans les prairies et de fruits sauvages dans les bois en faisait un territoire idéal. Malgré leurs tentatives pour freiner la colonisation sur leur territoire, les Sissetons et les Wahpetons furent contraints, par la force des armes et la signature d'un traité en 1867, de s'établir sur deux réserves séparées géographiquement (voir Devils Lake dans le Dakota du Nord). La population de la réserve se monte aujourd'hui à 11 000 personnes, dont 10 000 Indiens.

◆ Fêtes et cérémonies

• **Powwow Sisseton-Wahpeton :** en juillet à Agency Village près de Sisseton. Il s'y déroule des concours de chants et de danses traditionnels, ainsi qu'un rodéo. Pour obtenir la date exacte, qui est généralement le 4 juillet, adressez-vous au bureau officiel. Tél. : (605) 698 4972.

• **Annual Wacipi Powwow :** du 2 au 5 juillet à Agency Village.

Plusieurs rodéos ont lieu à Agency Village de juin à juillet. Pour en connaître les dates, téléphonez au : (605) 698 4972.

◆ Art et artisanat

Dans la partie sud de Sisseton, le **Tekakwitha Fine Arts Center** présente une impressionnante collection d'objets indiens ainsi que des œuvres de plusieurs artistes indiens contemporains. Ouvert de début juin au 15 septembre tous les jours de 9 à 17 heures. Du 16 septembre à fin mai, ouvert de mardi à vendredi de 10 à 17 heures. Tekakwitha Fine Arts Center, 401 S 8th W, Sisseton, SD. Tél. : (605) 698 7058.

◆ Que faire ?

Hormis les attractions des casinos de la réserve, dont le **Dakota Sioux Casino** à Watertown, la réserve est riche en lacs – Glacial Lakes – et rivières qui vous offrent les agréments de la pêche, de la baignade et des promenades en canoë. Leurs eaux calmes sont un refuge pour une multitude d'animaux et d'oiseaux que vous pourrez observer tout à loisir.

Le **Sica Hollow State Park** fut dans le passé un des lieux de prédilection de campement des Indiens. Bien que les populations de bisons, loups et ours aient été presque exterminées par un siècle et demi de colonisation, le parc contient de grands troupeaux de cervidés et de nombreux oiseaux. Situé à 24 km au nord-est de Sisseton sur la route State 10, ce parc permet de faire de très belles randonnées, en particulier à pied ou à cheval sur le **Trail of Spirits**. Cette « Piste des Esprits » serpente dans les bois, qui dès le printemps arborent des tapis de fleurs sylvestres, où vous partagez avec les animaux sauvages, facilement visibles en cette saison, le plaisir de vous promener.

Vous pouvez loger dans un des trois motels qui se trouvent à Sisseton.

CHEYENNE RIVER

Bureau officiel de la réserve
Cheyenne River Sioux Tribe
P.O. Box 590
Eagle Butte, SD 57625
Tél. : (605) 964 4155 ou 964 4000
Fax : (605) 964 1180

➪ Pour y aller

Située dans la partie centrale, au nord du Dakota du Sud, la réserve comprend quelque 568 000 ha de prairies ondoyantes brisées par des petits mamelons et traversées de rivières. Dans sa partie sud-ouest, elle touche les Black Hills et le Parc national des Badlands. À l'est, le lac Oahe, formé par un barrage construit sur le Missouri, la borde. Pour s'y rendre, suivre la route US 212 qui la traverse d'est en ouest.

◆ Les Sioux Cheyenne River

La réserve, créée en 1889, est habitée par quatre bandes de Sioux Tetons : les Sihasapas, les Miniconjous, les Sans Arcs et les Two Kettle. Ils parlent tous le dialecte lakota, appartenant au groupe linguistique siouan (voir encadré sur la nation sioux, p. 45). Parmi les grands chefs de la tribu Miniconjou, **Big Foot** fut le plus célèbre. Il était un homme de sagesse qui respectait les droits individuels de chacun. Il fut tué par l'armée américaine en 1890, lors du massacre de Wounded Knee.

Aujourd'hui, sur les 9 800 Sioux Cheyenne River inscrits, près 5 000 vivent sur la réserve, généralement dans des petites communautés de moins de 500 habitants, dont les noms sont évocateurs d'une autre époque : Thunder Hawk (Faucon du Tonnerre), Eagle Butte (Piton de l'Aigle), Whitehorse (Cheval Blanc) Green Grass (Herbe Verte) ou Iron Lighting (Éclair de Fer).

◆ Fêtes et cérémonies

Plusieurs fêtes et cérémonies, auxquelles vous êtes bienvenus, ont lieu annuellement. Pour confirmer leur date, adressez-vous au centre culturel. Tél. : (605) 964 2542. Site web : www.sodak.net/-lakotaculture.

• **Powwow du centre culturel H. V. Johnson :** à Eagle Butte à la mi-mai. Les visiteurs doivent acquitter un droit d'entrée.

• **Dupree Pioneer Days :** cette célébration a lieu à Dupree (sur la State 212) autour du 9-12 juillet (cela doit coïncider avec un week-end). Tél. : (605) 365 5438.

• **Days of 1910 Rodeo and Celebration** : du 24 au 27 juillet à Timber Lake dans le nord de la réserve sur la route Hwy 20. Tél. : (605) 865 3601 (ou /3541).

• **Powwow de Labor Day :** le week-end et 1er lundi de septembre, jour de la fête du Travail, à Eagle Butte (sur la State 212). À la fois kermesse et powwow, on y assiste à des parades, à un carnaval, à des danses traditionnelles et à un rodéo. Les artistes et artisans viennent y présenter et vendre leurs œuvres. Tél. : (605) 964 4000 (ou/6685).

• La plus importante cérémonie à caractère religieux de Green Grass est la **Danse du Soleil**. Chaque année, en août, elle donne l'occasion aux Sioux de retrouver une identité perdue lors de la période de colonisation, dans une rencontre solennelle faite de prières, de danses et d'offrandes. Cette réunion n'ayant pas le caractère public des powwows, il faut demander l'autorisation au conseil tribal ou avoir le privilège d'être invité par un membre de la tribu pour y assister. Le gardien actuel de la Pipe sacrée, le plus hautement vénéré objet du culte des Lakotas, appartient à cette communauté, mais cette Pipe n'est que très rarement exposée au public.

◆ Art et artisanat

Au musée du centre culturel **H. V. Johnson** à Eagle Butte, vous pouvez découvrir l'histoire de la réserve et l'art traditionnel : robes et tuniques à franges, dont l'empiècement est décoré de perles (traditionnellement appelé « perlage bleu de poitrine »), mocassins, armes et tambours cérémoniels, mais aussi poupées figurant des danseurs et des guerriers. **Don Tenoso** est un jeune artiste lakota qui confectionne ses poupées selon les méthodes traditionnelles. Ces effigies ont un rôle pédagogique et chaque costume, dans ses moindres détails, est une reproduction fidèle de ceux portés par les adultes. Tél. : (605) 964 2542.

Les artistes et artisans profitent des powwows pour exposer leurs œuvres ; celui de **Cheyenne River Sioux Tribe Lakota Artist's Market**, organisé lors de Labor Day (1er lundi de septembre) à Eagle Butte, est particulièrement recommandé.

À Timber Lake se trouve un musée où sont regroupés plusieurs objets indiens ainsi qu'une collection de fossiles marins, originaires de la région. Ouvert toute l'année, sauf les week-ends, de 8 h 30 à 17 heures. Entrée gratuite. Tél. : (605) 865 3541.

◆ Que faire ?

• En plus des nombreuses possibilités de randonnées pédestres et équestres dans la région, le **Oahe Lake** offre aux pêcheurs d'excellentes opportunités de satisfaire leur passion. La chasse aux antilopes et cerfs, ainsi qu'au gibier à plume, est autorisée. Pour obtenir tous renseignements sur ces activités (il faut acheter un permis tribal), s'adresser au Tribal Game, Fish and Parks Division. Tél. : (605) 964 7812.

• La tribu possède et gère deux motels à Eagle Butte : **Harding Motel.** US 212. Eagle Butte, SD 57625. Tél. : (605) 964 2448. Plusieurs motels se trouvent dans les localités de la réserve.

• La tribu gère un troupeau de 800 bisons près du lac Oahe, à l'est de la réserve. Les animaux excédentaires sont tués lors de chasses autorisées, directement sur la prairie. La viande est débitée de manière traditionnelle et en conformité avec les exigences du ministère de l'Agriculture américain. Pour faire une visite guidée, adressez-vous au Pte Hca Ka, Inc. Tél. : (605) 733 2547 ou 964 4010.

• Pour vous tenir informés des « news » locales et nationales, achetez les journaux indiens. Plusieurs hebdomadaires sont vendus sur la réserve : le *Eagle Butte News,* le *Indian Country Today* (il publie en dernière page une liste et un calendrier des powwows ; 1 $), le *West River Progress* et le *Timber Lake Topic.* Il y a également des quotidiens : le *Rapid City Journal* ou le *Argus Leader.*

SIOUX SANTEE DE FLANDREAU

Bureau officiel de la réserve
Flandreau Santee Sioux Tribe
P.O. Box 283
Flandreau, SD 57028
Tél. : (605) 997 3891
Fax : (605) 997 3878

➪ Pour y aller

Située dans la partie est du Dakota du Sud, la réserve se trouve à quelques kilomètres de la frontière avec le Minnesota. Elle s'étend sur 942 ha. On s'y rend en prenant la route I 29.

◆ Les Wahpekutes et les Mdewakantons

Désignés également sous le terme de Dakotas, des familles de Sioux santees (les Wahpekutes et les Mdewakantons de la même appartenance tribale que les Sioux Devils Lake) s'installèrent près de Flandreau entre 1868 et 1876. Tout comme les Sioux Devils Lake, auxquels ils sont linguistiquement rattachés (dialecte dakota, groupe linguistique siouan), ils venaient de la région du Minnesota. Ce n'est qu'en 1935 que la réserve de Flandreau fut légalement instaurée sur la Big Sioux River. Aujourd'hui, on ne recense que 550 membres inscrits sur cette réserve.

◆ Fêtes et cérémonies

Malgré sa faible densité, la population de Flandreau organise chaque année une fête appelée **Flandreau Santee Sioux Wacipi** (« danse » en Lakota). Les concours de danses traditionnelles remportent un vif succès et drainent un public important. La fête, qui dure trois jours, du vendredi matin au dimanche soir, se tient le 3e week-end de juillet à Flandreau. Tél. : (605) 997 3891.

Art et artisanat

Une boutique située dans le bâtiment du bureau officiel de la tribu vend la production artisanale des Santees ainsi que celle d'autres Indiens des Plaines. Tél. : (605) 997 3891.

◆ Que faire ?

• Le **Royal River Casino** (tél. : (605) 997 3746) de la tribu est digne des casinos de Las Vegas. En plus des machines à sous, du blackjack ou du poker, des spectacles de renommée nationale y sont donnés. Sur le casino se trouvent un restaurant et plusieurs commerces, dont un hôtel. Téléphonez au (605) 997 5319, et un numéro gratuit (USA) : 1 800 833 8666 ou 2342 WIN.

• Près du casino un motel, appartenant à la tribu, vous accueille : **First American Inn**, RR3 Box 168, Flandreau, SD 57028. Tél. : (605) 997 3761.

• La **Big Sioux River** est spectaculaire et peu fréquentée, vous pouvez vous y promener et également y pêcher.

◆ À ne pas manquer

De Flandreau, prenez la direction du sud par la I 25 jusqu'à Sioux Falls. Au 200 W. 6th Street se trouvent les **Siouxland Heritage Museums**, qui rassemblent deux bâtiments de la fin du XIXe siècle : le **Old Courthouse Museum** et **The Pettigrew Home**. Vous y découvrez des objets sioux ainsi que des documents sur l'histoire, la culture et l'environnement de cette tribu. En septembre, le **Tribal Arts Festival** accueille de nombreux artistes et artisans indiens venus de tous les États-Unis, ainsi qu'une foule de visiteurs. Siouxland Heritage Museums, 200 W. 6th Street. Sioux Falls, SD 57101. Tél. : (605) 335 4210.

De Flandreau, allez au Minnesota à quelques kilomètres de la frontière visiter le **Pipestone National Monument**. Dans cette immense carrière de catlinite, des générations d'Indiens venaient sculpter les fourneaux de leurs pipes sacrées dans la roche tendre et rouge. Aujourd'hui encore cette activité est en vigueur et vous pourrez découvrir les méthodes artisanales de confection de pipes.

LOWER BRULE

Bureau officiel de la réserve
Lower Brule Sioux Tribal Council
Lower Brule, SD 57548
Tél. : (605) 473 5561 ou 5399
Fax : (605) 473 5606

➪ Pour y aller

Située à quelque 120 km au sud de Pierre, capitale de l'État, et à 50 km au nord de la ville de Chamberlain, la réserve comprend 96 000 ha de prairies semi-arides parsemées de collines bombées dont l'aspect, à la tombée de la nuit, évoque un paysage lunaire. Elle est adjacente à la réserve Crow Creek et en est séparée par le fleuve Missouri. Pour s'y rendre, prendre la route I 90.

◆ Les Kul Wicasas

Les Sioux Lower Brules (Sicangus ou Kul Wicasas) sont des Tetons ; ils quittèrent le Minnesota au XVIIIe siècle (voir encadré sur la nation sioux, p. 45). Leurs conflits avec les Blancs ne débutèrent ouvertement qu'au milieu des années 1800, lorsque ces derniers menacèrent d'extinction les bisons. La réserve fut établie en 1868. Aujourd'hui 1 000 membres inscrits, sur un total de 2 000, y vivent. Le casino qu'ils ont construit et qu'ils gèrent fournit de nombreux emplois et d'importants revenus à la tribu.

◆ Fêtes et cérémonies

• **Golden Buffalo Stampede** : le 5-8 juin. Rodéo professionnel. Tél. : (605) 473 5577.

• **Lower Brule Powwow & Rodeo** : le 7-9 août. Danses, musiques traditionnelles et rodéo. Tél. : (605) 473 5561.

Les Lower Brules organisent très souvent des courses de chiens. Renseignez-vous au bureau officiel pour obtenir de plus amples renseignements concernant ce sport.

◆ Que faire ?

• Les eaux cristallines du lac **Sharpe** invitent à de nombreuses activités récréatives et sportives. Pour la chasse et la pêche, vous devez vous procurer un permis tribal. Le conseil tribal a mis en place un service de guides indiens, pour la pêche ou la chasse. Avec eux, vous pourrez non seulement apprendre leurs techniques, mais aussi découvrir par la même occasion la complexité des rapports qu'ils entretiennent avec la nature. Pour obtenir leurs noms et tarifs, il faut s'adresser au bureau officiel. Tél. : (605) 473 5561.

• Le **Heart of the Sioux Nation Tours** propose des visites guidées de la réserve, des powwows, et vous emmène dans un camp sioux traditionnel tout en vous expliquant leur histoire et celle de leur environnement. Tél. : (605) 473 5399.
E-mail : sung@btigate.com.

• Sur la réserve, au **Golden Buffalo Casino**, se trouve un motel ainsi qu'un camping appartenant à la tribu. Dans le casino, vous croisez les ranchers et les Indiens qui se déplacent du Minnesota, du Nebraska ou de l'Iowa pour venir tenter leur chance au jeu.

• Pour se loger en dehors du motel du casino, le plus simple est de se rendre à Chamberlain ou, si vous vous dirigez vers la réserve Cheyenne River par la route State 34, à Fort Pierre, au bord du fleuve Missouri, ou encore 2 km plus au nord, à Pierre.

◆ À ne pas manquer

• La tribu gère et possède des troupeaux de wapitis et de bisons sur des pâturages communs. Pour les visiter, il faut vous adresser au bureau officiel, qui vous indique leur emplacement et vous propose un guide pour vous accompagner. Pour la petite histoire, et pour les amateurs, la réserve de Lower Brule est la troisième productrice de pop-corn (plus de 2 500 tonnes par an) des États-Unis.

• À Pierre, la capitale de l'État, se trouve le **South Dakota Cultural Heritage Center**, qui héberge une importante collection d'objets indiens. L'entrée est gratuite. Tél. : (605) 773 3458.

PINE RIDGE

Bureau officiel de la réserve
Oglala Sioux Tribal Office
P.O. Box h # 468
Pine Ridge, SD 57770
Tél. : (605) 867 5301

Office du tourisme
Oglala Sioux Tribe Tourism Office
P.O. Box 3008
Pine Ridge, SD 57770
Tél. : (605) 867 5301 ou 5771
Fax : (605) 867 1471

➪ Pour y aller

Située dans le sud-ouest du Dakota du Sud, avec une portion de territoire qui s'étend au sud dans le Nebraska, ses quelque 710 000 ha en font la deuxième réserve indienne après celle des Navajos en Arizona. Elle englobe des paysages variés et spectaculaires, comme ceux du Parc national des Badlands (« mauvaises terres ») avec, pour briser leur monotonie grandiose de solitude, des collines d'herbes grasses et des forêts de conifères. Au nord, en venant de Pine Ridge ou de Sioux Falls, la route I 90 longe la réserve d'est en ouest.

◆ Les Oglalas

Vers le milieu du XVIIIe siècle, les Sioux quittèrent le Minnesota et s'installèrent dans les États du Dakota du Sud, du Montana, du Wyoming et du Nebraska (voir encadré sur la nation sioux, p. 45).

En 1834, la Compagnie américaine des fourrures bâtit un comptoir commercial à Fort Laramie, au confluent de la North Platte River et de son affluent, la rivière Laramie. Les Indiens et les Blancs entretenaient alors des relations commerciales pacifiques. Les Lakotas échangeaient leurs peaux de bisons, de castors et de loutres contre des fusils, des outils, des perles et de l'alcool. En 1948, ce fort commercial fut transformé en base militaire et le gouvernement y signa avec les Indiens, en 1851, le premier traité de Fort Laramie. Ce traité garantissait la sécurité des convois de colons sur la piste de l'Oregon pour la Californie, où de l'or avait été découvert en 1848, mais, en 1854, éclata le premier incident entre les pionniers et les Indiens. Une vache appartenant à des mormons fut abattue par des Indiens alors qu'elle semait le désordre dans leur campement. Le propriétaire de la vache demanda réparation au commandant du fort. Refusant l'indemnisation proposée par les Indiens, le militaire exigea que lui soit livré le coupable. Le chef du village refusa, les soldats ouvrirent le feu, tuant et blessant plusieurs Indiens. Cet épisode tragi-comique marqua le début d'une guerre qui dura trente-six ans pour s'achever, dans la neige souillée de sang, à Wounded Knee en décembre 1890.

Cet hiver-là, plusieurs centaines de Miniconjous, sous le commandement du chef Big Foot, installèrent un campement provisoire sur les berges de la rivière Wounded Knee. Leur intention était de se rendre à l'agence de Pine Ridge pour se mettre sous la protection du chef Red Cloud. Ils furent surpris le 29 décembre au petit matin par les soldats de l'armée venus leur confisquer leurs armes. Malgré la décision de Big Foot de n'opposer aucune résistance, des coups de feu partirent. Trois cents hommes, femmes et enfants miniconjous perdirent la vie en moins d'une heure de fusillade.

Dans ces années de guerre, les Sioux subirent une perte qui les affligea tout autant que celle des membres de leur tribu. Signé en 1868, le traité de Fort Laramie reconnaissait aux Lakotas l'entière souveraineté sur leurs collines sacrées, les Black Hills. En 1875, la découverte de filons aurifères sur ces collines entraîna une ruée de prospecteurs blancs. Cédant à la pression publique, le gouvernement proposa avec insistance aux Sioux d'acheter cette portion de territoire, au mépris des promesses faites en 1868. Les Indiens déclinèrent l'offre et, devant l'opiniâtreté menaçante des Américains, ils prirent les armes. Malgré de nombreuses luttes acharnées et leur victoire dans la vallée de la Little Bighorn au Montana (1876), ils perdirent les Black Hills en 1877. En signe de contestation, la grande majorité des Lakotas refuse toujours aujourd'hui l'indemnisation de leur terre volée, qui s'élève pourtant, avec les intérêts, à quelque 400 millions de dollars.

La tribu oglala peut à juste titre s'enorgueillir d'avoir donné à l'histoire de l'Amérique plusieurs grands chefs prestigieux, dont **Crazy Horse** et **Red Cloud**. Ce dernier défendit jusqu'à sa mort, en 1909, la cause de son peuple et, bien qu'il s'illustrât par son intelligence et son courage dans de nombreux combats, beaucoup de guerriers qui ne partageaient pas ses opinions lui reprochèrent d'être un leader modéré. L'impact de ces années de guerres, de traités bafoués, de terres spoliées et morcelées sur les communautés sioux d'aujourd'hui se ressent au niveau tant social qu'économique et spirituel.

Parmi les personnalités hors du commun de la nation sioux, **Billy Mills** (un Oglala né à Pine Ridge) s'illustra dans un domaine plus pacifique. En 1964, il gagna le 10 000 mètres aux jeux Olympiques de Tokyo, premier Américain à remporter cette course, pulvérisant les records établis. Avec humour, en référence à l'histoire de son peuple, il disait : « Si les Sioux courent vite, c'est grâce aux Chippewas. » Ce furent effectivement ces derniers qui les chassèrent du Minnesota au XVIIe siècle.

La réserve, établie en 1868, est la plus grande des réserves sioux. Aujourd'hui, sur les 21 000 habitants de Pine Ridge, 17 775 sont des Oglalas. De nombreux Indiens se sont convertis au christianisme, mais la plupart des habitants de Pine Ridge adhèrent à la **Native American Church** et participent à des cérémonies menées par des hommes-médecine.

Les villes, constituées principalement de lotissements construits dans les années 1960, ainsi que les bourgades poussiéreuses qui se trouvent sur la réserve, révèlent la très grande pauvreté de la région. On rencontre fréquemment des adultes totalement désœuvrés assis sur les porches des maisons tandis que les enfants s'amusent dans des terrains en friche. Dans ces ghettos, les principaux points de ralliement sont les *trading posts* et quelques boutiques.

Provocation et résignation, les dérives de l'alcool (interdit en principe sur la réserve, mais vendu par des Blancs dans les villes proches) et du chômage conduisirent certains Indiens sur la voie de la rébellion. Exacerbés par l'assassinat dans des conditions étranges de deux Oglalas, Raymond Yellow Thunder (1972) et Wesley Bad Heart Bull (1973), les activistes de l'**American Indian Movement** (AIM, fondé en 1968), soutenus par plusieurs membres de Pine Ridge, occupèrent Wounded Knee en 1973. Leurs intentions étaient d'y commémorer le massacre de 1890 et d'attirer l'attention du public sur les terribles conditions de survie dans les réserves. Il en résulta un conflit armé entre les Indiens, les militaires, la police du BIA (Bureau des affaires indiennes) et le FBI. Après ce conflit, des traditionalistes partisans de l'AIM furent élus au conseil tribal et les policiers du BIA furent remplacés par une force de l'ordre tribale. Un autre phénomène se produisit : les écoles, dont le nom imposé par le gouvernement se réduisait à un chiffre, furent rebaptisées du nom de chefs indiens (école Red Cloud) ou de lieux de mémoire (Little Wound School). Les enseignants ne dirent plus aux élèves qu'ils appartenaient à un peuple vaincu et, dans les livres, la culture lakota fut prise en compte. Un journal, le ***Lakota Time***, vit le jour et une radio locale inaugura des émissions en lakota.

Pour l'avenir proche, les Lakotas espèrent parvenir à une immersion totale dans la langue lakota des jeunes enfants pendant les cinq premières années de scolarité (jusqu'au CM2). Bien qu'une nouvelle génération d'Oglalas se développe, forte d'une identité culturelle retrouvée et d'un défi économique à relever à l'aube du XXIe siècle, il reste toujours établi que les Oglalas sont un des groupes les plus pauvres des États-Unis.

Le casino **Prairie Winds** rapporte actuellement un million de dollars à la tribu. On remarque, parmi les projets de développement mis en place par les Lakotas, un programme d'agriculture biologique.

◆ Fêtes et cérémonies

De nombreuses cérémonies se déroulent chaque année de mai à novembre sur la réserve. Elles semblent apaiser l'âme des anciens guerriers, anémiée par le souvenir des années de défaites et de privations d'un passé que l'on sent encore proche. Les très dynamiques organisations de vétérans de la Native American Legion ou l'Association des vétérans du Vietnam, ainsi que les lycéens, organisent régulièrement des fêtes. Pour obtenir des précisions sur les événements et les dates, qui varient d'une année sur l'autre, vous pouvez vous adresser directement au bureau officiel de la tribu à Pine Ridge (tél. : (605) 867 5821) ou au bureau du tourisme Oglala (tél. : (605) 867 5301).

• **Powwow de Oglala Lakota College :** il se déroule à Kyle vers le 20 juin et donne lieu à différentes activités dont les danses traditionnelles et les compétitions sportives. Vous y serez particulièrement les bienvenus. Pour preuve l'invitation, dans le cadre d'échange entre lycéens, faite en 1989 à plusieurs étudiants français (du lycée Henri-Darras à Liévin dans le Pas-de-Calais) de séjourner dans cette école. Pour connaître les dates exactes, écrire ou téléphoner à : Oglala Lakota College Activities Commitee, P.O. Box 490. Kyle, SD 57752. Tél. : (605) 455 2321.

• **Powwow de la nation oglala :** fin juillet, début août à Pine Ridge. Les meilleurs chanteurs et danseurs indiens des États-Unis et aussi du Canada y participent. Tél. : (506) 867 5821.

• **Sun Dance :** en août vous pouvez assister à la Danse du Soleil dans le recueillement qui s'impose durant la plus importante cérémonie religieuse lakota. Celle de Pine Ridge est une des plus célèbres des États-Unis. Elle attire une foule de participants et de visiteurs. L'alcool, les drogues et les armes à feu y sont strictement prohibés.

• En juillet à Rapid City (en dehors de la réserve), le **powwow des Black Hills Association** se déroule dans un immense amphithéâtre au Rushmore Plaza Civic Center. Quoique intéressant par la qualité de ses danseurs et chanteurs, certains Indiens reprochent à cette manifestation son aspect essentiellement touristique.

◆ Art et artisanat

• À Holy Rosary Mission, situé à 7 km au nord de Pine Ridge, le **Heritage Center** vous donne l'occasion de voir une très belle collection d'art indien traditionnel. Les Sioux sont réputés pour la beauté de leurs décorations en perles et de leurs broderies en piquants de porc-épic. Entrée libre du lundi au vendredi de 8 à 17 heures. Tél. : (605) 867 5491. Le centre culturel accueille aussi deux fois par an, à la mi-juin et à la mi-août, des artistes indiens nationaux et locaux. Si vous êtes alors dans cette région, ne ratez pas la manifestation artisanale appelée **Red Cloud Art Show**, dans l'école qui porte le même nom. Pour en connaître la date exacte, il faut s'adresser au bureau officiel tribal de Pine Ridge. Tél. : (605) 867 5301. Cette école, construite en 1891, reçoit sur ses bancs de classe les enfants de la réserve. Désormais l'enseignement de la culture lakota – si souvent dénigrée – fait partie des cours.

• L'**Oglala Lakota College** à Kyle est non seulement un établissement d'enseignement, mais aussi un centre culturel qui fait office de galerie d'art tout comme de librairie spécialisée. Tél. : (605) 455 2321.

• À Wanblee, sur la Hwy 44 en direction de l'est, se trouve la boutique **Walking Bull's Tiospaye Store**, qui vend des objets artisanaux lakotas.

• En dehors de la réserve, à Rapid City sur le chemin des Black Hills, se trouvent le **Sioux Indian Museum** et la galerie **Prairie Edge** (tél. : (605) 342 3086), qui méritent un détour sans aucune hésitation. Le **Sioux Indian Museum** possède une importante collection d'art et d'artisanat ancien et contemporain lakota (Sioux Indian Museum, 515 West Bldv., Rapid City, SD 57709. Tél. : (605) 348 6099). Vous pouvez acheter des bijoux, des tambours, des vêtements ou des coiffes en plumes. Ils ont aussi de très beaux *star quilts*, style que les femmes lakotas apprirent au début du XXe siècle après qu'elles eurent fréquenté la célèbre école indienne de Carlisle en Pennsylvanie. Il était et est encore de coutume de faire cadeau de ces *star quilts* lors d'événements importants. Vous pouvez en acheter dans les *trading posts*, appelés aussi *gift shops*, et les *pawn shops* (monts-de-piété) installés dans la région, comme lors des powwows. Les prix varient de 100 à 1 500 $ et plus selon leur ancienneté. Parmi les ouvrages de qualité, essayez de découvrir les *star quilt* de Claire Packard et de Mabel Greeley.

Dans cette ville chargée d'histoire, plusieurs galeries vendent des œuvres réalisées par des artistes indiens contemporains.

◆ Que faire ?

Les **Badlands** (« mauvaises terres »), parc national de 110 000 ha créé en 1978 et dont la portion sud s'encastre dans la réserve, sont un havre de solitude où l'écho des batailles et le souvenir du sang versé exacerbent le pouvoir magique qui se dégage de leur paysage désolé. Les trappeurs français du XIXe siècle disaient qu'elles étaient les « mauvaises terres à traverser ». On comprend leur sentiment en contemplant les canyons entrelacés dont les crêtes montagneuses se tordent en formes grotesques aux ombres inquiétantes. Terre érodée, plateaux désolés balayés par le vent, la beauté cachée de cet endroit se réveille au crépuscule quand la lumière tombante dissout les formes brisées et révèle, dans une apothéose de douceur, les teintes ocre, jaunes et pourpres de la roche.

Le **Badlands National Park** est divisé en trois parties dont deux (Stronghold Unit et Palmer Creek Unit) se trouvent sur la réserve. North Unit est la partie la plus visitée, elle est accessible à Cedar Pass (arrêtez-vous au « Cedar Pass Lodge ») sur la State 240 depuis Cactus Flat. Aux entrées du parc et aux centres des visiteurs, vous obtenez toutes les informations concernant les campings, les aires de pique-nique et les points de vue. Les rangers proposent des activités gratuites : observation des étoiles, promenades dans la nature, séances de projection de diapositives sur le parc. Il est ouvert toute l'année, mais la meilleure saison pour le visiter se situe entre juin et septembre.

Le paysage que vous verrez sur les sentiers **Window** et **Notch Trails** (à prendre sur la State 240 à quelques kilomètres de l'entrée nord-est, avant Cedar Pass) est spectaculaire. Pour arriver à une crevasse dans les falaises surplombant la réserve, vous aurez à parcourir à pied 600 m par terrain accidenté avant d'avoir à grimper sur une échelle de corde pour atteindre le sommet. Mais votre effort sera récompensé par la vue qui s'offrira à vous. Sous vos yeux, les Badlands semblent vouloir se fondre dans la vallée verdoyante de la White River.

Pour admirer le coucher de soleil, choisissez le **Big Foot Pass** qui se trouve sur la boucle de 64 km de la North Unit (partie nord, entrée par Cedar Pass). C'est là que Big Foot, chef des Sioux miniconjous, mena ses troupes pour fuir l'armée américaine. Ils furent finalement conduits à Wounded Knee, où périt ce célèbre chef lors du massacre de 1890. Ce site historique est le meilleur emplacement dans les Badlands pour admirer le coucher de soleil et pour découvrir depuis le sommet de la colline la trace indélébile de cet épisode tragique de l'histoire.

Dans la **Sage Creek Wilderness Area** (partie nord-ouest, State 240) errent encore les bisons comme au temps des grandes chasses indiennes, ainsi que des troupeaux d'antilopes, de cerfs et de mouflons. Bien que dans cette zone protégée il n'y ait d'autres routes que celles tracées par les bisons, vous pouvez vous promener à pied, tout en gardant à l'esprit que les animaux sauvages sont dangereux. Il est parfois difficile de ne pas perdre son chemin, et les changements climatiques peuvent être très brutaux. Un terrain de camping (gratuit mais non aménagé) se trouve à 18 km de l'entrée par Pinnacles.

Le **Sheep Mountain Table,** qui surplombe un labyrinthe de canyons, est un endroit idéal pour s'abandonner à la contemplation. Pour y arriver, prendre une route en terre (indiquée par des panneaux de signalisation) qui part de la State 44 en tournant à gauche si vous venez de Pine Ridge (par la State 27, qui rejoint plus au nord la State 44). Avant d'arriver au pied de la colline, vous remarquerez d'étranges rocs en forme de champignon.

En descendant vers la partie sud (Stronghold Unit), arrêtez-vous au White River Visitor Center (sur la State 27) pour demander comment prendre la piste qui mène à **Stronghold Table**, où les Sioux de la Ghost Dance (Danse des Fantômes) se réunissaient en 1890.

À 13 km du White River Visitor Center, sur la State 2, prenez le temps de goûter les *indian tacos* (tacos indiens, faits avec du pain frit) au **Cuny Table Cafe.**

Si vous voulez acheter des objets indiens, arrêtez-vous au **Wall Drug** (impossible de visiter le parc sans être exposé aux publicités agressives !) situé dans la ville de Wall, à la sortie nord du parc (à Pinnacles) par la State 240. Ce centre commercial, installé depuis 1931, abrite un musée et de nombreuses boutiques qui vendent de l'art indien et western (pour ceux qui aiment les souvenirs kitsch). Tél. : (605) 279 2175.

Les lacs artificiels de **White Clay** et l'**Oglala Reservoir** sont des endroits excellents pour les baignades et les pêches fructueuses. À moins que vous ne préfériez la chasse, qui prouvera aux amateurs que le gibier ne manque pas. Ou encore, allez tenter votre chance au jeu de bingo à Wounded Knee. Pour obtenir les permis nécessaires et tous renseignements utiles, adressez-vous au bureau de la Dam Safety.

Pour vous familiariser avec le quotidien de Pine Ridge, rien ne vaut la radio locale KILI, qui émet ses émissions à partir de Porcupine (allez visiter la pittoresque station installée sur une colline, mais attention aux nids-de-poule sur la route), ou l'hebdomadaire indien national *Indian Country Today.*

Choisissez de vous reposer confortablement chez l'habitant au **Wakpamni Bed and Breakfast**, installé dans une exploitation agricole. Vous apprécierez le paysage et aussi les histoires sur les traditions et la culture oglala. Ce *bed and breakfast* se trouve à Batesland, situé au sud-est de Pine Ridge sur la route 32. Vous pouvez aussi loger dans des tipis montés dans les champs. Tél. : (605) 288 1800.

Plusieurs motels sont ouverts toute l'année sur la réserve dans plusieurs localités. Mais il est quand même conseillé de quitter la réserve la nuit tombée. Adressez-vous au **Oglala Sioux Tribe Tourism Office**. P.O. Box 3008, Pine Ridge, SD 57770. Tél. : (605) 867 5301. Fax : (605) 867 1471.

Pour des randonnées équestres avec des guides lakotas et hors des chemins balisés, adressez-vous au **Wambli Waci Hin Ska**, P.O. Box 76, Manderson, SD 57756.

◆ À ne pas manquer

Allez vous recueillir sur le monument de **Wounded Knee** dédié aux victimes lakotas du massacre de 1890. Il est érigé à 11 km au nord de la ville Wounded Knee (Route US 18). Vous pouvez également vous rendre sur la tombe du chef Red Cloud à **Holy Rosary Mission**, situé à 8 km au nord du village de Pine Ridge.

ROSEBUD

Bureau officiel de la réserve
Rosebud Sioux Tribe
P.O. Box 430
Rosebud, SD 57570
Tél. : (605) 747 2381
Fax : (605) 747 2243
Site web : www.tradecorridor.com/rosebud

➪ Pour y aller

Située en bordure est de la réserve de Pine Ridge, elle s'étend sur 382 000 ha de terres contrôlées sous forme de trust par la tribu. Vous pouvez y accéder par les routes US 18 (est-ouest) ou US 83 (nord-sud).

◆ Les Sioux Rosebud

Les Sioux Rosebud sont les descendants des Sicangus (ou Brules) et font partie de la tribu des Tetons (voir encadré sur la nation sioux, p. 45). Après plusieurs déplacements, les Brules, conduits par leur chef **Spotted Tail**, s'établirent sur les berges de la rivière Rosebud en 1878. Une partie des Brules (les Lower Brules) s'installèrent plus tard au nord-est sur la Missouri River. En 1868, le gouvernement accéda à leur demande de fonder la réserve de Rosebud. Aujourd'hui, sur les 15 500 Sioux Rosebud recensés, 12 800 vivent sur la réserve, dont le paysage, hormis les deux routes qui la traversent, n'a guère changé depuis le temps où Spotted Tail parcourait les prairies à cheval. L'électricité n'est installée que dans les bâtiments principaux, qui contrastent avec les

LES BLACK HILLS

La route I 90 longe la frontière nord des Black Hills. Les villes de Spearfish, Hot Springs ou Rapid City sont des points de départ pour explorer la région, qui offre des possibilités illimitées de randonnées et de campings, sauvages ou dans des emplacements aménagés.

Les Black Hills, terre sacrée des Lakotas et plus vieilles montagnes d'Amérique, s'élèvent dans la prairie, en silhouettes étranges qui surgissent à l'horizon comme une île mystérieuse. Au milieu des étendues semi-arides, elles surprennent par leurs rivières joyeuses, leurs forêts denses, leurs canyons imposants et leurs pics tordus qui se dressent, menaçants, vers le ciel. Les Lakotas installaient leurs camps provisoires toujours en vue des Black Hills, qu'ils appelaient *Paha Sapa* (Collines noires) à cause de la couleur émeraude foncée des pins qui les recouvraient. Admiration révérencieuse, mêlée de crainte, car d'étranges sons s'échappent des Black Hills, que l'on explique rationnellement par le bruit du vent dans les bois. De nombreux hommes pieux cheyennes et lakotas venaient y communiquer avec les divinités, les implorant de leur accorder la vision qui mène sur la voie de la sagesse et d'un pouvoir secret.

Bear Butte, volcan éteint qui se dresse sur la plaine tel un promontoire en forme de cône, est considéré comme un des hauts lieux de quête de visions. Aujourd'hui encore, de nombreux Indiens s'y rendent dans le même esprit. **Bear Butte, Harney Peak** (plus haut sommet de l'État, 2 207 m), qui domine toute la région, et la masse granitique et imposante de **Devil's Tower** (dans le Wyoming) – trois lieux hautement vénérés par les Indiens – frappent par leur majestueuse et indicible beauté.

Alors que les Black Hills recèlent tant de merveilles naturelles, les hommes sculptèrent, entre 1927 et 1941, dans le granit à même la montagne, les effigies géantes de quatre présidents américains (George

Washington, Thomas Jefferson, Abraham Lincoln, Theodore Roosevelt) au **Mount Rushmore** (centre des visiteurs à Keystone, State16 en venant de Rapid City. Ouvert toute l'année. Tél. : (605) 574 2523). Ces « pères fondateurs » ont encouragé la destruction des sociétés indiennes. Comme pour conjurer le sort, une statue équestre encore plus grande du chef sioux Crazy Horse est en voie d'être achevée à 27 km de là au **Crazy Horse Memorial**. (Ouvert toute l'année. Tél. : (605) 673 681.) On y trouve aussi un musée et un centre culturel qui témoignent de la richesse de la culture indienne. Ailleurs, poussés par d'autres préoccupations que l'emprise sur l'espace et le temps, les chercheurs d'or continuent à fouiller les Black Hills.

Les 7 et 8 juin, chaque année, est organisée une marche de 10 km (à laquelle participent plus de 10 000 marcheurs), pour aller voir de près le monument géant dédié au chef Crazy Horse. Adressez-vous au **Crazy Horse Volksmarch.** Tél : (605) 673 4681.

Quelques endroits ont cependant conservé leur charme mystérieux. Pour s'en rendre compte, il suffit de prendre la route panoramique **Needles Highway,** qui serpente dans les massifs verdoyants d'où surgissent de longues aiguilles de granit, **Rim Rock Drive** ou **Nemo Road**.

La région abrite d'autres sites naturels de toute beauté, parmi lesquels **Custer State Park** (y aller par le Needles Highway ; tél. : (605) 255 4515), grand parc naturel où abondent les animaux sauvages, **Jewel Cave National Monument** (sur la route 6 ; tél. : (605) 673 2288), galeries souterraines ornées de splendides formations de cristal de calcite coloré, et **Wind Cave National Park** (à côté du Custer Park, sur la US 385 ; tél. : (605) 745 4600), labyrinthe de grottes spectaculaires, sont des endroits encore tranquilles loin des foules touristiques. Autour, les troupeaux de bisons broutent l'herbe de la prairie, et de ces endroits on peut imaginer ce que furent les Black Hills avant l'invasion des Blancs.

nombreux *mobile homes*, baraquements et maisonnettes de la réserve. Fondé en 1971, un établissement d'enseignement supérieur réputé, le Sinte Gleska College (université Spotted Tail), donne à la réserve une ambiance très différente de celle que l'on trouve à Pine Ridge. Les gens de Rosebud sont fiers d'avoir eu parmi eux le premier chanteur lyrique indien reconnu nationalement. En effet, **White Eagle,** membre de la tribu sioux de Rosebud, était diplômé de la prestigieuse Merola Opera Program de San Francisco. Il chantait des premiers rôles aussi bien dans des théâtres lyriques que dans les grands opéras américains.

◆ Fêtes et cérémonies

Sur la réserve se déroulent, de mai à août, des festivités. Pour en connaître la liste détaillée, contacter le Rosebud Sioux Tribe Department of Tourism, P.O. Box 1192, Bishop Hare Complex, Mission, SD 57555. Tél. : (605) 856 2538. Fax : (605) 856 4115. Site web : www.tradecorridor.com/rosebud

• **Ring Thunder Community Traditional Powwow** : 12-14 juin.

• **Annual Corn Creek Traditional Powwow** : 17-19 juillet.

• **Powwow de Rosebud :** le vendredi du 4e week-end du mois d'août. Danses et concours de chants, danses country, rodéos, compétitions sportives, parades, reconstitutions historiques, rien ne manque à cette fête. Vous y rencontrerez aussi de nombreux artistes qui viennent exposer et vendre leurs œuvres.

◆ Art et artisanat

Pour approfondir vos connaissances ou découvrir l'art des Lakotas, faites une visite au musée de St. Francis, le **Buechel Memorial Lakota Museum.** Vous y trouverez entre autres des travaux de broderie réalisés avec des piquants de porc-épic préalablement teintés et aplatis. Ces broderies étaient effectuées uniquement par les femmes et constituent certainement la science la plus délicate des arts féminins indiens. Ce musée possède plus de 300 objets, dont ceux utilisés par les adhérents de la Native American Church, mais aussi des vêtements, des mocassins, des berceaux, des jouets, des sacs à pipe. Le musée est ouvert sept jours sur sept durant l'été de 9 à 18 heures et son entrée est gratuite. Hors cette période, il vous faut prendre rendez-vous pour le visiter. Tél. : (605) 747 2361. Visitez en même temps la **Mission St. Francis**, reconstruite en 1916 après avoir été détruite par un incendie. Des générations d'enfants indiens furent élevés à la Mission St. Francis, établie en 1886 par des jésuites et des sœurs franciscaines.

◆ Que faire ?

• La beauté de **Ghost Hawk Park** le long de la Little White River ou du **Crazy Horse Canyon** (sud-ouest de Rosebud) invite à la randonnée, et les eaux du canyon donnent de nombreuses raisons d'avoir envie d'aller à la pêche. Sur place, vous trouvez des campings et des aires de pique-nique aménagées et accueillantes. Vous pouvez aussi louer une cabane en rondins au **Salt Camp Cabins**, qui surplombe le canyon. Tél. : (605) 747 2206.

• Pour les amateurs irréductibles, un terrain de golf de neuf trous est à votre disposition à 3 km au sud de Mission sur la US 83. Adressez-vous au **Prairie Hills Golf Course.** Tél. : (605) 856 4986.

• À Mission se trouvent plusieurs motels indiens dont le **White Antelope Motel** et le **Maverick Motel** (tél. : (605) 856 4560), ainsi qu'un camp de tipis dans lesquels vous pouvez loger : **Sicangu Lakota Wicoti « Burnt Thigh Camp »**. Tél. : (605) 856 2538. Cet endroit propose aussi les services de guides.

• Dans la réserve, vous trouverez de nombreux *trading posts* où vous pourrez acheter des objets artisanaux indiens.

• Pour vous tenir informés des « news » indiennes, achetez le plus populaire et important hebdomadaire indien : *Indian Country Today*. La radio indienne de Rosebud KINI diffuse aussi des informations locales et régionales.

YANKTON

Bureau officiel de la réserve
Yankton Sioux Tribe
P.O. Box 248. Marty, SD 57361
Tél. : (605) 384 3804 ou 3641
Fax : (605) 384 5687

➪ Pour y aller

La réserve qui s'étend sur 174 000 ha se trouve dans la partie sud-est du Dakota du Sud et comprend l'intégralité du comté de Charles Mix. Le fleuve Missouri la borde sur la frontière avec le Nebraska. Son paysage est composé principalement de prairies. On y accède par les routes State 46, State 50, US 281 ou US 18.

◆ Les Yankton

Les membres de la tribu Yankton font partie de la nation sioux, dont ils furent les premiers à quitter, vers le milieu du XVIIe siècle, la région des Grands Lacs (voir encadré sur la nation sioux, p. 45). Ils parlent le dialecte dakota de la famille linguistique siouane. Leur réserve fut établie en 1853.

◆ Fêtes et cérémonies

Powwow de Fort Randall : 1er week-end d'août à Lake Andes, sur les berges du Missouri. Ce powwow draine plus de 2 000 personnes. En plus des concours de chants et de danses, des compétitions sportives, notamment de pêche, sont organisées. De nombreux sites de camping sont installés.

◆ Que faire ?

• En dehors des promenades et parties de pêche, vous avez la possibilité d'aller vous distraire au casino de Fort Randall et de dormir dans son hôtel. La tribu tire ses plus importants revenus des recettes des salles de jeu. Le casino organise un rodéo le 2e week-end de juillet. Tél. : (605) 487 7871. Quand vous êtes près du casino, profitez-en pour allez vous baigner de l'autre côté du Missouri, près de Pickstown.

• Près du barrage Fort Randall, construit sur le fleuve Missouri, se trouve un site historique : **Fort Randall**, poste militaire établi en 1856 pour garantir la paix entre les colons et les Indiens. Aujourd'hui il ne reste de cette construction qu'un beau bâtiment en pierre construit en 1875. On y accède par la route US 281 en venant de Lake Andes. Tél. : (605) 487 7844.

• À Greenwood, vous pouvez visiter le monument funéraire érigé en l'honneur du chef yankton **Struck-By-The-Ree.**

• En dehors de la réserve, à **Sioux Falls** sur la route I 29, se déroulent plusieurs manifestations culturelles indiennes :

– de juin à fin août, dans le cadre du festival musical **Reardon Plaza Concert Series**, se produisent parfois certains groupes de musiciens indiens. Pour avoir le programme détaillé, téléphonez au (605) 367 4210 ;

– du 26 au 28 septembre a lieu le **Northern Plains Tribal Arts Show**, manifestation créée, bien qu'en dehors d'une réserve, par une association qui regroupe 33 tribus des Plaines. Vous y découvrez de nombreux artistes et artisans qui viennent chaque année exposer et vendre leurs œuvres. S'y trouvent aussi des stands tenus la plupart du temps par des commerçants blancs de *trading posts* qui vendent des objets (surtout des bijoux) anciens. Des conférences et un powwow animent cette manifestation indienne. Tél. : (605) 224 7361 ou (605) 334 4060. Vous pouvez vous loger au Ramkota Inn, où descendent beaucoup d'artistes indiens. Tél. : (605) 336 0650.

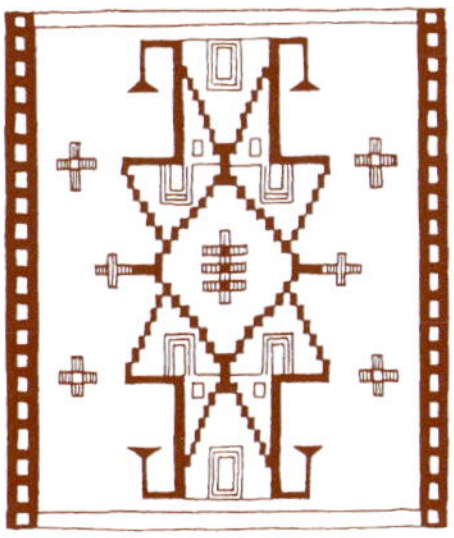

Kansas

Situé au cœur de l'Amérique du Nord, dans une région de transition entre la prairie et les hautes plaines, le Kansas fut pendant longtemps la plaque tournante de la conquête de l'Ouest. Les cow-boys et leurs troupeaux de bovins venaient enflammer, dans le bruit des colts, de petites villes mornes qui bouillonnaient alors, de jour comme de nuit, dans la poussière de la rue et les lumières des *saloons*. Elles en gardèrent des traces indélébiles et, aujourd'hui encore, il est impossible de s'arrêter à Dodge City sans rêver d'y rencontrer le fantôme du shérif Wyatt Earp. Et encore moins de traverser Abilene sans discerner, dans le vent, le souffle des milliers de bovins qui de 1867 à 1872 l'intronisèrent capitale du royaume du bétail. Terre plate et monotone, brisée par quelques collines et irriguée par les fleuves Arkansas et Kansas, ses 213 095 km² firent partie du Territoire indien supposé inviolable. Le Kansas abrita de nombreuses tribus dans les années 1850 et jusqu'à la fin de la guerre de Sécession (Shawnee, Delaware, Kansas, Sac and Fox, Iroquois, Cinq Tribus civilisées). Aujourd'hui, après l'exil forcé des Indiens, il ne reste que quatre réserves au Kansas, toutes situées dans le nord-est de l'État.

ITINÉRAIRE CONSEILLÉ

Les quatre réserves indiennes se trouvent dans le nord-est du Kansas et se suivent sur une distance de 200 km. Jusqu'à présent, elles ne présentent guère d'intérêt touristique. Seuls les musées et les fêtes tribales offrent de quoi contenter la curiosité des yeux et de l'esprit.

Au départ de Topeka, la capitale de l'État, rejoignez – après avoir fait une halte au musée **Kansas State Historical Society** (120 W, 10th St.), où se trouve une considérable documentation sur les Indiens de cette région – la route US 75 pour vous rendre plus au nord chez les Indiens potawatomis. De là, promenez-vous dans les réserves qui sont proches les unes des autres, de préférence au moment des powwows. Terminez votre séjour, en repartant de Topeka par la I 35, en direction du sud vers l'Oklahoma, par la visite à Wichita du **Mid-America All-Indian Center and Museum**, 650 N. Seneca St., Wichita, KS 67202. Tél. : (316) 265 5221. Devant la façade de ce musée (ouvert du lundi au samedi de 10 à 17 heures et dimanche de 13 à 17 heures) se dresse l'imposant « Gardien des Plaines » sculpté en 1970 par **Blackbear Bosin**, un artiste kiowa-comanche décédé aujourd'hui. Le musée possède une importante collection d'art indien traditionnel et contemporain, et ses expositions permettent de comprendre la vie des Indiens qui vivaient dans la région. Le dernier week-end de juillet, un grand powwow intertribal y est organisé. C'est aussi l'occasion de déguster de nombreux plats cuisinés indiens.

IOWA

Bureau officiel de la réserve
Iowa Tribe of Kansas and Nebraska
Route 1. P.O Box 58 A
White Cloud, KS 66094
Tél. : (913) 595 3258

➪ Pour y aller

Les 800 ha de la réserve chevauchent les États du Kansas et du Nebraska. À l'est, le fleuve Missouri la borde tandis qu'à l'ouest, elle est adjacente à la réserve des Indiens sac and fox. En venant de Topeka, la capitale du Kansas, on prend la US 75 ou la State 7 en direction du nord-est.

◆ Les Iowas

Les Iowas (groupe linguistique siouan) étaient proches des Winnebagos, Otoes et Missouris, avec lesquels ils partageaient vers 1700 un territoire (dans l'actuel État d'Iowa) compris entre les rivières Iowa et Des Moines.

Au XIXe siècle, sous la poussée de la colonisation blanche, ils furent contraints d'abandonner leur territoire, qui porte encore leur nom, et s'exilèrent au Kansas. Après la guerre de Sécession, des groupes d'Iowas s'installèrent en Oklahoma, où ils sont encore. Établie en 1836 dans le Kansas, la réserve fut plusieurs fois réduite jusqu'en 1890. Depuis 1980, la tribu rachète des terres afin d'agrandir la superficie de son territoire.

◆ Fêtes et cérémonies

• **Chief White Cloud Annual Rodeo :** en juin à White Cloud. Pour avoir la date exacte de ce rodéo, téléphonez au (913) 595 3258.

• **All Encampment Powwow :** en septembre. Powwow intertribal.

◆ Que faire ?

Hormis la pêche dans les eaux du Missouri ou la chasse sur les terrains qui le borde, il n'existe pas d'activités touristiques proposées par la tribu. Pour obtenir les permis nécessaires, adressez-vous au siège tribal. Tél. : (913) 595 3258.

Autour de la réserve, les villes ne manquent pas de rappeler que cet État fut une des principales voies de passage de l'Ouest, empruntée par de nombreux colons et convoyeurs de bétail. Pour découvrir le charme de la prairie fleurie à perte de vue, prendre, de Kansas City, la I 70 qui suit le **Smoky Hill Trail** qu'empruntaient les diligences.

KICKAPOO

Bureau officiel de la réserve
Kickapoo Tribe of Kansas
P.O. Box 271
Horton, KS 66349
Tél. : (913) 486 2131

➪ Pour y aller

Située à 80 km au nord de Topeka sur la US 75, la réserve Kickapoo couvre 7 807 ha. Elle est à 15 km de Horton. La Delaware River coule au cœur de la réserve.

◆ Présentation de la tribu

Les Français rencontrèrent les Kickapoos (groupe linguistique algonquin) pour la première fois au XVIIe siècle, lorsque ceux-ci vivaient dans la région sud des Grands Lacs au Wisconsin. L'expansion colonialiste et des conflits intertribaux poussèrent les Kickapoos à s'exiler vers l'ouest dès 1819. Ils furent parmi les victimes du processus de dépossession des tribus exilées vers le Kansas, entamé dès les années 1840 et qui dura pendant toute la guerre de Sécession. Ils se dispersèrent dans le Kansas, l'Oklahoma et au Mexique. La réserve au Kansas fut établie en 1832 et compte aujourd'hui 350 Indiens inscrits. Son économie repose sur l'agriculture et les revenus tirés des terres louées à des fermiers non indiens.

◆ Fêtes et cérémonies

Annual Kickapoo Powwow : 3e week-end de juillet, ou début septembre. Parmi les danses traditionnelles se trouve la Kickapoo Green Corn Dance, typique de cette tribu. Lors de ce powwow, des artistes et artisans indiens viennent exposer leurs œuvres. Parmi celles-ci, des mocassins en cuir brodés de perles, des châles pour les pratiquants de la Native American Church en toile ornementée de rubans et motifs appliqués ou brodés (dont le dessin d'un oiseau, typique sur les objets du rituel du peyotl), ou encore des chemises traditionnelles en coton, décorées de rubans. Auparavant, les rubans colorés désignaient le clan de celui qui portait la chemise, selon leurs couleurs ou la façon dont ils étaient entrelacés. Se renseigner pour confirmer la date au bureau officiel. Tél. : (913) 486 2131.

◆ Que faire ?

La chasse aux oiseaux et aux cervidés est autorisée ainsi que la pêche (après obtention d'un permis tribal) dans la région de la Delaware River.

PRAIRIE BAND POTAWATOMI

Bureau officiel de la réserve
Potawatomi Tribe
Rte. 2, Box 50A
Mayetta, KS 66509
Tél. : (913) 966 2255

➪ Pour y aller

Située entre Topeka et la réserve Kickapoo, la réserve Potawatomi couvre 9 106 ha. On y accède par la US 75.

◆ La Nation du Feu

La tribu Potawatomi (groupe linguistique algonquin) constituait avec les tribus Ottawa et Chippewa la « Nation des Trois Feux ». Ils vivaient sur le fleuve Michigan dans le nord des États de l'Illinois et de l'Indiana. Dès le début de la colonisation, ils choisirent de s'allier aux Français, puis aux Anglais dans la guerre de 1812. Ils perdirent la plupart de leur territoire entre 1836 et 1841 et beaucoup partirent s'installer au Kansas et en Oklahoma. La réserve du Kansas fut établie en 1846, et aujourd'hui 1 000 Potawatomis sur les 4 000 membres inscrits y vivent. Ils sont très attachés à leur culture et beaucoup parlent leur langue d'origine ; la plupart sont adhérents de la Native American Church ou de la Drum Religion (religion du Tambour). Cette dernière, pratiquée surtout dans la seconde moitié du XIXe siècle, comporte plusieurs cérémonies saisonnières, de même que des danses (dont la plus importante est la Drum Dance) et chants sacrés.

◆ Fêtes et cérémonies

Plusieurs cérémonies ont lieu tout au long de l'année. Le **Powwow annuel** se déroule généralement au moment de Thanksgiving, le 4e jeudi de novembre. Contacter le bureau officiel pour confirmation des dates. Tél. : (913) 966 2255.

◆ Art et artisanat

Plusieurs artistes et artisans installés sur la réserve vendent leurs œuvres en direct de chez eux. S'adresser au bureau officiel pour avoir leurs adresses. Tél. : (913) 966 2255.

◆ Que faire ?

En dehors des jeux au **Potawatomi Bingo**, vous pouvez chasser sur les terres tribales. Demandez un permis au bureau officiel. Tél. : (913) 966 2255.

SAC AND FOX

Bureau officiel de la réserve
Sac and Fox Tribe of Missouri
Rte. 1 Box 60
Reserve, KS 66434
Tél. : (913) 742 7471
Fax : (913) 742 3785

➪ Pour y aller

La réserve, qui couvre 3 200 ha, se trouve à la frontière du Nebraska, près de la Missouri River. On y accède par la route US 73 d'où des panneaux indiquent la sortie pour la réserve. Son côté ouest est adjacent à la réserve Iowa.

◆ Sauks et Foxes

Les Sauks (ou Sacs) et les Foxes, parlant la même langue (groupe linguistique algonquin), vivaient dans la région du Nord-Est, où les Français les rencontrèrent dans le Wisconsin vers 1635. Quoique très proches, ces deux tribus maintenaient des identités culturelles différentes. Ils chassaient l'automne et l'hiver, et cultivaient au printemps et en été du maïs, des courges et des haricots. Leurs maisons traditionnelles, appelées *wigwams* (maisons en écorce d'arbre), étaient regroupées en villages proches des rivières. Vaincus par l'armée américaine en 1832 (guerre de Black Hawk), ils furent déplacés vers l'Iowa en 1837. En 1842, ils cédèrent une grande partie de leur territoire de l'Iowa contre une réserve au Kansas. Dans cette dernière vivent 150 membres inscrits sur les 300 recensés au Kansas. On trouve aussi une réserve Sac and Fox dans l'Oklahoma.

◆ Art et artisanat

Le **Iowa Sac and Fox Mission Museum** relate à travers des expositions d'objets l'histoire et la culture des deux tribus. Parmi les objets présentés, des tambours, des coiffes et des vêtements en peau de loutre (considérée comme un animal mythique), des colliers en griffes d'ours, des sacoches en coton ou cuir décoré, utilisées lors des danses traditionnelles. Ils sont également réputés pour leurs décorations en forme de fleurs, faites avec des rubans colorés. Iowa Sac and Fox Mission Museum, Highlands, KS 66434. Tél. : (913) 442 3304.

Montana

Le Montana est un territoire généreux et fier, une célébration d'espaces infinis à la beauté subtile et prenante où vivent dans leurs habitats naturels des grizzlis, des loups, des pumas et de nombreux cervidés, sous le regard des aigles. C'est un pays au climat continental avec des températures extrêmes qui peuvent varier de - 40° en hiver à 40° en été, et où le niveau des pluies passe de 25 cm par an dans les plaines à 250 cm dans les montagnes. Dans cet État de 381 087 km^2, les hommes sont encore les invités de la nature, qu'ils n'ont pas dominée. C'est le pays du Big Open (le Grand Large) et du Big Sky (le Grand Ciel). Là coulent des rivières et chantent les loups. Des sommets enneigés des Rocheuses aux paysages semi-désertiques des hautes plaines de l'est, le regard se perd dans l'espace. La culture indienne a marqué d'un souffle sacré de nombreux endroits et les Indiens qui y sont établis veillent à ce que ce souffle ne s'éteigne pas. Onze tribus vivent au Montana, représentant 16 % de la population totale de l'État. Elles sont fortes d'un futur à bâtir et d'un passé glorieux, qu'elles ressuscitent lors des cérémonies et célébrations rituelles.

Itinéraire conseillé

Si vous avez trois semaines devant vous, vous pouvez faire le tour des sept réserves indiennes (représentant onze tribus), qui sont dispersées en forme de boucle, aux quatre coins du Montana, et découvrir ainsi un des États les plus sauvages d'Amérique du Nord. Si vous arrivez par Missoula, ville des écrivains de l'Ouest, allez vers le nord par la I 93 jusqu'à Polson à 105 km, directement dans la réserve **Flathead**, que vous découvrirez ensuite par la route 35 qui longe la rive est du lac Flathead. Profitez de l'immense lac qui la baigne et logez dans l'hôtel KwataqNuk à Polson (sur les bords du lac), appartenant aux Indiens de la réserve. Continuez au nord jusqu'à Whitefish par la route 206 (Polson-Whitefish, 100 km) et de là pénétrez (West Entrance) dans le **Glacier National Park.** Pour vous rendre à la réserve des Blackfeets, traversez et visitez le parc par la route panoramique Going-to-the-Sun (88 km) qui vous mène à St. Mary, à l'entrée de la réserve. Prenez sur votre droite la route US 89 jusqu'à Browning, capitale de la réserve, où de nombreuses activités touristiques et culturelles vous sont offertes.

De Browning, allez vers l'est par la US 2 jusqu'à Cut Bank (à 55 km), d'où vous quittez les terres blackfeets. Continuez cette route jusqu'à Havre (à 201 km), d'où, par la

US 87, vous irez jusqu'à la réserve **Rocky Boy**. Remontez jusqu'à Havre pour reprendre la route US 2 vers l'est jusqu'à Harlem dans la réserve de **Fort Belknap** (à 66 km). Traversez du nord au sud la réserve jusqu'à Hays (42 km) et prenez vers le nord-est la US 191 qui coupe la US 2 à Malta (50 km). De Malta, dirigez-vous sur cette route jusqu'à Wolf Point (à 190 km) dans la réserve de **Fort Peck**. À Wolf Point, visitez le village traditionnel assiniboin reconstitué et à Poplar (22 km plus à l'est) le Musée indien.

De Wolf Point, quittez la réserve et allez à Glendive (à 164 km) au sud-est, en passant par Circle. De Glendive, suivez vers le sud-ouest la rivière Yellowstone par la I 94, comme le firent les premiers explorateurs officiels de cette région, Lewis et Clark, en 1804-1806. Cette route vous conduit à Miles City (à 112 km), mythique ville de l'ouest. Pour faciliter votre route, plutôt que de prendre des voies secondaires, continuez la piste des explorateurs jusqu'à Billings (à 233 km), plus grande ville du Montana. Faites une halte à Billings pour visiter son quartier des antiquaires (tout sur l'Ouest !) près de l'ancienne gare. De Billings, prenez la I 90 jusqu'à Hardin, où se trouve l'entrée de la grande réserve **Crow** (à 76 km), qui fait frontière avec le Wyoming et est proche du parc Yellowstone. C'est sur cette réserve que se déroula la célèbre bataille de Little Bighorn entre les Indiens et les troupes américaines de Custer en 1876. Enfin, pour achever votre piste des réserves indiennes, pénétrez dans la réserve **Cheyenne**, qui est adjacente à l'est à la réserve Crow.

Ce périple de 1 550 km vous fera découvrir une grande partie du Montana. Mais n'oubliez pas que si vous devez remontez à Missoula, votre point de départ, il vous faut encore rouler 540 km à travers des paysages somptueux. Si vous deviez choisir entre les réserves, limitez votre voyage soit au nord-ouest (départ de Missoula) pour les réserves Flathead et Blackfeet, soit au sud-est (départ de Billings) pour visiter les réserves Crow et Cheyenne.

BLACKFEET

Bureau officiel de la réserve
Blackfeet Reservation
P.O. Box 850
Browning, MT 59417
Tél. : (406) 338 7276
Fax : (406) 338 7206

➪ Pour y aller

La réserve s'étend sur 600 000 ha dans le nord-ouest du Montana. Au nord, elle fait frontière avec le Canada et, à l'ouest, avec le Glacier National Parc. Pour y arriver, prendre à partir de Great Falls la route US 89 ou, par Havre, la US 2.

◆ Les cosaques des Plaines du Nord

Les Siksikas (Piegans du Sud ou Blackfeets proprement dits), les

Pikunis (Piegans du Nord) et les Kainas (Bloods) forment la nation Blackfeet (Pieds Noirs), appartenant au groupe linguistique algonquin. Depuis toujours, ils partagent les mêmes croyances, les mêmes coutumes et un langage commun.

Ils émigrèrent de la région des Grands Lacs dans le nord-est des États-Unis au XVIIe siècle pour s'installer dans le nord des Plaines. Tribu dominante du Montana pendant de nombreuses années, on les surnommait les « cosaques des Plaines du Nord » tant pour leur réputation de cavaliers émérites que pour celle de guerriers belliqueux, en particulier envers les Crows et les Shoshones, leurs ennemis séculaires. Vers la fin du XVIIIe siècle, les trappeurs furent les premiers Blancs à pénétrer dans le territoire blackfeet et, rapidement, des relations commerciales s'instaurèrent entre ces derniers et les Indiens. Jusque vers les années 1830, leur réputation belliqueuse et leur situation géographique minimisèrent leurs rapports avec la civilisation euro-américaine. Puis vinrent les colons et l'ère des traités, qui n'avaient d'autre but que de s'approprier leur terre. L'hostilité croissante entre les Indiens et les nouveaux venus fut exacerbée par le massacre de la bande du chef pacifique blackfeet **Heavy Runner** en 1870 : le 23 janvier, les troupes du lieutenant-colonel E. M. Baker tuèrent presque tous les 200 habitants du camp, dont la plupart étaient des femmes, des enfants et des vieillards atteints de vérole. Les maladies colportées par les Blancs, les famines dues à l'extermination des bisons et les massacres répétés causèrent le déclin de cette tribu autrefois glorieuse et la placèrent dans une situation de dépendance économique envers le gouvernement américain.

Aujourd'hui, sur les 9 000 Blackfeets inscrits, près de 7 000 vivent sur la réserve établie en 1851. Un regain d'espoir se manifeste par le développement des activités culturelles et économiques, en particulier par la création d'infrastructures touristiques. La langue blackfeet s'enseigne désormais dans les écoles et les pratiques religieuses traditionnelles réapparaissent. Le gouvernement se compose d'un conseil de neuf membres, dont le président Earl Old Person, un des leaders les plus respectés de l'Ouest.

◆ Fêtes et cérémonies

Pour connaître les dates exactes, adressez-vous au bureau officiel. Tél : (406) 338 7276 ou 338 7406.

• **North American Days :** a lieu mi-juillet à Browning. Du Nouveau-Mexique jusqu'au Canada, les tribus se déplacent pour participer à ces journées des Amérindiens. C'est une expérience inoubliable pour les visiteurs qui ont la chance de s'y trouver. Les Blackfeets sont réputés pour la beauté de leurs chants rythmés par les tambours (vous pouvez vous procurer des cassettes au musée ou au Lodge Pole Gallery and Tipi Camp ; voir « Que faire ? »), leurs costumes de danses, mais aussi pour les décorations de leurs tipis. Cette fête se déroule au Fair Ground (derrière le Musée indien) à Browning. En plus des activités coutumières, on peut assister à la cérémonie du *give away*. Le *give away* est une pratique ancienne commune aux Indiens du Montana, lors de laquelle chaque famille distribue des présents de qualité (des chevaux, mais plus souvent des bijoux, des couvertures et des *quilts* très prisés ou de la nourriture). Elle est issue de la tradition qui consistait à partager, entre les plus nécessiteux et les amis proches, les biens d'une personne décédée. Ces *give away* expriment le détachement matériel des Indiens et leur conviction que la prospérité de la tribu prime sur l'enrichissement individuel.

• **Babb Rodeo :** il y a au moins quatre rodéos par an sur la réserve, le plus fameux se déroulant à Babb, à une cinquantaine de kilomètres au nord-ouest de Browning. On y arrive en suivant la route US 89. La ville est proche de St. Mary, qui est une des entrées du Glacier National Park.

D'autres manifestations de moindre importance ont lieu sur la réserve, comme dans les villes de **Heart Butte** (la plus traditionaliste) ou **Starr**.

◆ Art et artisanat

• Au **Museum of the Plains**, le musée des Indiens des Plaines à Browning, vous découvrez les richesses de l'art blackfeet à travers des objets de la vie quotidienne et des scènes reconstituées. Peuple nomade, les Indiens des Plaines sculptent peu et ne fabriquent pas de poteries. Ils excellent en revanche dans le travail du cuir, la peinture et la parure. De prime abord, leurs attributs vestimentaires se ressemblent : cuir, perles, coiffes en plumes, etc. En y regardant de plus près, on remarque des caractéristiques (motifs en perlage ou en peinture, géométriques ou fleuris) qui se rattachent à chaque tribu et qui vous permettront, quand votre œil se sera formé, de les distinguer. Par exemple, chez les Blackfeets, les hommes portaient une coiffe en plumes d'aigle dressées sur la tête et non pas tombantes comme chez les Sioux. À l'intérieur du musée, des peintures murales racontent l'histoire de la vie blackfeet au XVIIe siècle, et des démonstrations des techniques artisanales indiennes sont organisées. En téléphonant, vous pouvez fixer un rendez-vous pour une visite guidée. L'entrée coûte 4 $ par adulte. Devant le musée, on remarque parfois des paquets de tabac ou des tissus entassés autour d'un rocher. Ce sont les offrandes faites à cette pierre, sacrée pour les Blackfeets. Vous aurez d'ailleurs souvent l'occasion, tout au long de vos voyages, d'apprendre que pour les Indiens les pierres ont une histoire et une mémoire.

• La boutique du musée est tenue par une association, **The Northern Plains Indian Crafts Association**, qui contrôle la qualité et l'authenticité des articles vendus. Museum of the Plains, P.O. Box 400, Browning, MT 59417. Tél. : (406) 338 2230.

• Quelques mètres plus loin se

trouve le **Bob Scribner's Montana Wildlife Museum.** Ce musée expose les bronzes de l'artiste américain Bob Scribner, célèbre pour ses sculptures de scènes indiennes. Ce musée possède aussi une impressionnante galerie d'animaux empaillés.

◆ Que faire ?

• Pour voyager dans le temps et l'histoire, adressez-vous au **Blackfeet Historic Site Tour** à Browning. Vous avez deux options : une visite guidée d'une demi-journée ou d'une journée entière. Des guides blackfeets vous emmènent avec votre véhicule ou dans leur van sur les lieux qui ont marqué leur passé, comme les *buffalo jumps,* falaises d'où ils faisaient tomber, en les poussant dans un goulet formé par des branchages ou des hommes, les bisons pour les achever plus bas. Cette méthode de battue était employée avant l'utilisation du cheval, qui permit aux chasseurs d'être plus sélectifs. Le plus célèbre de ces précipices est le **Head Smashed In Buffalo Jump** (au Canada). Pour prévoir votre visite, téléphonez au (406) 338 7406.

• Si vous souhaitez écouter les anciens de la tribu raconter les traditions ancestrales, par exemple découvrir pourquoi un grizzli vola un jour le vent Chinook, ou apprendre à tanner des peaux pour fabriquer des tambours, déguster de la cuisine blackfeet ou encore écouter les chants traditionnels, arrêtez-vous au **Lodge Pole Gallery and Tipi Camp**. Ee-Nees-Too-Wash-See (en anglais, son nom est Darrell Norman) et Curly Bear Wagner organisent ces rencontres avec la culture de leur peuple, et vous convient à dormir sous des tipis installés sur un terrain ouvert dans la prairie. Dans la galerie installée dans la maison de Darrell, de nombreux objets artisanaux contemporains sont exposés au milieu de peintures d'artistes indiens. Les visites guidées et séminaires coûtent de 2 $ à 100 $ avec un minibus, selon le nombre de participants et la durée du trajet. Une nuit sous un tipi coûte 10 $ par personne et 40 $ pour la location du tipi (on peut y loger à quatre). Le prix des repas est de 34 $ par jour et par personne. Écrire à : Lodge Pole Gallery and Tipi Camp, P.O. Box 1832, Browning, MT 59417. Tél. : (406) 338 2787.

• Pour une expédition à l'indienne d'une semaine à quinze jours, contactez **Two Medecine Teepee Aventure** (tél. : (406) 338 7574). Voyageant à cheval et en chariot, vous allez d'un camp indien à un autre, installés sur plusieurs milliers d'hectares. Chaque nuit, vous faites une halte dans un campement où sont installés des tipis, des jacuzzis ou saunas, pour vous reposer après avoir veillé en compagnie de conteurs, de danseurs et de musiciens blackfeets autour d'un feu de bois. La cuisine est de style western et indienne, *pancakes*, *stews* indiens (ragoûts de viande), *hamburgers* à la viande de bison ou de wapiti. Dans la journée, vous pouvez aller à la pêche dans les lacs et les rivières ou encore tirer à l'arc, réunir les bovins éparpillés, à moins que vous ne vouliez vous mesurer à la course à cheval avec d'authentiques cow-boys indiens. Ces derniers vous apprennent à manier le lasso et votre monture, un *quarter horse,* plus habitué à galoper après les vaches qu'à tourner en rond dans une arène. Extrêmement bien dressés et intelligents, ces chevaux puissants ont la qualité de s'arrêter dès que vous le leur demandez ! Le tarif pour une semaine tout compris (dont la nuit d'arrivée et celle du départ dans un motel de Browning) est de 1 800 $ par personne. Two Medecine Teepee Aventure, P.O Box 1510, Browning, MT 59417. Tél. : (406) 338 7574. Fax : (406) 338 2672. E-mail : two medtp@3rivers.net.

• Pour des randonnées équestres plus courtes, vous pouvez contacter **Blackfoot Riding Stables** à Babb. Tél. : (406) 732 9296.

• Si vous voulez apprendre comment le lac St. Mary s'appelle en langue blackfeet, ou savoir quand les Blackfeets et leurs ennemis, les Salish-Kootenais, ont finalement enterré la hache de guerre, posez vos questions aux guides blackfeets du **Sun Tours**. Ils vous invitent à les accompagner dans leur minibus et vous font découvrir les merveilles du Glacier National Park, d'un point de vue indien. Les visites sont quotidiennes à partir du mois de juin et jusqu'à la fermeture du parc fin septembre. Le tarif est de 35 $ à 55 $ par personne. Pour réserver, téléphonez au (406) 226 9220.

• Le **Blackfeet Dance Theater** organise pour les jeunes (de 5 ans à moins de 21 ans) des stages de danses traditionnelles. Pour connaître les conditions et horaires précis, contactez le bureau officiel. Tél. : (406) 338 7276.

• Pour les pêcheurs, la réserve est un paradis. Ne vous privez pas d'un accompagnateur expérimenté qui saura vous faire découvrir les meilleurs coins. **Morning Star Troutfitters** est une entreprise familiale blackfeet qui vous propose d'habiter dans leur ranch situé à quelques kilomètres de Browning. Joe Kipp, le propriétaire et guide professionnel de pêche, vous emmène dans les eaux cristallines des torrents ou des lacs, pour affronter les truites *rainbow, brown*, *cutthroat* ou *graylings*. Pêcheur à la mouche depuis son enfance, Joe Kipp vous dévoilera les secrets des Blackfeets qui parlent aux poissons, et vous expliquera pourquoi il est un fervent défenseur du *catch and release* (attraper et relâcher). Il est aussi un homme pieux très respecté, qui défend la terre sacrée et la culture traditionnelle. Sa femme, Kathy, est une championne de *barrel racing* (épreuve de rodéo), et vous pourrez faire avec eux des promenades à cheval. Le tarif par jour et par personne est de 250 $. Les repas, le logement, les transports, l'accompagnement du guide sont inclus. Pour prendre rendez-vous, écrivez à : Morning Star Troutfitters. P.O. Box 968, Browning, MT 59417. Tél. : (406) 338 2785.

• **David Parson** est un autre guide de pêche Blackfeet qui, en homme des bois réputé, connaît aussi parfaitement les habitudes des animaux sauvages qu'il vous fait découvrir. Tél. : (406) 338 2787.

• Deux motels accueillent les voyageurs. D'abord, le **Browning's Glacier Motel** sur la route US 2 (chambre à partir de 35 $). Tél. : (406) 338 7004. Et le **War Bonnet Lodge** à l'intersection des routes US 2 et 89 (chambre double à partir de 59 $.) Tél. : (406) 338 7610.

• Pour vous tenir informés de l'actualité locale, lisez le quotidien blackfeet : *Glacier Reporter*. Pour 50 cents, vous connaîtrez les dernières décisions du conseil tribal ou le résultat des compétitions sportives, sans oublier les petites annonces et les menus des écoles.

◆ À ne pas manquer

Le **Mont Chief**, dans le nord-est du Glacier National Park, a une grande importance culturelle pour le peuple blackfeet. Cette montagne qui se dresse à l'horizon est un site sacré pour les Indiens qui viennent y jeûner et demander aux Esprits de leur accorder une vision.

LE GLACIER NATIONAL PARK

Cédé en 1896 au gouvernement, le **Glacier National Park** faisait partie de la terre des Blackfeets. Ces derniers empruntaient une piste, la **North Trail** (aujourd'hui appelée la route US 89), qui longe le parc à l'ouest de la réserve, pour mener des raids de chevaux ou se battre contre leurs ennemis. Ce parc de 4 000 km^2, classé patrimoine mondial depuis 1996, est l'une des plus importantes réserves naturelles du monde, le sanctuaire de l'Amérique originelle. Ses montagnes qui culminent à 3 200 m d'altitude, ses 200 lacs, ses nombreuses rivières et ses petits glaciers lui ont valu le titre de « couronne du continent ». C'est un endroit idéal pour observer la faune et la flore sauvage (plus de 1 200 espèces de végétaux), les montagnes modelées par les glaciers quaternaires ou encore les plus anciennes roches des États-Unis. La richesse botanique attire une faune exceptionnelle : c'est le seul endroit parmi les 48 États continentaux où l'on trouve des grizzlis, des loups et des couguars qui vivent dans leur milieu naturel. D'ailleurs, aux entrées du parc, des panneaux vous avertissent de la présence dangereuse des grizzlis. L'étrange silhouette blanche massive mais agile, qui parfois se détache sur des versants escarpés, est la chèvre de montagne. Elle partage avec le grizzli l'honneur d'être un symbole du parc.

Pour le rejoindre, prenez la route US 89. Le parc est ouvert de début juin à fin septembre. Le prix de passage est de 10 $ par véhicule pour une durée de sept jours. Le parc Glacier ressemble aux Alpes, celles d'avant les villages, les stations de ski, celles d'avant l'homme. Une seule route, l'US 89, traverse le parc d'est (entrée à St. Mary) en ouest (entrée de West Glacier). Baptisée « Going-to-the-Sun » (En allant vers le soleil), elle doit son nom à son tracé vertigineux qui grimpe comme le mercure en été les jours de canicule, vers le firmament. Étant un sanctuaire pour la nature, peu de routes parcourent le Glacier, la plupart sont d'ailleurs en terre.

Le parc est le royaume des randonneurs pédestres. Plus de 40 sentiers balisés le sillonnent. Ils sont accessibles aux promeneurs occasionnels (30 mn de marche sur le **Running Eagle**, qui part de la Two Medecine Road) comme aux randonneurs chevronnés (4 jours pour le **Parker'Roost**, qui part de la Going-to-the-Sun Road et traverse le pays des ours noirs, des grizzlis et des chèvres de montagne). Des guides et des interprètes se proposent de vous mener gratuitement chaque samedi du 29 juin au 31 août sur des sentiers du parc. Seul inconvénient à cette promenade : les chiens sont interdits. Vous pouvez également louer des chevaux, des kayaks ou des bicyclettes, faire une croisière sur les lacs, pêcher ou jouer au golf.

Les hôtels, motels et campings (13 campings aménagés dont les tarifs varient de 5 $ à 8 $ par nuit) de toutes catégories ne manquent pas ; mais il faut prévoir de réserver à l'avance (sauf pour les campings) car le parc draine chaque année plus de 2 millions de touristes. Les plus beaux hôtels sont luxueusement rustiques, comme le **Glacier Park Lodge** ou le **Lake McDonald Lodge.** Construits entre 1895 et 1914, ils ont des allures de chalets alpins édifiés à l'aide d'arbres géants. Pour obtenir une chambre (entre 70 $ et 100 $) écrire au : **Glacier Park, Inc.** Dial Corp. Center, Mail Station 0928. Phoenix, AZ 85077-0928. Tél. : (602) 207 6000 ou (406) 226 5551.

Pour obtenir les adresses des autres hôtels ainsi que celles des campings, contactez directement le service central des réservations. Tél. : numéro gratuit (USA) 800 215 2395.

Pour tous renseignements sur le parc, écrivez à Glacier National Park, West Glacier, MT 59936. Tél. : (406) 859 2224.
Site web du parc : www.AmericanParkNetwork.com.

CROW

Bureau officiel de la réserve
Crow Tribe
P.O. Box 159
Crow Agency, MT 59022
Tél. : (406) 638 2601
Fax : (406) 638 7283

➪ Pour y aller

La réserve Crow est située dans le centre sud du Montana et borde la frontière du Wyoming. La réserve couvre 894 036 ha, dont seulement 122 800 sont gérés par la tribu. 33 % des terres appartiennent à des Blancs. On y arrive de Billings, la plus grande ville du Montana, par la route I 90.

◆ Les Enfants de l'oiseau au large bec

Les Crows vivaient aux sources du Mississippi sur un territoire qui, avant le XIVe siècle, remontait jusqu'au lac Winnipeg dans le Canada. Ils étaient apparentés aux Hidatsas (dont ils se séparèrent vers 1776) et menaient une vie sédentaire avant d'entamer autour de 1300 leur migration vers l'ouest, pour arriver au Montana dans les années 1600. En langue hidatsa, ils s'appelaient *Absalookee*, ce qui peut se traduire par « Enfants de l'oiseau au large bec ». En langage des signes, ils se représentaient en croisant les pouces, paumes ouvertes qu'ils remuaient pour simuler un oiseau en vol. Au XVIIIe siècle, ils acquirent des chevaux et devinrent de prospères chasseurs de bisons. Ils vivaient dans des tipis et se déplaçaient en suivant les troupeaux, qui leur fournissaient leur nourriture de base ainsi que les peaux pour se vêtir et recouvrir leurs habitations. Dès leurs premiers contacts avec les Américains, autour de 1740, ils établirent des rapports amicaux, et la réserve crow fut fondée lors du traité de Fort Laramie en 1851. Pourtant, malgré leurs relations cordiales avec le gouvernement, leur territoire fut victime de l'expansionnisme colonialiste. Lors de ces années de négociations difficiles et d'incohérence entre les deux populations, le chef **Plenty Coups** (1848-1932) se rendit célèbre pour ses qualités d'ardent défenseur des droits des siens.

Aujourd'hui, sur les 8 200 Crows recensés, 5 800 vivent sur la réserve, la majorité parlant crow (famille linguistique siouane). Le système social et politique des Crows, comme pour la plupart des Indiens des Plaines, est celui de clans, régis par des sociétés (confréries parfois secrètes) à caractère militaire, cérémoniel ou curatif. Chaque membre est relié par la lignée maternelle à un des dix clans crows. Dans ce système matrilinéaire, les enfants sont rattachés au clan de la mère, et vont parfois vivre avec sa famille plutôt que dans celle du père. C'est ce qui explique l'importance des oncles et tantes dans la famille crow. Les mariages entre membres d'un même clan sont interdits, quel que soit le degré de consanguinité. Le gouvernement crow est unique dans son genre : c'est le seul à avoir un conseil tribal constitué par l'ensemble des femmes de plus de 18 ans et des hommes de plus de 21 ans. À la tête de ce conseil sont élus 4 membres pour une durée de deux ans. Hormis les quelques villes et les terres alluviales cultivées, peu de choses ont changé sur la réserve depuis que les Crows s'y installèrent, il y a 300 ans. Toute sa beauté et son intégrité ont été préservées. Le barrage formé sur la Bighorn River près de Fort Smith a transformé cette rivière en un paradis de pêche.

◆ Fêtes et cérémonies

Pour confirmer les dates, sujettes à changement, téléphoner au (406) 638 601.

• **Crow Fair et Powwow** : se déroule autour du 3e week-end du mois d'août. C'est la plus importante célébration indienne du Montana. Le camp installé à Crow Agency prend alors le titre de « Capitale des Tipis » en raison de leur nombre impressionnant. Plus de 45 000 visiteurs affluent de tous les États-Unis pour cette manifestation, qui débute le mercredi avec un rodéo et s'achève le lundi avec une parade et la cérémonie du *give away*. De nombreux marchands d'objets traditionnels des Indiens des Plaines (objets en cuir, bijoux en perles, coiffes en plumes) comme des Indiens du Sud-Ouest (bijoux en argent et turquoise, tapis) installent leurs étals. On y trouve le meilleur (des antiquités très rares) comme le pire (imitation de style indien, par des non-Indiens) et généralement, on n'achète qu'après avoir discuté le prix. Avec tact évidemment.

• **Valley of the Chiefs Celebration** : pendant quatre jours autour du 4 Juillet (fête de l'Indépendance). Des chants, danses, rencontres, festins animent cette célébration à Lodge Grass, au sud de Crow Agency, sur la route I 90.

◆ Art et artisanat

Les Crows, comme la plupart des Indiens des Plaines, travaillent le cuir depuis qu'ils sont chasseurs de bisons. Les femmes décoraient le haut de leurs robes avec des dents (les deux incisives inférieures) de wapitis ; mais devenues très rares aujourd'hui, elles ont été remplacées par des imitations en porcelaine ou en os sculpté. Le **Crow/ Northern Cheyenne Hospital** à Crow Agency possède un musée où est exposée une intéressante collection d'art et d'artisanat crow et cheyenne. Parmi les objets en vitrine, on remarque les étonnants mocassins décorés d'ergots de cerf portés par les danseurs de la Société du Tabac (plante cérémonielle que cultivaient les Crows), des parflèches (sacoche en cuir servant à transporter du *pemmican*, mélange de viande séchée et de baies sauvages, et non des flèches) parés de motifs géométriques, ou encore des tambours cérémoniels cheyennes décorés d'un motif animalier, emblème de l'homme-médecine auquel ils appartenaient. On voit aussi des colliers cheyennes en coquilles de dentales ou griffes d'ours, et les longues écharpes de toile rouge que les leaders crows de la Société militaire Muddy Hands portaient enroulées autour la tête.

◆ Que faire ?

Entrecoupées de canyons imposants et de rivières féeriques, les immenses prairies de *sweet grass* qui s'étendent jusqu'à l'horizon sont la terre de prédilection des bovins et des cow-boys.

• À Crow Agency, au **Collège de Little Bighorn**, plusieurs activités vous sont proposées, depuis des visites guidées sur les sites de votre choix à des activités culturelles. Pour obtenir de plus amples renseignements, écrivez à Little Bighorn College Micro-Tourism, P.O. Box 370, Crow Agency, MT 59022. Tél. : (406) 638 7223.

• Le parc **Bighorn Canyon National Recreation Area** vous offre des paysages spectaculaires et l'occasion d'y observer de nombreux animaux. Un corridor de falaises abruptes protège un ruban d'eau couleur bleu profond. Sur ce lac, formé par le barrage Yellowtail Dam, et long de plus de 100 km, vous pouvez louer des bateaux, faire du ski nautique ou encore pêcher, même quand les eaux sont recouvertes de glace. Un permis pour la saison de pêche (du 1er mars au 28 février) valable dans tout le Montana coûte 45 $ plus 5 $ pour une autorisation du bureau de la protection de l'environnement. Pour deux journées de pêche, le permis coûte 10 $. Des campings sont installés sur ses berges. Le service du Parc national (qui n'appartient pas aux Crows) propose aussi des visites guidées. Pour tous renseignements, écrire au Bighorn Canyon Recreation National Area, P.O. Box 7458, Fort Smith, MT 59035. Tél. : (406) 666 2412. Sur place, se renseigner aux centres des visiteurs à Fort Smith ou à Yellowtail Dam. Pour y accéder, prendre la route Highway 313 qui part de Hardin.

• À Crow Agency, visitez le **Little Bighorn Batterfield National Monument**, site historique géré par les services du National Park. Au centre des visiteurs du musée, vous rencontrez des guides qui racontent la bataille de1876, lors de laquelle le lieutenant-colonel Custer et tous les soldats de son bataillon furent décimés par les armées indiennes. Des chemins conduisent sur le champ de bataille et le cimetière des soldats. Ce musée est ouvert toute l'année de 8 à 18 heures. Le billet d'entrée du parc est au prix de 6 $ par véhicule ou 3 $ par personne ; gratuit les 25 juin et 25 août.

• Sur la route I 90, vous trouverez à Hardin et à Garryowen d'autres musées qui commémorent cet événement. Celui de Garryowen, dédié au lieutenant-colonel Custer, possède parmi les objets indiens une étonnante effigie en bois sculptée par un guerrier sioux hunkpapa en l'honneur de sa monture tuée au combat. Tél. : (406) 638 7290.

• **Custer's Last Stand Re-Enactment :** chaque année à Hardin (vers la fin juin) se déroule une reconstitution de la bataille où s'affrontèrent les guerriers sioux et cheyennes aux soldats américains en 1876. Trois cents acteurs et figurants, blancs et indiens, font revivre, dans la poussière des cavalcades et le bruit des canons, un des moments les plus marquants de l'histoire de l'Amérique.

• De nombreux campings et motels se trouvent sur la réserve. Au camping **Little Bighorn Camp** (ouvert d'avril à octobre) à Crow Agency, vous pouvez louer des tipis. Sur la réserve, vous pouvez acheter des objets artisanaux, des couvertures indiennes ou des bijoux dans les *trading posts* ou *gift shops* comme le **Apsaalooke Trading Post** à Crow Agency ou le **River Crow Trading Post** à Fort Smith. Dans ce dernier, appartenant à un Indien, le restaurant **Sagebrush Inn** vous convie à goûter des steaks de bisons et des *fry breads* (pains indiens frits).

◆ À ne pas manquer

• Le site historique de **Chief Plenty Coups** se trouve à Pryor, dans la région ouest de la réserve. Il s'agit de la dernière demeure du célèbre chef et de son terrain attenant. Il les offrit au gouvernement afin d'en faire un « lieu pour tous les peuples ». Sa maison en rondins se visite, ainsi que le musée construit à côté, où sont entreposés les objets personnels du chef. Au nord de la maison coule une petite source, qui est *medecine* (sacrée). Les gens viennent s'y recueillir.

• Longez à pied la rivière **Bighorn** et vous y verrez tournoyer gracieusement dans l'air les lignes des pêcheurs à la mouche. C'est la perle rare des pêcheurs, la meilleure rivière de l'Ouest, dit-on. Bien que coulant au milieu de la réserve Crow, la rivière est gérée par l'État du Montana, hormis une partie déclarée Terre sacrée des Crows. Dans cette section, seuls les membres de la tribu peuvent circuler sur ses berges.

• Poussez votre route un peu plus à l'ouest jusqu'au **Pryor Mountain Wild Horse Range**, adjacent au Bighorn Canyon National Recreation Area. Ce parc aux paysages spectaculaires, dont le Devil's Canyon, est une réserve pour les mustangs sauvages, authentiques descendants des chevaux des conquistadores. Au printemps, les juments mettent bas et bientôt les étalons se disputent leurs faveurs. C'est le meilleur moment pour les observer et armer vos appareils photo. Les routes ne sont pas goudronnées et un 4 X 4 est recommandé, surtout après la pluie !

LITTLE BIGHORN : LA MORT DE CUSTER

Le jour se lève sur la vallée endormie de la sinueuse rivière Little Bighorn. Le printemps du Montana exhale toute sa splendeur faite d'odeur d'herbe humide et de ciel infini incendié de soleil. La nature en paix est trompeuse. Dressé au bord des rives, le campement indien s'éveille. Des centaines de tipis. Avec les femmes et les enfants, c'est la plus grande concentration d'Indiens jamais vue. Plusieurs bandes de Sioux, des Blackfeets, des Cheyennes et des Arapahos, se sont réunies pour pratiquer la cérémonie de la Danse du Soleil. Le camp est divisé en sept cercles tribaux qui s'étalent sur plusieurs kilomètres tout au long de la Little Bighorn. Les grands leaders sont venus pour communier dans la paix : Gall, Sitting Bull, Two Moon, Crazy Horse. La nuit précédente, les Indiens ont dansé ; ce matin l'herbe verte apaise l'appétit des milliers de poneys.

Loin des tipis, un enfant sioux hunkpapa de dix ans se promène seul dans la prairie. La veille, sa grand-mère est morte et son oncle Sitting Bull a dit : « Sa mort est un signe prémonitoire. Ma vision d'ennemis attaquant notre camp va peut-être se réaliser. » Tout à ses pensées, l'enfant n'entend pas les trois cavaliers qui s'approchent de lui au galop. Quand il les aperçoit, il les prend d'abord pour ses jeunes compagnons partis chercher les mustangs. Puis il réalise son erreur. Et une balle de soldat blanc le fauche en pleine poitrine. Est-ce un beau jour pour mourir ? Ses amis, qui de loin ont tout vu, se jettent à terre puis s'esquivent. Ils devinent que ces coups de feu ne seront pas les derniers de la journée.

De Crow Nest, un promontoire rocailleux qui domine la Little Bighorn, trois éclaireurs crows observent la course précipitée des enfants vers les tipis sioux. Les Crows et les Arikaras se sont alliés à l'armée des Blancs pour porter un coup à leurs ennemis sioux. Ils sont là pour aider « Longue

Chevelure » ainsi qu'ils appellent le commandant George A. Custer. Ardent défenseur de la politique d'extermination des Indiens rebelles, Custer veut infliger une défaite définitive aux « hostiles ». Il les traque depuis longtemps. Ses ennemis ignorent qu'il a positionné ses troupes à quelques kilomètres de leur camp.

Les éclaireurs crows galopent jusqu'à Custer pour faire état de l'importance des forces rebelles. Sûr de lui et des 600 soldats d'élite du 7e régiment de cavalerie, Custer savoure déjà la victoire. Ce 25 juin 1876 lui ouvrira la porte de l'histoire. Il ne juge pas utile d'attendre les ordres de ses supérieurs et décide d'attaquer les Indiens avant qu'ils n'aient le temps de s'échapper, selon leur technique de survie pratiquée jusque-là. Ses éclaireurs lui recommandent la patience, mais Custer se bute.

– Nous attaquerons au crépuscule ! lance-t-il à ses hommes.

Arrivé au triple galop, un cavalier le met en garde.

– Les Sioux nous ont repérés. Une partie d'entre eux s'est mise en marche et se dirige vers nous.

Custer le rabroue. Il le traite de pleutre, même s'il s'agit de Tom, son propre frère. Il croit encore pouvoir surprendre ses ennemis et ignore le meurtre de l'enfant sioux, dont la mort a donné l'alerte. Quand il l'apprend, il est trop tard.

Ce jour-là, les Indiens ont décidé de ne pas s'esquiver. C'est un beau jour pour mourir. Leurs mustangs sont fringants et les porteront jusqu'aux prairies éternelles. Comme le vent, ils déferleront de partout. Un des soldats du 7e de cavalerie signale de nombreuses traces de chevaux près du camp américain. Il pense que les Sioux épient en fait chacun de leurs gestes. Un éclaireur crow pratique la cérémonie de la Pipe sacrée, qu'il pointe à l'est, au nord, au sud et à l'ouest, dans les quatre directions de l'Univers. Custer l'interroge. Il répond : « Toi et moi, nous allons rentrer chez nous aujourd'hui, par une route qui nous est étrangère à tous les deux. » Pourtant les troupes du colonel John Gibbon et celles du général Crook doivent rejoindre celles de Custer. Tel est le plan pour encercler les Indiens. Mais Custer cherche la gloire et ne veut pas la partager. Il va finalement agir seul.

À 14 heures, la machine de guerre est en marche. Custer divise son bataillon en trois troupes qu'il positionne sur trois fronts dans la vallée de la Little Bighorn. Le major Benteen commande le premier, le major Reno le second et Custer garde avec lui 215 hommes. La mission de Reno est de surprendre le camp hunkpapa situé le plus à l'est de la rivière. Mais quand Reno lance son attaque trois minutes après 15 heures, un grand nombre de guerriers en armes lui font face et le conduisent à se replier dans les bois. Le fracas du combat, la poussière et les cris qui montent du camp hunkpapa alertent les Cheyennes situés à l'extrémité ouest du campement. En toute hâte, ils se saisissent de leurs armes et à cheval, au côté des Arapahos, rejoignent sans tarder leurs alliés sioux. Mais Crazy Horse pense que l'attaque de Reno est une diversion et renvoie les guerriers venus lui prêter main-forte à leurs campements. Loin du terrain de combat, le major Benteen a pour mission d'arrêter la fuite des « hostiles ». Inquiet, il décide pourtant de rejoindre Reno, que son arrivée sauve du désastre.

Pendant ce temps, Custer, ignorant tout de la position de Reno, s'engage dans un goulet menant à la rivière qui le sépare du village cheyenne, étrangement calme. Après avoir quitté Reno à 3 heures de l'après-midi, il met une heure pour parvenir à son but. Seuls une dizaine de guerriers cheyennes sont en vue. Custer hésite à traverser la rivière pour pénétrer dans le camp indien. Son attention se porte alors sur un groupe de guerriers indiens sur la colline de Reno Hill. Il fait demi-tour vers le nord à la poursuite de ses ennemis et atteint une petite colline qui borde la rivière sur le côté est. C'est alors que Custer et son bataillon se retrouvent soudainement encerclés par les Indiens. Comme un ouragan déchaîné, les seigneurs des Plaines revenus à bride abattue se jettent sur les soldats et défient furieusement la mort. Qui tira la balle qui fit mortellement tomber Custer ? Nul ne peut l'affirmer. Il fut parmi les premiers à perdre la vie. Dans la panique, les militaires se dispersent comme ils peuvent, pris au piège dans cette belle vallée. Survivre. Plus rien d'autre ne compte pour les hommes de Custer. Ni la raison de leur présence sur cette prairie, ni celle de leur attaque contre les Indiens, ni la douce journée de juin soudain si lugubre. Jusqu'à ce que leur sang teinte de rouge l'herbe de Little Bighorn, ils se battent. Quand la poussière des galops et la fumée des armes à feu se dissipent, moins d'une heure après le début de l'assaut, plus aucun militaire américain n'est vivant. Il est 5 heures de l'après-midi, Custer et son bataillon sont entrés dans l'histoire.

Voilà ce que les survivants indiens de l'affrontement du 25 juin 1876 racontèrent quand enfin on leur donna la parole. Pour effacer cette défaite de l'armée américaine, les journalistes, écrivains et politiciens de l'époque transformèrent une défaite en un mythe glorieux qui correspondait à l'image d'une jeune nation ambitieuse.

Promenade dans le Glacier Park.

L'entrée ouest du Glacier Park.

Il est rare de voir des grizzlis, dont la présence est signalée par des pancartes sur les lieux de promenades. Mieux vaut cependant respecter les conseils de prudence donnés par les gardes forestiers.

Pêche à la mouche dans les eaux de la Big Horn.

Canoë sur un lac, au Montana.

© Dawn Charging - North Dakota Tourism Dept.

© Dawn Charging - North Dakota Tourism Dept.

Excursions équestres et en chariots dans les Badlands.

© Travel Montana - Dept. of Commerce.

La reconstitution de la bataille de Little Bighorn, à Hardin au Montana, à la fin du mois de juin.

Le musée des Indiens des Plaines à Browning.

Guerrier blackfeet portant la traditionnelle coiffe en plumes d'aigles dressées.

© Dawn Charging - North Dakota Tourism Dept.

Un village indien reconstitué à Knife River, Stanton.

L'intérieur d'une hutte mandan reconstituée à Knife River, Stanton.

© Dawn Charging - North Dakota Tourism Dept.

Anciens sacs à pipe sioux. Les peaux tannées étaient brodées avec des perles obtenues auprès des Blancs.

« Trading post » dans la réserve de Browning dans le Montana. Sans payer de mine, certains de ces établissements de commerce offrent parfois d'agréables surprises. Antiquités et artisanat récent s'y mélangent dans le désordre.

Rivière Bitterroot près de Darby au Montana.

TIPI, LA MAISON DES NOMADES

Les nomades avaient besoin, comme tous les peuples, d'un abri pour se protéger des intempéries. Ayant souvent à se déplacer à la recherche de gibier, leurs habitations devaient être portatives. Après des années d'évolution et l'introduction du cheval, le tipi évolua en forme et en matériaux.

« Nos tipis étaient circulaires comme les nids des oiseaux, et souvent on les disposait en cercle. La nation indienne était un cercle représentant le nid de nombreuses couvées que le Grand Esprit nous offrait pour élever nos enfants. » Black Elk, Sioux oglala.

Les femmes traditionnellement en avaient l'entière responsabilité : confection, entretien, décoration, montage et transport.

Le long des rivières, dans les prairies, à l'orée d'un bosquet pour que les femmes et les enfants puissent recueillir le précieux bois de chauffe, les campements temporaires reposaient et le reflet de leurs tipis dans l'eau s'étalait parfois sur plusieurs kilomètres. Taches blanches et harmonieuses dans la nature, on pouvait reconnaître de loin une tribu des Plaines ou une tribu du Plateau, dont les tipis étaient plus petits. Les couleurs et les formes des symboles religieux que certains hommes peignaient dessus révélaient aussi, à qui savait les comprendre, l'identité de leurs habitants. Les charpentes étaient constituées généralement de onze perches d'une hauteur moyenne de 4 m (et jusqu'à 9 m) pour un diamètre au sol de 5 m. Avant l'utilisation de la toile, introduite par les Blancs, il fallait changer tous les ans les douze peaux de bison tannées et cousues par les femmes, nécessaires pour recouvrir un tipi ; chaud en hiver et frais en été, il résistait sans problème aux intempéries, et son entrée, toujours orientée à l'est, saluait le lever du soleil.

Il y a deux styles de tipis, selon le nombre de perches de fondation qui servent à monter le tipi avant que ne soient ajoutées les autres perches :

ceux à trois perches (utilisés par les Sioux, les Cheyennes, les Kiowas, les Pawnees, les Arapahos, les Gros Ventres, les Assiniboines) et ceux à quatre perches (utilisés par les Blackfeets et les Crows). Plusieurs différences caractérisent ces deux styles. Par exemple, toutes les perches des tipis sioux sont attachées ensemble à leur intersection au sommet, celles des Crows ne le sont pas.

Aujourd'hui encore, on voit souvent dans les réserves des tipis dressés dans le jardin à l'arrière de la maison, mais c'est surtout lors des grandes fêtes tribales qu'ils retrouvent leur rôle – éphémère – d'habitation principale.

Une des difficultés pour le néophyte qui loge dans un tipi est d'apprendre à orienter les oreillettes du sommet afin d'obtenir un appel d'air qui permette d'évacuer la fumée du foyer central vers l'extérieur. Si vous dormez dans un tipi, demandez bien comment vous en servir.

On peut acheter des tipis fabriqués en toile, identiques aux traditionnels. Leur prix varient, selon leur taille et le traitement de la toile, entre 200 $ et 2 000 $ (perches, toiles extérieures et intérieures, portes inclus). Il existe même des modèles pour enfants. Une bonne adresse pour des produits excellents : **Blue Star Inc.**, 6980 Highway 10 East, Missoula, MT 59802. Tél. : (406) 258 5343. Site web : www.bluestar-inc.com.

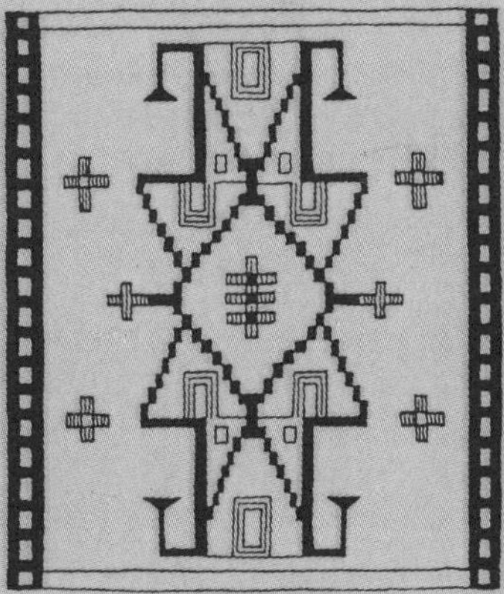

FLATHEAD

Bureau officiel de la réserve
Confederated Salish and Kotenai Tribes
P.O. Box 278.
Pablo, MT 59855
Tél. : (406) 675 2700
Fax : (406) 675 2806

➪ Pour y aller

Située dans l'ouest du Montana, la réserve s'étend sur 480 000 ha de fertiles vallées et de hautes montagnes boisées. La moitié du lac Flathead fait partie de la réserve. Venant de Missoula, on y accède par la route US 93 qui traverse la réserve du nord au sud.

◆ Salish, Kootenais et Pends d'Oreilles

Les Salish, les Kootenais et les Pends d'Oreilles sont trois tribus distinctes mais appartenant toutes à la branche linguistique salishan. Bien qu'étant proche de la culture des Indiens des Plaines, la leur est généralement rattachée à celle des Indiens du Plateau. Par exemple, ces tribus ne pratiquaient pas de Danse du Soleil et n'organisaient pas de sociétés militaires. Elles partageaient un vaste territoire s'étirant du centre du Montana jusqu'à l'est de l'État de Washington et remontant au nord jusqu'au Canada. Dans cette contrée immense et fertile, leur économie et leur mode de vie reposaient sur la chasse aux bisons, la pêche et la cueillette. Sous la pression du mouvement colonialiste vers l'ouest, ces tribus durent céder une grande partie de leur territoire. Des quelque huit millions d'hectares qui le constituaient, il ne leur resta qu'un million et demi d'hectares lorsque la réserve fut établie par le traité de Hell Gate (la Porte de l'Enfer) en 1855. En 1904, vingt ans avant que les Indiens aient le droit de voter, le gouvernement divisa la réserve en parcelles. Les 2 378 membres tribaux eurent droit chacun à 64 ha de pâturages ou 32 ha de terres cultivables. Le reste des terres fut vendu aux colons. Depuis 1940, les tribus confédérées salish, kootenai et pends d'oreilles s'efforcent de racheter leurs terrains acquis par les Blancs.

◆ Fêtes et cérémonies

Pour confirmer les dates sujettes à changement, téléphoner au bureau officiel : (406) 675 2700.

• **Powwow de Arlee :** 1er week-end de juillet. Il dure trois jours pendant lesquels se déroulent des parades, des concours de chants et de danses, des rodéos et des *stick games* (jeux de bâtons), où deux joueurs s'affrontent à un jeu de devinette et d'observation : des bâtons (de 10 à 100) semblables à ceux employés pour les flèches sont peints ou marqués différemment. Un joueur les cache dans deux sacs. L'adversaire devine le mieux possible comment sont répartis les bâtons. Souvent, des chants accompagnent la partie. Comme dans tous les powwows, l'alcool, la drogue et les armes à feu sont interdits.

• **Powwow de Elmo :** 2e week-end après le 4 Juillet. Quoique plus petit que celui de Arlee, il lui ressemble beaucoup. On peut y acheter de belles peaux tannées travaillées (vêtements, mocassins, sacs) et décorées de perles.

• **War Dance Championship :** ces compétitions de la Danse de Guerre se déroulent chaque année en juillet ou en octobre à St. Ignatius. La plupart des danses lors des powwows étaient à l'origine des danses de guerre, dénaturées en danses sociales lorsque les Indiens furent confinés dans les réserves. Pour confirmer la date, téléphoner au (406) 675 0160.

• Lors du **Fourth of July Mule Celebration** au Joe's Smoke Ring à Evro, la bière coule à flots. Cette manifestation musicale (non indienne) de type western attire chaque 4 Juillet les meilleurs musiciens et chanteurs de country.

◆ Art et artisanat

Le **People's Center** de Pablo est un musée appartenant aux Salish/Kootenais et aux Pends d'Oreilles. Ce beau bâtiment en pierre agrémenté d'une tonnelle en forme de cercle et de tipis peints devant son entrée promeut et protège, en la faisant vivre, la culture des Indiens de cette réserve. Une salle d'exposition permanente décrit la vie au quotidien et l'histoire des tribus dans le passé. Parmi les objets se trouvent des berceaux formés par une structure en bois arrondie à son sommet, et recouverte de motifs floraux en perles. Une galerie présente des expositions thématiques et des artistes indiens contemporains. On peut également acheter dans la boutique des objets artisanaux et des livres. Tél. : (406) 675 0160. Le musée est ouvert de 9 à 21 heures d'avril à septembre et de 9 à 17 heures d'octobre à mars. Le billet d'entrée coûte 2 $. Écrire au People's Center, P.O. Box 278, Pablo, MT 59855. Tél. : (406) 675 0160.

◆ Que faire ?

• Les eaux du **lac Flathead,** la plus grande réserve d'eau naturelle à l'ouest du Mississippi, sont transparentes dès la mi-juin et vous pouvez en faire le tour en bateau sur le *Princess,* qui embarque 50 passagers du ponton de l'hôtel KwataqNuk (prononcez « quoua touk nouk ») à Polson. La croisière est commentée par un guide de la tribu. Vous pouvez vous baigner, faire du ski nautique, de la plongée ou aller à la pêche.

• **Captain Bob** à Big Arm (15 km de Polson), le seul guide de pêche indien de la réserve, vous emmène à bord de son bateau là où se trouvent des truites, des perches et d'énormes esturgeons. Pour prendre rendez-vous avec lui, téléphoner au (406) 849 5950. À Polson, vous pouvez aussi louer votre propre embarcation.

• Sur le côté ouest du lac se trouve l'île de **Wild Horse Island State Park.** On n'y accède qu'en bateau. Sur cette île de 1 000 hectares vivent des mouflons sauvages et de nombreux oiseaux.

• Situés à 7 km de Pablo, le **Ninepipe** et le **Pablo Wildlife Refuges** couvrent 1 800 hectares de terres marécageuses et d'eau claire qui protègent quelque 190 espèces d'oiseaux. Lors des migrations, plus de 80 000 oies du Canada ainsi que des hérons bleus, des cormorans ou des foulques viennent y faire une halte. Pour de plus amples renseignements, adressez-vous au Tribal Fish and Game Office, P.O. Box 278, Pablo, MT 59855. Tél. : (406) 675 2700.

• De là vous trouvez facilement l'accès qui mène au **Tribal Wilderness Area** des Mission Range, véritable paradis pour les promeneurs, pêcheurs et amateurs d'airelles (myrtilles américaines). Les campeurs devront néanmoins ne pas oublier que c'est aussi le territoire des grizzlis ! Certains randonneurs portent des « cloches à ours » pour prévenir ces derniers de leur présence. Tél. : (406) 675 2700.

• À 40 km au sud de Polson, 500 bisons vivent protégés dans le **National Bison Range**. Dans ce parc, vous pouvez aussi observer des antilopes, des wapitis, parfois des ours et des coyotes. Arrêtez-vous au centre des visiteurs, bien indiqué sur la route US 212, et munissez-vous d'une carte qui explique comment fonctionne cet écosystème. National Bison Range, 132 Bison Range Rd, Molese MT 59824. Tél. : (406) 644 2211.

• Si vous souhaitez ne rien manquer et être en compagnie de guides indiens, adressez-vous au **Native Ed-Ventures.** Cet organisme touristique vous offre des visites guidées à thème ou « sur mesure » selon votre curiosité, leur slogan étant que tout est possible. Au choix, **Histoire, Héritage** et **Culture** dure une demi-journée et vous initie au passé et au présent des tribus de la réserve. Dans le programme est incluse une visite au barrage Kerr, d'où vous aurez une vue extraordinaire sur la rivière Flathead. 30 $ par personne. Avec une **Marche dans le passé**, vous « déjeunez sur l'herbe » dans le Parc national Bison Range. Pendant un jour entier vous apprenez l'histoire de la réserve et l'influence que les jésuites eurent sur la culture indienne. 50 $ par personne.

Assistez à un **powwow** accompagné d'un guide indien qui vous en expliquera le déroulement complexe et profitez-en pour visiter la réserve en ébullition lors de cette manifestation. 35 $ par personne.

Enfin, si vous le désirez, vous pouvez partager la vie des Indiens d'aujourd'hui en habitant quelques jours chez un membre de la réserve. C'est une occasion unique de créer des liens amicaux et d'être accueilli très chaleureusement.

Pour toutes ces options, adressez-vous à : Native Ed-Ventures, P.O. Box 278, Pablo, MT 59855. Tél. : (406) 883 5344 ou le numéro gratuit (USA) 800 833 5344.

• L'hôtel **KwataqNuk** appartient aux tribus de la réserve et est géré par elles. Situé idéalement sur le lac Flathead, cet hôtel de luxe de 112 chambres avec balcons sur le lac vous permet d'apprécier l'hospitalité moderne des Indiens : piscines, saunas, boutique de souvenirs, et excellente cuisine dont des plats indiens. Au premier coup d'œil rien ne distingue cet hôtel, de la chaîne Best Western, des autres de la même catégorie. Mais nombre de petits détails vous feront comprendre la différence. Par exemple, les légendes des photos anciennes exposées indiquent le nom de chaque personne et non pas l'habituel lieu commun « Indiens sur la réserve X », qui condamne à un anonymat blessant les personnages photographiés.

• Faites un arrêt à Pablo, pour visiter le **Salish Kootenai College**, qui est un modèle d'établissement d'enseignement supérieur indien. On y enseigne, entre autres matières, les cultures et les langues indiennes. Il possède également une chaîne de télévision (SKC-TV) avec ses émissions sur la réserve. Dans sa librairie se trouvent de nombreux ouvrages.

• Vous pouvez aussi faire un séjour au **Cheff's Guest Ranch** près de Charlo. Ce ranch, qui accueille des visiteurs pour une ou plusieurs journées, propose entre autres des randonnées équestres avec un guide indien, mais aussi des parties de pêche et de chasse. Vous pouvez encore vous initier au travail des cow-boys. Puis, le soir venu, dégustez près d'un feu de bois la cuisine de vos hôtes. Ce grand ranch en pierres et rondins est installé dans un endroit paradisiaque, au milieu des bois sur un plateau qui domine la vallée. Mick ou Karen Cheff, 4274 Eagle Pass Trail, Charlo MT 59824. Tél. : (406) 644 2557.

• Pour passer un été à l'indienne, contactez le **Agnes Vanderburg Cultural Camp** à St. Ignatius. Avec Lucy Vanderburg et les anciens de la réserve, vous pouvez camper plusieurs jours sous des tentes et des tipis installés dans une petite clairière dans la montagne. Vous y écouterez les légendes indiennes et apprendrez à tanner les peaux, récolter les baies et plantes sauvages, broder avec des perles, faire la cuisine indienne, chanter et jouer du tambour. Pas de frais d'inscription, mais participation à l'achat du matériel. Écrire à Lucy Vanderburg au Salish Culture Committee, P.O. Box. 418, St. Ignatius, MT 59865. Tél. : (406) 745 4572. Fax : (406) 745 4573.

• Le titre du journal local, *Char-Koosta News*, est une combinaison des noms de deux grands chefs : **Charlo**, de la tribu salish, et **Koostahtah**, de la tribu kootenai. Il fut fondé en 1957 et est publié chaque vendredi.

◆ À ne pas manquer

• **La mission de St. Ignatius** fut établie en 1854 par les missionnaires jésuites à la demande des Indiens. La religion des « robes noires » (les jésuites) leur fut révélée par des trappeurs iroquois. Pour s'y rendre, guetter les panneaux qui la signalent sur la I 93 au sud de Pablo. Entourée à l'horizon par la chaîne majestueuse des montagnes Mission, l'église, qui dépasse de beaucoup les autres bâtiments de St. Ignatius, se remarque bien. Elle fut construite par des artisans indiens sous la direction des missionnaires. Elle est ouverte tous les jours.

• Pendant que vous êtes à St. Ignatius, arrêtez-vous au **Flathead Indian Museum and Trading Post.** Cet établissement (à l'origine un comptoir commercial où les Blancs et les Indiens venaient faire du commerce) appartient aux Indiens. Après votre visite au musée (entrée gratuite) vous pouvez acheter des objets (dont des couvertures de la baie de Hudson et des Pendletons) dans le grand magasin adjacent.

FORT BELKNAP

Bureau officiel de la réserve
Fort Belknap Indian Community
P.O. Box 249. Harlem, MT 59526
Tél. : (406) 353 2205
Fax : (406) 353 2797

➪ Pour y aller

Située dans le nord du Montana, la réserve couvre 282 000 ha de terres alluviales, de plaines et de chaînes montagneuses. On y accède par la route State 66, qui traverse la réserve du nord au sud, et aussi par la route US 2, qui, au nord, circule d'est en ouest.

◆ Gros Ventre et Assiniboine

Les tribus gros ventres (groupe linguistique algonquin) et assiniboines (groupe linguistique siouan) qui cohabitent dans la réserve de Fort Belknap ne partagent pourtant ni la même histoire ni la même culture.

Les Assiniboines (membres de la nation sioux) vivaient auparavant dans le nord-est des États-Unis. Un premier mouvement migratoire les conduisit, vers 1600, dans la région du lac Nipigon, au nord-ouest du Canada. En 1780, une épidémie de petite vérole les décima et, affaiblis, ils décidèrent de s'associer aux Crees pour lutter contre leur ennemis communs, les Blackfeets. Ils atteignirent le Montana vers 1820 et s'y installèrent, vivant principalement de la chasse aux bisons.

Les Gros Ventres sont issus de la tribu arapaho, établie originellement dans le nord du Minnesota. C'est autour des années 1700 que les Gros Ventres s'installèrent près des Blackfeets, avec lesquels ils conclurent des alliances pour lutter contre les Assiniboines. Suite à des discordes avec les Blackfeets, ils choisirent de se joindre aux Assiniboines pour partager un territoire compris entre la Milk River et la chaîne montagneuse de Little Rocky Mountains. La réserve de Fort Belknap fut établie en 1888 et compte aujourd'hui 3 000 Indiens inscrits. Un groupe d'Assiniboines vit aussi au nord-est du Montana dans la réserve de Fort Peck.

◆ Fêtes et cérémonies

Pour confirmer les dates sujettes à changement, téléphoner au (406) 353 2205.

• **Fort Belknap Indian Days :** fin juillet à Fort Belknap Agency. Concours de danses et de chants, *give away* et jeux indiens.

• **Milk River Indian Days :** fin juillet à Harlem sur la route US 2 au nord de Fort Belknap Agency. Se renseigner sur la date exacte au (406) 353 2205.

• **Hays Fair and Rodeo** : 3e week-end de juillet à Hays.

• **Cole's Memorial Roping** : rodéo indien qui se déroule le 2e week-end de septembre à Wild Horse Butte.

• **Chief Joseph Memorial Dance** : en octobre. Il s'y déroule principalement des danses, mais aussi d'autres activités comme dans tous les powwows.

• Le 1er week-end de février a lieu la foire **Mid-Winter Fair.** Elle attire beaucoup d'artistes et artisans indiens. Vous pouvez y trouver de beaux objets traditionnels. Lors de cette manifestation se déroulent aussi des danses et des championnats de boxe.

◆ Art et artisanat

À l'université, le **Fort Belknap Community College** conserve les archives de la réserve, que vous pouvez consulter.

Le bureau du tourisme à Harlem, l'**Information Center**, présente des expositions sur l'art et l'artisanat traditionnel, dont les coiffes à cornes de bison de chefs assiniboines. Vous y trouvez également des cartes de la région et tous les renseignements concernant les activités touristiques de la réserve. Un service de visites guidées sur les lieux historiques est proposé aux visiteurs. Écrire à Fort Belknap Tourism Office and Information Center, Harlem, MT 59526. Tél. : (406) 353 2607.

◆ Que faire ?

Sur la réserve se trouvent de nombreux paysages pittoresques qui invitent aux randonnées équestres et pédestres, mais aussi à chasser et à pêcher. Le gibier, en particulier le gibier à plume, y est abondant et les amateurs de chasse ne seront pas déçus. Dans la prairie s'ébat tranquillement la plus grande colonie de *prairie dogs* (chiens de prairie) de tous les États-Unis, et les ferrets aux pattes noires qui se cachent y sont déclarés espèce protégée.

• Au **Mission Canyon,** près de Hays, se trouvent des campings et des aires de pique-nique d'où vous pouvez partir en randonnée, à la découverte des paysages étonnants de **Natural Bridge** ou **Devil's Kitchen.**

• Avec le **Buffalo Tours**, vous passez quelques heures en compagnie de membres de la tribu qui vous expliquent, en vous accompagnant sur les meilleurs sites, les liens sacrés entre les Indiens, les bisons et la prairie. Les visites sont organisées du 1er mai au 30 septembre. Le coût varie selon le nombre de personnes. Pour prendre rendez-vous, s'adresser au Tribal Buffalo Tour, RR1, P.O. Box 66, Harlem, MT 59526. Tél. : (406) 353 2205.

Pour se loger, on peut choisir un tipi au **Fort Belknap Tepee Village** ou un *bed and breakfast*. Pour avoir leurs coordonnées, contactez le bureau du tourisme de la réserve. Tél. : (406) 353 2527.

◆ À ne pas manquer

À **Snake Butte,** à quelques kilomètres de Harlem, se trouvent une source naturelle et un endroit où l'on peut camper et pêcher des truites et des perches. De là, partez découvrir les pétroglyphes (dessins gravés sur les pierres par incision, piquetage ou abrasion) et les *tipi rings* (traces laissées sur le sol par les anciens campements indiens), qui témoignent d'une présence humaine il y a dix mille ans.

FORT PECK

Bureau officiel de la réserve
Fort Peck Assiniboine and Sioux Tribe
P.O. Box 1027. Poplar, MT 59255
Tél. : (406) 768 5155

➪ Pour y aller

Située dans le nord-est du Montana, la réserve couvre 837 327 ha de prairies semi-arides, délimitées au sud par le fleuve Missouri. On y accède par la route US 2, qui traverse le sud de la réserve d'est en ouest.

◆ Assiniboines et Yanktonais

C'est à Fort Peck qu'un groupe assiniboine de Fort Belknap s'installa vers 1874. Des Sioux yanktonais vinrent les rejoindre vers 1879. Les deux tribus ont la même origine et appartiennent à la branche linguistique siouane. Aujourd'hui, sur les 10 000 membres inscrits, 6 800 vivent sur la réserve établie en 1888.

◆ Fêtes et cérémonies

Ces manifestations sont organisées par différentes communautés. Se renseigner au bureau officiel pour confirmer les dates. Tél. : (406) 768 5155.

• **Powwow de Red Bottom :** il a lieu à Frazer à la mi-juin.

• **Badlands Celebration :** ce powwow a lieu fin juin à Brockton.

• **Fort Kipp Celebration :** week-end autour du 4 Juillet, à Fort Kipp.

• **Iron Ring Celebration :** 3e week-end de juillet, à Poplar.

• **Wadopana Celebration** : début août à Wolf Point. Cette manifestation est plus un rodéo qu'un powwow.

• **Oil Discovery Celebration :** ce powwow a lieu à Poplar vers la fin du mois d'août. C'est la plus importante manifestation de la réserve.

◆ Art et artisanat

• Le **Fort Peck Assiniboine and Sioux Cultural Center and Museum** présente l'art et l'histoire des deux tribus. Installé à Poplar, il est ouvert de mai à septembre. L'entrée est gratuite. Tél. : (406) 768 5155.

• **Fort Peck Tribal Archives** : les archives de la tribu peuvent se consulter à Poplar du lundi au vendredi de 8 heures à 16 h 30. Tél. : (406) 768 5141.

• L'**Historical Society and Museum** de Wolf Point, ouvert de début juin à début septembre, présente la vie des Indiens et des pionniers de la Frontière. Entrée gratuite. Tél. : (406) 653 1912.

• Au **Assiniboine Cultural Village**, situé à 12 km au sud-est de Wolf Point, vous vous promenez dans un ancien village indien reconstitué. Vous y apprenez la vie quotidienne ancestrale et pouvez louer un tipi pour y dormir. Tél. : (406) 653 1009.

◆ Que faire ?

Des sites historiques et sacrés se trouvent sur la réserve. La plupart sont accessibles au public, après avoir demandé une autorisation de visite au bureau officiel. Tél. : (406) 768 5155.

• Adjacent à la réserve, dans le sud-ouest, se trouve le **Fort Peck Lake**, sur lequel vous pouvez pratiquer toutes les activités nautiques et aller à la pêche. Vous y trouvez des campings et motels, mais aucun n'appartient aux Indiens.

• Sept grandes réserves naturelles, comme le **Charles M. Russell National Wildlife Refugee** sur le fleuve Missouri, se trouvent dans cette région, mais en dehors des terres tribales. Le printemps est la meilleure période de l'année pour voir des animaux sauvages, c'est l'époque où les femelles mettent bas et où les oiseaux nichent. Ces parcs sont gérés par le gouvernement. Pour tous renseignements, téléphonez au (406) 653 1319 ou au numéro gratuit (USA) : 1800 653 1319.

• Plusieurs sites d'intérêt historique et archéologique sont sur la réserve. Pour obtenir les renseignements et parfois la permission de s'y rendre, contactez le Fort Peck Tribal Water Ressource Office. Tél. : (406) 768 5115.

• Pour vous tenir informés de l'actualité locale et nationale, lisez l'hebdomadaire ***Wotanin Wowapi***, publié depuis vingt-cinq ans par la tribu.

◆ À ne pas manquer

Près de Fairview, à quelques kilomètres au sud-est de la réserve, à la frontière avec le Dakota du Nord, se trouve le **Fort Union National History Site**. Ce fort, construit en 1828 sur le Missouri pour abriter un détachement militaire, devint aussi dans les années 1830 un des comptoirs commerciaux les plus actifs de l'**American Fur Company**. Les compagnies de fourrures, qui se disputaient le monopole de la pelleterie, bâtissaient de grandes structures en bois pareilles à des forts militaires et généralement proches de ces derniers. L'utilisation des bateaux à vapeur, dont le fort était le port principal, intensifia le commerce des fourrures et des marchandises, précieuses pour les colons en route vers l'ouest. Les Indiens y vendaient ou échangeaient leurs fourrures et objets de valeur (bijoux, vêtements en peaux...). Ces forts servaient de centres communautaires où se mélangeaient les races. Les Indiens qui venaient parfois de très loin installaient leurs tipis tout autour.

NORTHERN CHEYENNE

Bureau officiel de la réserve
Northern Cheyenne Tribe
P.O. Box 128
Lame Deer, MT 59043
Tél. : (406) 477 6284

➪ Pour y aller

Située dans le sud-est du Montana, cette réserve, qui couvre 178 000 ha, est adjacente à la réserve Crow. Depuis Billings, la plus grande ville du Montana, on prend la route Interstate 90 puis la route US 212, qui traverse la réserve d'est en ouest.

◆ Les Cheyennes du Nord

Lors de leur première rencontre avec des Blancs vers 1680, les Cheyennes (groupe linguistique algonquin) vivaient dans le nord du Minnesota, habitant des maisons en terre et en bois, et cultivant la terre. Ils migrèrent dans les Plaines à la fin du XVIIe siècle sous la poussée de la puissante nation sioux. Au XVIIIe siècle, leur culture changea radicalement avec l'introduction du cheval. Devenus cavaliers, ils adoptèrent la vie nomade des chasseurs de bisons, vivant désormais dans des tipis. Leurs ennemis étaient les Comanches, les Crows, les Kiowas et les Pawnees, alors que les Sioux étaient devenus leurs alliés.

Pour ménager les ressources naturelles, ils se divisèrent dans les années 1830 en deux groupes, les Cheyennes du Nord s'installant au Montana et les Cheyennes du Sud au Colorado vers 1861 (maintenant installés avec les Arapahos en Oklahoma). À cette même époque, les États-Unis entreprirent la colonisation de l'Ouest. Les postes de troc puis les garnisons militaires se stabilisèrent un peu partout le long des pistes, en prévision de l'arrivée des colons.

Lors des premiers contacts officiels, les délégations gouvernementales américaines furent impressionnées par la fierté des guerriers cheyennes. Un officier les décrivit dans une lettre adressée à un journal comme ayant, « contrairement aux autres sauvages, toutes les vertus de la nature sans les vices de la civilisation ». Cette bonne opinion ne dura guère. La guerre éclata en 1857 et macula de sang les Plaines jusqu'en 1879. L'horreur culmina lors du massacre des Cheyennes à Sand Creek en 1864. Cet hiver-là, 700 soldats menés par le colonel John M. Chivington, pour qui le « seul bon Indien était un Indien mort », attaquèrent à l'aube le village endormi du chef pacifique **Black Kettle**. Sans merci, ils assassinèrent plus de 400 hommes, femmes et enfants. Douze ans plus tard, en 1876, les Cheyennes menés par leurs illustres chefs, **Two Moon** et **Dull Knife**, alliés aux Sioux de **Red Cloud** et aux Arapahos, remportèrent leur plus glorieuse victoire lors de la bataille de Little Bighorn contre le lieutenant-colonel Custer. La riposte américaine fut déterminante et, en avril 1877, Dull Knife dut rendre les armes.

La réserve du Montana fut établie officiellement en 1884, et aujourd'hui 5 600 Cheyennes du Nord y vivent.

◆ Fêtes et cérémonies

Plusieurs manifestations sont organisées par différentes communautés sur la réserve. Se renseigner au bureau officiel pour confirmer les dates. Tél. : (406) 477 8844.

• **Northern Cheyenne Powwow :** il a lieu à Lame Deer en juin.

• **4th of July Celebration :** ce powwow a lieu à 6 km au sud de Lame Deer en juillet.

◆ Art et artisanat

• Le **Northern Cheyenne Tribal Museum**, installé à Lame Deer, présente l'histoire et la culture des Cheyennes. À l'intérieur, le **Craft Center** expose et vend des objets (dont des flûtes appelées *love flutes*, fabriquées dans du bois de cèdre) réalisés par les artisans et artistes cheyennes. Ouvert du lundi au vendredi de 8 à 17 heures. Un camping est aménagé sur le terrain du musée. Northern Cheyenne Tribal Museum, Lame Deer, MT, 59043. Tél. : (406) 477 6284.

• À Ashland, à 35 km de Lame Deer, se trouve la **St. Labre Mission.** Cette mission catholique fut établie en 1884. Il s'y trouve un musée des Indiens des Plaines où l'on découvre la beauté des costumes et harnachements en peaux tannées, ornées de piquants de porc-épic et de perles. L'église moderne, qui a la forme d'un tipi, est étonnante. Tél. : (406) 784 2200.

◆ Que faire ?

De l'aigle qui vole dans les airs aux chiens de prairie cachés dans leurs terriers, les animaux sauvages abondent sur la réserve, mais encore faut-il apprendre à les voir.

• Le **Cheyenne Trailriders**, géré par Zane et Sandra Spang, tous deux Cheyennes, vous convie à des randonnées équestres depuis leur ranch. C'est la meilleure façon de visiter la réserve si vous désirez comprendre les gens qui y vivent et connaître leur histoire et leur culture. Vous avez le choix entre plusieurs formules. Les prix varient de 10 $ par heure de randonnée à 200 $ par personne pour deux jours de voyage et une nuit sous un tipi. Les visites sont individuelles ou en groupe. Les repas et les montures sont inclus dans le prix, ainsi que l'équipement nécessaire pour camper. Pendant la randonnée, vous rencontrez des « anciens » qui vous expliqueront, entre autres, qu'il n'existe en vérité aucune mauvaise herbe et qu'elles ont toutes une raison d'être. Le soir, devant un feu de bois, des conteurs viennent vous parler des Esprits et des Indiens ; ou encore des Danseurs Clowns exécuteront leur danse traditionnelle, dont le but est de divertir l'assistance lors de cérémonies religieuses. Souvent des cowboys vous feront partager la nostalgie de leurs chansons. Les chevaux sont bien dressés et chacun peut trouver une monture selon son niveau de pratique. Pour avoir la liste détaillée des activités et prendre rendez-vous, écrire à Zane et Sandra Spang, P.O. Box 206, Ashland, MT 59003-0062. Tél. : (406) 784 0062.

• **Karen Locher Big Hair** vend dans sa boutique à Lame Deer des objets traditionnels indiens. On y trouve de nombreuses perles en verre, des vêtements, des bijoux et des instruments de musique. Le magasin est ouvert du lundi au vendredi de 9 à 17 heures.

◆ À ne pas manquer

• Le **Two Moon's Monument** près de Busby est un sanctuaire en pierre, dressé à la mémoire du glorieux chef cheyenne. Depuis quelques années, les os des Cheyennes tués alors qu'ils tentaient de s'échapper du fort militaire Robinson (Nebraska) sont enterrés à côté. Jusque-là, ils étaient entreposés au Smithsonian Institute, à Washington DC, d'où ils furent rapatriés, à la demande des Indiens et après de difficiles négociations.

• De Ashland, prenez la route US 212 vers l'est jusqu'à Hammond, puis remontez la route secondaire 277 jusqu'à Ekalaka pour vous promener dans le parc des **Medecine Rocks** (pierres possédant des pouvoirs magiques). Les Indiens y venaient implorer la protection des Esprits avant leurs expéditions de chasse. Theodore Roosevelt, un des premiers touristes blancs à y pénétrer à la fin du XIXe siècle, disait de cet endroit qu'il constituait le plus fantastique paysage qu'il ait jamais vu. Tél. : (406) 232 0900.

ROCKY BOY'S

Bureau officiel de la réserve
The Chippewa-Cree Tribe
Rocky Boy Route. P.O. Box 544
Box Elder, MT 59521
Tél. : (406) 395 4482
Fax : (406) 395 4497

➪ Pour y aller

Située dans le centre nord du Montana, à 160 km de la frontière avec le Canada, la réserve s'étend sur 48 000 ha. On y accède par la route US 87 en venant de Great Falls.

◆ Chippewas et Crees

La population de la réserve est constituée en majorité par des Crees et des Chippewas. Les Chippewas (famille linguistique algonquine) formaient une des plus grandes tribus indiennes vivant dans la région des Grands Lacs. Vers 1700, la plupart des Chippewas résidaient encore à l'ouest des Grands Lacs tandis que certains s'étaient déplacés près des Turtle Mountains, dans le Dakota du Nord. Ce fut autour de 1875 qu'une partie d'entre eux, sous l'autorité de leur chef **Rocky Boy,** s'installèrent dans le Montana, où ils adoptèrent définitivement la culture des chasseurs nomades. Les Crees, de même branche linguistique, vivaient également dans la région des Grands Lacs, mais du côté canadien. La région des Plaines leur était familière puisque, déjà au XVIIIe siècle, ils y menaient des parties de chasse aux bisons. Lorsque, en 1818, la frontière entre le Canada et les États-Unis fut établie, beaucoup d'Américains considérèrent que le problème des Crees était une affaire canadienne. Malgré les efforts conjugués des deux pays, les Crees, sous la conduite de leur chef **Big Bear**, refusèrent de se fixer dans une réserve au Canada. Une bande de Crees menée par le fils de Big Bear devint une troupe errante sans territoire. En 1889, lorsque le Montana devint un État, les Crees furent menacés de nouveau d'expulsion. Une coalition de résidents du Montana plaida la cause de ces « Indiens sans terre » et demanda qu'une partie de l'État soit assignée aux Chippewas et aux Crees. Ce n'est qu'en 1916 que le sort de ces deux tribus s'améliora avec la création de la réserve Rocky Boy, où aujourd'hui 2 500 Indiens résident.

◆ Fêtes et cérémonies

• **Rocky Boy Powwow** : 1er week-end du mois d'août mais débute dès le jeudi. Hormis les activités propres aux powwows, de nombreux marchands viennent vendre des objets indiens. L'entrée est gratuite.

◆ Que faire ?

Depuis sa création récente (1916) et bien que cela fasse partie de ses projets, la réserve n'a pas encore développé d'infrastructures touristiques, hormis une station de ski aménagée dans le sud-est de la réserve. Cependant, il ne manque pas de sites panoramiques qui vous invitent à de belles randonnées.

• En dehors de la réserve, à l'université **M.S.U.** de Havre se trouve un musée qui expose des objets indiens et qui relate l'histoire de cette région. Tél. : (406) 265 3757.

• De là, partez visiter le **Fort Assiniboine** qui fut un des plus importants forts militaires à l'ouest du Mississippi, construit vers 1879. Les forts de l'Ouest servaient de base à une garnison militaire dont la fonction était de surveiller les Indiens de la région et de protéger les colons. Des commerçants s'y installèrent et, vers 1840, il y avait plus de 150 postes de troc dans les Plaines. En temps de paix, les Indiens venaient y faire du troc, échangeant leurs peaux de bisons, d'hermines ou de castors contre des outils, des armes à feu, des perles de couleur et des colifichets. Plusieurs tribus s'y retrouvaient, échangeant entre elles chevaux, plumes d'aigle, dents de wapiti, couverture de tipis, flèches, etc. Ou encore, allez voir un des plus beaux précipices à bisons au **Wahkpa Ch'gn Archeology**

Site, dont la falaise domine la Milk River.

◆ À ne pas manquer

Faites une centaine de kilomètres au sud, sur la route US 87, et arrêtez-vous à Great Falls (hors réserve) pour visiter le musée de **Charles Marion Russell.** Ce cow-boy, né en 1864 et mort en 1926, devenu peintre de la prairie du haut de son cheval, vécut les années crépusculaires de l'épopée historique de la Frontière. Il glorifia les Indiens et les cow-boys, le vent et la neige, les chevaux sauvages et les derniers bisons. Ses toiles recréent les scènes du passé, les longues caravanes des tribus en mouvement, les guerriers altiers sur leurs mustangs fougueux, les veillées au feu de bois dans les tipis comme les combats de wapitis dans la forêt. En les contemplant, on entend le fracas des bois et le souffle du vent dans la prairie. C. M. Russell ouvrit une porte de l'Ouest par laquelle pénétra la nostalgie d'un monde grandiose et disparu. Ce grand musée, ainsi que la petite cabane en rondins qui lui servait de studio, préserve sa collection d'objets indiens, ses tableaux et ses sculptures inoubliables. The C. M. Russell Museum, 400 13th Street North, Great Falls, MT 59401. Tél. : (406) 727 8787.

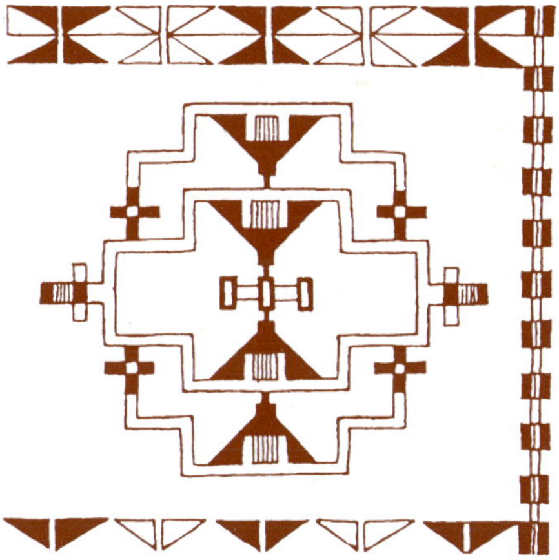

Nebraska

Situé en plein centre des Grandes Plaines, le Nebraska, qui s'étend sur 200 349 km^2, est une vaste plaine légèrement ondulée s'élevant en douceur à l'ouest, pour former deux zones montagneuses boisées. C'est principalement un État agricole mais aussi une voie de passage entre les régions de l'Est et celles de l'Ouest. Chaque printemps, des milliers d'oiseaux migrateurs offrent un spectacle éblouissant sur les rives de la Platte River. Dans les années 1840, d'interminables caravanes de colons exténués se succédèrent sur la piste de l'Oregon et traversèrent le Nebraska en suivant la Platte River, rencontrant alors les Pawnees qui vivaient là, avant d'être repoussés en Oklahoma. En 1846, les mormons, en route pour la nouvelle Sion, passèrent quelque temps sur le territoire des Omahas. Aucune grande ville n'était encore construite.

RÉSERVE OMAHA

Bureau officiel de la réserve
Omaha Tribal Council
P.O. Box 368
Macy, NE 68039
Tél. : (402) 837 5391

➪ Pour y aller

Située dans le nord-est du Nebraska, la réserve couvre 10 716 ha. Elle est adjacente à la réserve Winnebago sur la rive ouest du Missouri. On y accède par la route US 77.

◆ Les Omahas

Les Omahas (groupe linguistique siouan), tribu semi-sédentaire, vivaient en grande partie de l'agriculture et résidaient dans des huttes de terre en forme de dôme le long du fleuve Missouri, sur les plateaux des montagnes Ozark. Ils migrèrent vers l'ouest au XVIIe siècle, en partie repoussés par les Sioux du Minnesota. La réserve fut fondée en 1854. Les Omahas furent célèbres en France dans les années 1883, quand Roland Bonaparte les immortalisa sur des photographies lors de leur séjour au Jardin d'acclimatation de Paris. Ces photographies se trouvent à la photothèque du musée de l'Homme à Paris. Aujourd'hui, sur les 4 000 Omahas inscrits, seuls 1 800 vivent sur la réserve.

◆ Fêtes et cérémonies

Dance of Thanksgiving : ce powwow a lieu pendant la première pleine lune du mois d'août à Macy. Le récit du premier powwow rapporté par des Blancs fut celui des Omahas. Les explorateurs Lewis et Clark mentionnent avoir assisté à cette manifestation en 1803 chez les Omahas installés au Nebraska. Pour plus de renseignements, téléphoner au (402) 837 5391.

◆ Que faire ?

• La réserve offre peu d'activités. Choisissez de visiter Lincoln (au sud par la route State 77), qui, avec les quelque 20 lacs de la Salt Valley, est un centre touristique apprécié.

• Découvrez les œuvres de Frederic Remington (1861-1909), grand peintre et sculpteur de l'Ouest, exposées au musée **Great Plains Art Collection**, installé sur le campus universitaire de Lincoln.

• À 4 km à l'ouest de Lincoln, sur la State 4, arrêtez-vous au **Homestead National Monument**, qui raconte l'épopée des pionniers prenant possession des terres indiennes grâce au **Homestead Act** voté en 1862. Avec cet édit, le gouvernement offrait 64 ha pour 10 $ à tout colon qui cultiverait son lopin de terre pendant au moins cinq ans. Entre 1862 et 1890, ils furent ainsi 2 millions à s'installer au Nebraska et au Kansas.

• Si la peinture de l'Ouest, inspirée par les grands espaces, les Indiens et les cow-boys, vous intéresse, poussez votre route à l'est jusqu'à Omaha (route I 80) pour visiter le très beau musée **Joselyn Art Museum** (2200 Dodge Street). Des œuvres de F. Remington, G. Catlin, K. Bodmer, C. Russell y sont entre autres exposées.

WINNEBAGO

Bureau officiel de la réserve
Winnebago Tribal Council
P.O. Box 687
Winnebago, NE 68071
Tél. : (402) 878 2272

➪ Pour y aller

Située dans le nord-est du Nebraska et à la frontière avec l'Iowa, la réserve couvre 11 000 ha. La ville Winnebago se trouve à l'intersection des routes US 75 et US 77 à une quarantaine de kilomètres de Sioux City dans l'Iowa.

◆ Les Winnebagos

Dès 1640, le Français Jean Nicolet rencontrait les Winnebagos (groupe linguistique siouan) installés dans le Nord-Est alors qu'ils dominaient le commerce de la région. Ils résistèrent contre l'invasion de leurs terres par les Blancs, dont beaucoup étaient des mineurs en quête de gisements de plomb, nombreux sur ce territoire. En 1827, la « révolte winnebago », menée par leur chef **Red Bird**, marqua le moment le plus important de leur combat. Cette révolte se solda par un échec et par la reddition de Red Bird, qui mourut en prison. Les Winnebagos s'allièrent ensuite aux Sauks lors de la **guerre de Black Hawk** (1832), dernier affrontement contre les Blancs dans le Nord-Est. En 1837, ils perdirent définitivement leurs terres au Wisconsin pour avoir signé un traité frauduleux. Bien que certains aient refusé les termes d'expropriation du traité, ils furent chassés de force et déplacés plusieurs fois avant d'être installés dans leur réserve actuelle, établie en 1865. La culture traditionnelle reste importante pour eux, et beaucoup de Winnebagos adhèrent à la religion de la Native American Church. Sur quelque 2 000 membres inscrits, 1 300 vivent sur la réserve.

◆ Fêtes et cérémonies

• **Annual Homecoming Celebration** : le dernier week-end de juillet à Winnebago. Cette manifestation attire de nombreux danseurs et musiciens traditionnels. Pour plus de renseignements, téléphoner au (402) 878 2272.

◆ Que faire ?

• Il existe de nombreux endroits où l'on peut pêcher sur la réserve le long du fleuve Missouri. Pour cela, il faut obtenir un permis de pêche tribal. Cette réserve attire des non-Indiens de tous les États-Unis pour la chasse aux dindons sauvages et aux cervidés. Pour obtenir permis de chasse et de pêche, se renseigner au bureau officiel. Tél. : (402) 878 2272.

• Pour se tenir informés des actualités winnebagos et omahas, lire le *Winnebago Indian News*, journal bimensuel.

SANTEE SIOUX

(Voir « Sioux Devils Lake », Dakota du Nord, et « Sioux Santee de Flandreau », Dakota du Sud)

Bureau officiel de la réserve
Santee Sioux Tribal Council
Route 2
Niobrara, NE 68760
Tél. : (402) 857 3302

Oklahoma

Terre de contraste aux plaines ondulantes, herbes hautes des prairies traversées de rivières (Red River, Arkansas), collines boisées et montagnes altières (monts Wichita, Ozark), l'Oklahoma, qui couvre 181 000 km², est appelé le « Territoire indien ». La population indienne y est plus nombreuse que dans n'importe quel autre État américain (plus de 350 000 Indiens recensés) ; cependant il n'y a pas à proprement parler de réserve, mais plutôt des communautés dispersées dans tout l'État et dont les membres sont mélangés aux populations non indiennes. C'est donc avant tout la terre des mélanges culturels, les Cinq Tribus civilisées (Cherokees, Choctaws, Chickasaws, Creeks et Séminoles) côtoient les Indiens des Plaines et partagent cet État avec les descendants des colons blancs. Les noms des villes comme Okmulgee, Muskogee ou Tahlequah rappellent l'épopée tragique des Cinq Tribus civilisées, qui furent, en 1838, expulsées en Caroline, Georgie et Tennessee jusqu'au Territoire indien. Ce fut une prison pour certains, comme Geronimo et les Apaches chiricahuas ; pour d'autres, comme les Cinq Tribus civilisées, ce fut un refuge. Ce territoire devait, selon les promesses faites en 1825 par le président Jackson, demeurer terre inviolable des Indiens. Pourtant, en 1889, le gouvernement ouvrit l'Oklahoma à la colonisation et organisa une délirante course à la propriété. À pied, à cheval, en chariot, des milliers de Blancs s'alignèrent dans la prairie et démarrèrent en trombe dès le signal du départ. La terre immense prometteuse de richesses semblait leur appartenir et chacun oublia les Indiens. Très vite, la prairie se couvrit de champs cultivés avant que ne se dressent les silhouettes fantasmagoriques des derricks. À l'orée du XXe siècle, l'or noir de l'Oklahoma permis l'éclosion de villes prospères, où se bâtirent des musées dans une tenace ambiance d'Ouest mythique. Au-delà de la dimension humaine, l'Oklahoma révèle d'innombrables îlots de verdure baignés par de beaux lacs où viennent s'abreuver les chevaux indiens.

Itinéraire conseillé

Il y a tant à voir dans le Territoire indien qu'il est difficile de recommander un itinéraire précis. La présence indienne (sites historiques, musées, communautés) est dispersée dans tout le territoire et votre choix dépend du temps dont vous disposez. Voici ce que vous pouvez faire pour comprendre l'importance de la présence indienne dans l'Oklahoma.

Au départ de Tulsa (visiter le **Gilgrease Museum** et le **Phillbrook Museum of Art**), votre itinéraire peut durer quatre jours (à peu près

500 km). Quitter la ville au nord par l'US 75 en direction de Bartlesville pour visiter le musée de **Woolaroc**. Bifurquer à l'est sur l'US 60 pour gagner Vinita. Emprunter au sud l'US 69 jusqu'à Wagoner et prendre la State 51 qui en direction de l'est mène à Tahlequah, berceau de la Cherokee Nation (visiter **Seminole Hall** et **Cherokee Heritage Center** à Tsa-La-Gi). Suivre ensuite l'US 62 vers l'ouest jusqu'à Muskogee (musée des **Five Civilized Tribes**) et Okmulgee (**Creek Council House Museum**).

ABSENTEE SHAWNEE

Bureau officiel de la réserve
Absentee Shawnee
2025 S. Gordon Cooper Drive
P.O. Box 1747
Shawnee, OK 74802
Tél. : (405) 275 4030
Fax : (405) 273 4534

➪ Pour y aller

Située dans le centre de l'Oklahoma, la réserve couvre 4 800 ha. On y accède en venant d'Oklahoma City (à 56 km) par la route I 40, puis vers l'est par l'US 177.

◆ Les Shawnees

Les Shawnees (groupe linguistique algonquin) vivaient en 1600 dans la partie nord-est des États-Unis (dont l'Indiana, l'Illinois, le Kentucky, le Tennessee, la Pennsylvanie). Ils furent déplacés au début du XIXᵉ siècle dans l'État du Kansas puis en Oklahoma. Ils s'allièrent aux Français dans les guerres coloniales avant de choisir le camp américain aux alentours de 1795. Parmi les plus célèbres Indiens de l'histoire américaine, le Shawnee **Tecumseh** (1768-1813) fut une figure légendaire. Orateur hors pair, patriote généreux et fier, il était persuadé que le territoire américain appartenait collectivement à tous les Indiens et ne pouvait donc être divisé et cédé sans l'assentiment de tous. Sans appeler à la guerre, il était persuadé que si les Indiens étaient unis en une grande Confédération indienne, ils pourraient conserver leurs territoires et faire front aux envahisseurs. En 1808, **Tecumseh** et son frère **Tenskwàtawa** (appelé le « Prophète ») bâtirent Prophet's Town en Indiana. Peu après, ils entamèrent leur premier voyage pour rallier en une seule force unie tous les Indiens, du Canada à la Floride. En avril 1813, Tecumseh avait sous ses ordres 3 000 guerriers et ce fut au milieu d'eux qu'il mourut sous le feu américain, sur les rives de la Thames River, au Canada, en octobre 1813. Dès 1832 des bandes shawnees s'installèrent dans le Kansas, qui, avec les États de l'Oklahoma et du Nebraska, faisait encore partie du Territoire indien. Ce territoire fut réduit au seul État de l'Oklahoma en 1890. En 1885, les Shawnees quittèrent le Kansas et s'installèrent en Oklahoma (d'où le nom Absentee dérivant de *absented*, absent). La tribu absentee shawnee se divise en deux bandes : la **White**

Turkey Band et la **Big Jim Band.** Aujourd'hui, les 2 900 Absentee Shawnees perçoivent les dividendes de contrats passés avec le gouvernement, pour leurs terres cultivées par des Blancs, le pétrole exploité et l'élevage.

◆ À ne pas manquer

Visiter à Wewoka (51 km au sud-est de Shawnee par la State 3 et l'US 270) le **Seminole Nation Museum** qui rctrace l'histoire de cette tribu indienne, en particulier l'épisode de son exode de la Floride pour l'Oklahoma. Les Séminoles (famille linguistique muskogienne) étaient issus de la Confédération creek, dont une partie s'installa à partir de 1706 en Floride. Ils s'allièrent en 1812 aux « Bâtons rouges », partisans creeks de Tecumseh, et combattirent les Américains qui voulaient les faire retourner en Alabama. Sous le commandement de leur chef **Osceola**, leur position les entraîna dans une guerre violente, la plus coûteuse en vies humaines de toute l'histoire des guerres indiennes. **Osceola** fut capturé en décembre 1837 et mourut dans les mois qui suivirent son incarcération. En 1841, la plupart des Séminoles furent transférés en Oklahoma, en subissant la perte de 40 % de leur population déplacée.

Seminole Nation Museum. 524 S. Wewoka Ave., Wewoka, OK 74884. Tél. : (405) 257 5580.

TRIBU APACHE DE L'OKLAHOMA

Bureau officiel de la réserve
Apache Tribe of Oklahoma
PO. Box 1220
Anadarko, OK, 73005
Tél. : (405) 247 9493

➪ Pour y aller

La réserve se trouve dans les plaines du sud-ouest de l'Oklahoma, à 67 km au nord de Lawton sur la route US 62. Les quelque 3 000 ha qui composent cette communauté indienne sont divisés entre les membres des tribus apache, comanche et kiowa.

◆ Les Ka-ta-kas

Les Apaches d'Oklahoma connus sous le nom de Ka-ta-kas (famille linguistique athapasque) sont des descendants des populations apaches qui vivaient dans la région des Plaines depuis le XVe siècle. Les Ka-ta-kas étaient des chasseurs de bisons qui suivaient les troupeaux à travers les prairies du Texas, de l'Oklahoma et de l'est du Nouveau-Mexique. Suite à leur alliance avec les Kiowas dès le XVIIe siècle, les Ka-ta-kas portent aussi le nom de Kiowas-Apaches.

◆ Fêtes et cérémonies

• **Kiowa Blacklegging Ceremonial** : 2e ou 3e week-end de mai et 10-11 octobre à Anadarko. Danses cérémonielles en l'honneur des anciens combattants (Vietnam, Corée, les deux guerres mondiales) kiowas. Tél. : (405) 247 3987.

• **Gourd Dance** : week-end du 4 Juillet, aux abords de la ville d'Anadarko.

• **O-Ho-Mah** : du 24 au 26 juillet à Anadarko. Une ancienne danse cérémonielle en l'honneur des combats victorieux. Tél. : (405) 247 5569.

• **American Indian Exposition** : du 3 au 8 août sur le champ de foire d'Anadarko. Grand événement culturel, qui dure une semaine, où se retrouvent des centaines d'artistes, danseurs et musiciens. Danses cérémonielles, courses de lévriers et de chevaux, cuisine indienne, carnaval, foire à l'art et à l'artisanat. Des tours guidés sont organisés. Tél. : (405) 247 5661.

• **Wichita Annual Dance** : du 13 au 15 août à Anadarko. Tél. : (405) 247 7470.

• **Red Shield Celebration** : vers le 22 août à Anadarko. Compétitions de danses, foire à l'art et à l'artisanat, cuisine indienne. Tél. : (405) 247 2425.

◆ Art et artisanat

• Le **Southern Plains Indian Museum** à l'est d'Anadarko sur l'US 62 s'attache à présenter l'art des Indiens de l'ouest de l'Oklahoma : Apaches, Arapahos, Caddos, Cheyennes, Delawares, Kiowas et Wichitas. De nombreux objets sont exposés : coiffes en plumes, objets cérémoniels, instruments de musique, boucliers en peau de bison. À l'**Oklahoma Indian Arts and Crafts Coop** (faisant partie du musée), des expositions temporaires sont organisées pour les artistes et artisans contemporains indiens. Ouvert de juin à septembre, du lundi au samedi de 9 à 17 heures et le dimanche de 13 à 17 heures. De mai à octobre, il est fermé le lundi. P.O. Box 966, Anadarko, OK 73005. Tél. : (405) 247 3486.

• À l'orée de la ville en direction de l'ouest sur la route State 2 (près de Carnegie), les tribus wichita et kiowa possèdent aussi leurs propres musées tribaux.

◆ Que faire ?

Bien que fondée par des pionniers blancs en 1901, Anadarko est le centre des activités indiennes de l'ouest de l'État. Cette ville est très attachée à son passé et retrace dans plusieurs musées l'histoire des peuples qui vivent dans cette région. C'est une destination à ne pas manquer pour comprendre les cultures indiennes.

• **Indian City**, à 3 km au sud-est d'Anadarko par la State 8, est un site où sont reconstitués sept villages traditionnels indiens : *hogans* navajos, *wickiups* en branchages apaches, maisons en terre des Pawnees, tipis des Kiowas, maisons en adobe pueblos, habitations en clayonnage revêtu d'argile des Caddos, haute maison en rondins du conseil des Wichitas. À l'intérieur, vous découvrez les ustensiles de la vie quotidienne (instruments de musique, objets de cuisine) et des armes. La visite est guidée par des membres de chaque tribu, qui vous expliquent et vous montrent comment cuisiner, tanner les peaux, sécher les viandes, etc. Chaque tribu représentée dans cette **Indian City** organise tour à tour des spectacles traditionnels. Un musée complète ce site, avec des expositions de bijoux en argent et en perles, des poupées kachinas (Indiens du Sud-Ouest), des vêtements, de la vannerie, etc. La boutique du musée vend des objets artisanaux. Ouvert tous les jours de 9 à 18 heures (17 heures en hiver). Tél. : (405) 247 6221.

• Le **National Hall of Fame for Famous American Indians** à Anadarko (115 Route 62 East) est un musée à ciel ouvert de sculptures en bronze représentant des Indiens célèbres. Entre autres les statues de **Sacajawea** (femme shoshone), **Quanah Parker** (chef comanche), **Geronimo** (chef apache), **Chief Joseph** (chef Nez Percés) ou encore **Jim Thorpe** (athlète et acteur de cinéma Sac and Fox). Tél. : (405) 247 5555.

Pour vous tenir informé des activités de la région d'Anadarko écrivez à Chamber of Commerce, P.O. Box 366, Anadarko, OK 73005. Tél. : (405) 247 6651. Site web : www.tanet.net/city.

• À Lawton (60 km au nord de Anadarko sur la route US 62), visiter le **Museum of the Great Plains** (601 Ferris Ave.), qui fait revivre de façon didactique et très complète l'histoire de l'Oklahoma depuis celle des tribus indiennes jusqu'à l'épopée de la colonisation. À l'intérieur, vous découvrirez, entre autres, les reconstitutions d'habitations coloniales et des postes de commerce. Ouvert tous les jours sauf fériés. Lundi-vendredi de 8 à 17 heures, samedi de 10 à 17 heures et dimanche de 13 h 30 à 17 h 30. Tél. : (405) 581 3460.

• **Fort Sill Military Reservation**, situé à 6 km au nord de Lawton (poste militaire frontière et camp d'emprisonnement pour les Indiens), s'étend sur 38 ha où sont réunis 26 bâtiments historiques. Ils furent construits dans les années 1870 pour recevoir les troupes du général Sherman, ardent défenseur de l'extermination des Indiens. De 1849 à 1913, les rebelles apaches chiricahuas et leur chef Geronimo y furent internés. Geronimo y mourut en 1909. Le musée du fort retrace l'histoire des conflits et conserve les reliques de l'histoire. C'est là aussi que se trouve la tombe de Geronimo (dans le cimetière des prisonniers de guerre apaches), décédé loin de sa terre natale en Arizona, et celle (dans le cimetière du fort) de Quanah Parker, célèbre chef comanche. Sur ce site historique se trouve aussi **Medecine Bluffs**, quatre pics granitiques où les Indiens pratiquaient des cérémonies. Tél. : (405) 351 5123.

• Puisque vous êtes dans la région, visitez à quelques kilomètres plus à l'ouest de Fort Sill le **Wichita Mountains National Refugee**, où les troupeaux de bisons paissent encore librement. Des salles d'exposition se trouvent au centre des visiteurs du parc. Vers le 20 juin est organisée une randonnée à bicyclette dans les montagnes Wichitas. Pour y participer, téléphonez au (580) 355 1808.

• De Lawton prendre vers l'est la route State 7 et descendre vers le sud la US 81 jusqu'à Waurika, ville où se tient le **Chisholm Trail Historical Museum.** Ce musée retrace l'histoire mythique de cette célèbre piste du bétail où déferlaient les bovins conduits du Texas jusqu'au Kansas pour y être vendus sur pied. Jesse Chisholm, le fondateur de cette piste qui fut active de 1867 à 1889, était d'origine cherokee par sa mère. Une visite dans le musée vous fera tout comprendre de l'univers mythique des cow-boys. Tél. : (405) 228 2166.

TRIBU CADDO

Bureau officiel de la réserve
Caddo Tribe of Oklahoma
P.O. Box 487
Binger, OK 73009
Tél. : (405) 656 2344

➪ Pour y aller

La réserve englobe 194 ha. Le siège tribal se trouve sur la US 281, au nord d'Anadarko.

◆ Les Caddos

Les Caddos (famille linguistique caddoane) constituaient la tribu dominante de la Confédération caddo, qui comprenait également la tribu wichita. Ils vivaient dans des huttes regroupées dans des villages permanents, dans la vallée de la Red River (Louisiane). Ils furent impliqués dans les conflits entre les Espagnols et les Français, et se déplacèrent au Texas. Dans les années 1830, le Texas les déposséda de leurs terres et cette situation forcée les poussa à trouver refuge en Oklahoma en 1859. Les Caddos partagent leur territoire avec des membres des tribus wichita et delaware.

◆ Fêtes et cérémonies

• **Labor Day Powwow :** le 1er septembre sur le Caddo Tribal Ground, situé à une dizaine de kilomètres à l'est de Binger. Tél. : (405) 656 2344.

NATION CHEROKEE

Bureau officiel de la réserve
Cherokee Nation
P.O. Box 948.
Tahlequah, OK 74465-0671
Tel. : (918) 456 0671

➪ Pour y aller

La nation Cherokee, divisée en 14 comtés répartis sur 49 600 ha, est située à 98 km au sud-est de Tulsa. On y accède par la Muskogee Turnpike puis la State 51.

◆ Les inventeurs d'un syllabaire indien

Les Cherokees ou Tsa-La-Gi (famille linguistique iroquoienne) occupaient le sud-ouest des montagnes Allegheny de Virginie, la Caroline du Nord et la Caroline du Sud, une partie du Tennessee, de la Georgie et de l'Alabama. Ils étaient de rudes montagnards et des guerriers redoutés. Comme tous les Indiens de cette région, ils cultivaient des champs et récoltaient quantité de noix et de fruits sauvages, complétant leur alimentation par les produits de la chasse et de la pêche. Ils pratiquaient de nombreux rituels tout au long de l'année. Leurs premiers contacts avec les Blancs eurent lieu vers 1540 en Caroline du Nord, d'abord avec les conquistadores espagnols commandés par De Soto, suivis bientôt par des Français (vers 1562) et des Anglais (1584). Alliés des Anglais, les Cherokees furent malgré eux entraînés dans les guerres coloniales inévitables qui semaient la zizanie dans les tribus indiennes, dressant par le jeu des alliances les tribus les unes contre les autres. Lorsque la Constitution des États-Unis fut proclamée en 1787, l'avancée progressive de la frontière de la jeune république américaine se fit au détriment des Indiens.

Sequoyah, Cherokee né au Tennessee, révolutionna la culture de son peuple en créant en 1821 un alphabet. Les Cherokees achetèrent alors une imprimerie et commencèrent à imprimer des ouvrages, dont la Bible et dès 1828 un journal, le *Tsalagi Tsulehisanvhi (Cherokee Phoenix)*, en utilisant leur propre syllabaire. Ils installèrent leur capitale à New Echota en Georgie et formèrent un gouvernement constitué de deux assemblées représentatives et d'un système législatif. À cette même époque, de l'or fut découvert en Georgie dans une région adjacente au territoire cherokee. Le gouvernement américain décréta aussitôt que toutes les terres cherokees sur lesquelles étaient trouvé ce minerai devenaient propriété de l'État.

En 1821, le président Jackson, pensant que l'assimilation des Indiens était vouée à l'échec, décida de les déplacer à l'ouest du fleuve Mississippi. Sa décision entraîna en 1830 la ratification de l'**Indian Removal Act** (loi relative à l'exil des nations indiennes) par le Congrès. Par la force des armes et malgré les efforts de leur célèbre leader, **John Ross**, qui avait engagé un avocat pour plaider leur cause devant la justice américaine, les Cherokees (précédés par les Creeks, les Chickasaws, et les Choctaws) furent expulsés brutalement de leurs fermes. Ils furent d'abord concentrés dans des camps avant d'être déplacés en 1838, sous escorte militaire, en Oklahoma décrété Territoire indien. Sur ce **Chemin des Larmes**, 4 000 Cherokees sur les 18 000 déportés périrent de froid et de fatigue. Ces épreuves auraient pu briser ce peuple, mais la nation reconstruisit une nouvelle société, dont la capitale s'établit à Tahlequah. Ils conservèrent l'habitude d'éditer un journal (le *Cherokee Advocate*) imprimé dans leur langue et en anglais, et créèrent en 1885 le premier réseau téléphonique de l'Oklahoma, qu'ils vendirent par la suite à la compagnie Bell.

Un groupe de Cherokees, appelés Eastern Band, vivent dans une réserve en Caroline du Nord. En Oklahoma, les Cherokees de l'Ouest (Western Band) comprennent 183 000 membres inscrits.

◆ Fêtes et cérémonies

Cherokee National Holiday : commence le week-end du Labor Day (1er lundi de septembre) à Tahlequah. Powwow avec compétitions de danses traditionnelles, rodéos, foire à l'art et l'artisanat, cuisine indienne sont au programme durant tout une semaine.

◆ Art et artisanat

• Le **Cherokee National Museum**, à 5 km au sud de Tahlequah sur Willis Road, raconte à travers des expositions l'histoire de la nation cherokee avant et après leur déplacement. Vous y découvrez aussi le célèbre syllabaire inventé par Sequoyah. Parmi les objets se trouvent des masques en bois utilisés dans des danses qui parodiaient les situations de crise dans la vie quotidienne. La boutique du musée vend de nombreux objets artisanaux, dont de beaux paniers et bijoux en argent. Le musée est ouvert toute l'année. Tél. : (918) 456 6007.

• Les deux boutiques (5 km au sud de Tahlequah sur la US 62, tél. : (918) 456 2793 ; Sallisaw, sortie 308 sur la I 40, tél. : (918) 775 2728) de **Cherokee Nation Gift Shop** vous permettent d'acheter des objets traditionnels, des livres, des photographies, des CD, des vêtements, réalisés par des artistes et artisans indiens.

• En mai, du 23 au 25, se tient le **Annual Cherokee Arts & Crafts Show** où se réunissent de nombreux artistes et artisans indiens. Chamber of Commerce de Tahlequah au 123 E. Delaware Street. Tél. : (918) 456 4228.

• Le **Homecoming Art Show** se déroule au Cherokee Heritage Center du 29 août au 9 septembre. Tél. : (918) 456 6007.

◆ Que faire ?

• Située dans les panoramiques monts **Ozark**, Tahlequah, capitale de la nation cherokee depuis 1841, possède de beaux bâtiments en brique qui témoignent du dynamisme de cette tribu ; parmi les plus représentatifs, le **Cherokee National Capitol** (construit en 1846, 101 South Muskogee, tél. : (918) 456 0671) et le **Cherokee National Prison** (construit en 1874 sur Water Ave. et Choctaw St., tél. : (918) 456 0577), qui sert aujourd'hui de bibliothèque tribale. Plusieurs antiquaires vous permettront peut-être de dénicher une pièce ou un livre rare ayant trait à la culture cherokee. Pour avoir leurs adresses ainsi que des cartes de la région et autres informations touristiques, adressez-vous au **Chamber of Commerce**

and Visitor Center, 123 E. Delaware St., Tahlequah, OK 74464. Tél. : (918) 456 3742.

• À 5 km au sud de Tahlequah sur Willis Road, visitez le **Cherokee Heritage Center.** Dans ce complexe culturel se trouve le musée de la Nation, mais aussi la reconstitution d'un ancien village cherokee témoin de l'époque d'avant l'arrivée des Européens. Des artisans habillés comme en 1600 rejouent les gestes de la vie quotidienne du passé. En été, le centre donne dans son amphithéâtre en plein air une représentation appelée **Trail of Tears Outdoor Drama** (le Chemin des Larmes). Cette pièce, qui raconte l'histoire dramatique de l'exode cherokee, est jouée du 1er juillet au 17 août (lundi au samedi à 20 h 30. Entrée : 9 $ par adulte et 4,50 $ pour les enfants de 6 à 12 ans. Gratuit pour les plus jeunes). Pour 8 $ de plus (5 $ pour les enfants), vous pouvez goûter la cuisine typique cherokee au **Tsa-La-Gi Buffet**, installé près de la scène, à l'abri d'un sous-bois. Le centre propose des visites guidées. Tél. : (918) 456 6007.

• Le **Tenkiller Lake**, situé à quelques kilomètres au sud de la capitale cherokee, est l'un des plus beaux lacs de l'État. Eau claire et vues panoramiques offertes par de hautes falaises font de Tenkiller Lake un des endroits les plus agréables pour se promener ou camper. On peut y pratiquer la pêche (truites, poissons-chats, perches), la plongée, les promenades en canoë ou simplement y observer les nombreux oiseaux qui choisissent les rives paradisiaques comme habitat d'été (si vous êtes ornithologue, visitez à Vian le **Sequoyah National Wildlife Refugee**, paradis des oiseaux). De nombreux campings (entre 15 $ pour un camping-car et 6 $ pour une tente) sont aménagés autour du lac. Dans les villes et bourgades riveraines (Cookson, Vian, Gore, Sallishaw, Keys et Tahlequah), on peut facilement se loger (actuellement, aucun établissement tribal). Tél. : (918) 457 4403.

• Le seul restaurant cherokee (**Restaurant of the Cherokee**) se trouve sur la route US 62, au sud de Tahlequah.

◆ À ne pas manquer

En venant de Tahlequah, prenez vers le sud-ouest la route US 62 pendant une cinquantaine de kilomètres jusqu'à Muskogee. En 1874, la Union Agency (centre administratif gouvernemental) des Cinq Tribus civilisées fut établie à Muskogee, qui est depuis la capitale et le siège du gouvernement indien de ces tribus exilées. C'est dans le bâtiment de l'agence (sur Honor Heights Drive) qu'est aujourd'hui installé le **Five Civilized Tribes Museum**, qui présente à travers des expositions l'histoire et la culture des Cherokees, Chickasaws, Choctaws, Creeks et Séminoles. Tél. : (918) 683 1701.

CHEYENNE-ARAPAHO

Bureau officiel de la réserve
Cheyenne-Arapaho Tribe
P.O. Box 38
Concho, OK 73022
Tél. : (405) 262 0345

➪ Pour y aller

Le territoire comprend 32 470 ha dispersés dans les collines du centre nord de l'Oklahoma. On y accède par la route US 80, à une vingtaine de kilomètres au nord de El Reno.

◆ Les Cheyennes

(Voir « Northern Cheyenne », Montana.)

Les tribus cheyenne et arapaho (groupe linguistique algonquin) étaient très proches culturellement. Elles migrèrent ensemble de leur territoire dans la région des Grands Lacs (Arapaho) et du Minnesota (Cheyenne), pour le Dakota, au XVIIe siècle. Elles signèrent en 1867 le traité de Medecine Lodge, qui les relégua sur le Territoire indien de l'Oklahoma. Sur les quelque 10 000 membres inscrits, 4 800 vivent aujourd'hui à Concho.

◆ Fêtes et cérémonies

• **Jackie Beard Powwow** : fin mai ou début juin, à Concho. Danses traditionnelles indiennes et foire à l'art et à l'artisanat. Tél. : (405) 262 8535.

• **Oklahoma Indian Nation Powwow** : début août, à Concho. Danses traditionnelles indiennes, compétitions sportives et foire à l'art et à l'artisanat. Tél. : (405) 262 0345.

• **Veteran's Day Powwow :** en novembre à Geary. Danses traditionnelles indiennes et foire à l'art et à l'artisanat.

◆ À ne pas manquer

Pour comprendre l'histoire des Cheyennes, vous pouvez vous rendre à la ville de Cheyenne, située à 220 km à l'ouest de El Reno (prendre la I 40 jusqu'à Elk City, de là l'US 66, la State 06 et la US 283). Le **Black Kettle Museum** retrace l'histoire de la tribu et l'épisode tragique de la bataille près de la **Washita River**, où le chef pacifique Black Kettle et ses compagnons furent assassinés le 27 novembre 1868 (quatre ans après le massacre de Sand Creek au Colorado). Tél. : (405) 497 3929.

NATION CHICKASAW

Bureau officiel de la réserve
The Chickasaw Nation
P.O. Box 1548
Ada, OK 74820
Tél. : (405) 436 2603

➪ Pour y aller

Situé dans le centre sud de l'Oklahoma, le territoire de la nation chickasaw s'étend sur 30 540 ha divisés en 11 comtés. On y accède en venant de Paul's Valley (à 56 km) sur la route I 35 et en prenant, à la sortie 74, la route State 19 vers l'est.

◆ Les Chickasaws

Les Chickasaws (famille linguistique muskhogienne) occupaient le nord de l'État du Mississippi et l'ouest du Tennessee. Leurs alliés traditionnels étaient les Choctaws, dont ils étaient culturellement très proches.

Le conquistador De Soto et ses soldats passèrent l'hiver 1540-1541 chez les Chickasaws. Lorsque au printemps suivant les Espagnols voulurent enrôler de force des femmes et des porteurs Chickasaws pour leurs expéditions, ils furent attaqués et mis en déroute par les Indiens, qui refusaient d'obtempérer. Dès 1698, des trafiquants anglais (esclaves, armes, fourrures) établirent des contacts avec les Chickasaws. Durant toute la période coloniale, ces derniers resteront fidèles à l'alliance anglaise contre les Français. Lorsque les États-Unis furent constitués en 1783, les Chickasaws choisirent de se placer sous la protection de l'Espagne, qui conservait la Floride et une partie des terres à l'est du Mississippi. En 1786, ils finirent par signer des traités d'alliance avec les Américains de Caroline, qui revendiquaient leur territoire du Tennessee. Lorsque l'**Indian Removal Act** fut voté en 1830, les Chickasaws qui vivaient paisiblement au Mississippi acceptèrent sans résistance d'abandonner leur terre natale, pour se rendre durant l'hiver 1837-1838 en Oklahoma.

Aujourd'hui, on dénombre 35 000 Chickasaws inscrits tribalement. La nation chickasaw est parmi les plus progressistes et possède plusieurs entreprises dynamiques, dont trois casinos.

◆ Fêtes et cérémonies

• **Chickasaw Festival** : fin septembre-début octobre à Tishomingo. Activités culturelles, compétitions sportives, foire à l'artisanat, rodéos et danses traditionnelles. Tél. : (580) 371 2040.

• **Chickasaw Nation Annual Meeting :** 1er week-end d'octobre à Byng (8 km d'Ada). C'est dans les locaux de l'école de Byng que se déroule l'élection de la Princesse de la nation chickasaw. Hormis cette animation, il y a peu d'activités traditionnelles indiennes. Tél. : (405) 436 4734.

◆ Art et artisanat

• À Tishomingo (110 km au sud d'Ada, sur la US 377), la nation chickasaw racheta en 1989 à l'État d'Oklahoma le site où furent construits entre 1856 et 1890 leurs bâtiments administratifs. Le **First Chickasaw Capitol** (grande maison en rondins, sur Court House Square) abrite dorénavant un musée qui l'histoire et commémore la culture chickasaw. Tél. : (405) 371 3351.

• Vous pouvez acheter des objets et des œuvres indiennes, anciennes et contemporaines, dans les deux *trading posts* de la nation. L'un d'eux se trouve à Ada, au 1500 N. Country Club Rd. Tél. : (405) 436 0444. L'autre se trouve à Davis, Rte 1. Tél. : (405) 369 5360.

◆ Que faire ?

• De nombreux lacs permettent de pratiquer les sports nautiques et la pêche. La **Chickasaw National Recreation Area**, parc national situé près de Sulphur, est un lieu de promenade très agréable. Lors de votre visite, vous pouvez loger au **Chickasaw Motor Inn** (seul motel géré par la nation), comprenant 77 chambres et un restaurant : West First and Muskogee. Sulphur, OK 73086. Tél. : (405) 622 2156.

• **Fort Washita** (route 199, à une trentaine de kilomètres au nord-ouest de Durant) fut bâti en 1842, pour protéger les Chickasaws et les Choctaws exilés en Oklahoma contre les raids des Indiens des Plaines. Des reconstitutions historiques, comme les journées de troc pendant lesquelles les colons et les Indiens échangeaient leurs marchandises, ont lieu régulièrement. Tél. : (405) 924 6502.

• À Ada, vous pouvez loger au **Mist Hotel**, qui appartient à la tribu séminole.

NATION CHOCTAW DE L'OKLAHOMA

Bureau officiel de la réserve
Choctaw Nation of Oklahoma
16th & Locust Streets
Drawer 1210
Durant, OK 74702
Tél. : (580) 924 8280

➪ Pour y aller

La nation choctaw comprend 10 comtés qui sont dispersés sur 42 600 ha, dans le centre sud de l'Oklahoma. Le plus au sud de ces comtés est limité par la Red River, qui forme la frontière entre l'Oklahoma et le Texas. Le centre tribal se trouve à Durant, sur la US 69/75, près du Texas.

◆ Le peuple des Code Talkers

Les Choctaws (famille linguistique muskhogienne) vivaient à l'ouest des Creeks sur un territoire couvrant une grande partie du Mississippi ainsi que des régions de l'Alabama et de la Louisiane. Ils habitaient des cabanes en rondins et cultivaient du maïs qu'ils échangeaient contre les biens d'autres tribus. La majeure partie de l'année, les Choctaws confectionnaient leurs vêtements en peau de cuir tannée, revêtant en hiver de chaudes tuniques fabriquées en fourrure, en écorce d'arbre ou en plumes. Leur société reposait sur le matriarcat, en vertu duquel l'oncle maternel jouissait sur les enfants d'une autorité que n'avait pas leur père. Pacifiques, ils prônaient une politique d'autonomie des individus.

Leur premier contact avec les Européens en 1540 fut douloureux. L'espagnol Hernando De Soto voulant recruter de force des hommes et femmes choctaws, la tribu s'insurgea et dans la bataille qui suivit les forces espagnoles eurent raison des Indiens. En représailles, De Soto donna l'ordre de brûler une ville choctaw, où périrent la plupart des habitants. Après le départ des Espagnols, les Choctaws furent laissés à l'écart de la colonisation. En 1698, des trappeurs français arrivèrent du Canada pour commercer avec les Indiens. Ils furent suivis par des marchands de fourrures anglais et la quiétude des Choctaws prit fin. Tout comme les autres tribus de la région, ils furent entraînés dans des guerres coloniales jusqu'à la constitution des États-Unis en 1787. Lorsque le Mississippi entra dans l'Union en 1817, les Choctaws subirent les pressions du gouvernement, qui les poussait à céder leurs terres. En 1830, ils acceptèrent à contrecœur d'abandonner leur territoire pour s'exiler en Oklahoma. Dans cet accord, il était stipulé qu'ils ne seraient soumis à aucune autre loi que celles votées par le conseil de la nation choctaw. Les exodes, qui se déroulèrent dans des conditions effroyables de 1830 à 1833, coûtèrent la vie à de nombreux Indiens. Parmi les rescapés du voyage, beaucoup eurent du mal à s'adapter en Oklahoma et se laissèrent mourir de désespoir.

Lors de la Première Guerre mondiale, certains engagés choctaws furent rattachés au corps expéditionnaire américain qui participa à la bataille de la Meuse (France). Ce fut à cette occasion que les soldats choctaws se rendirent célèbres pour l'usage d'un code secret fondé sur leur langage traditionnel, et que les Allemands ne purent jamais déchiffrer. En 1989, le gouvernement français rendit hommage (dans une cérémonie qui eut lieu en Oklahoma) aux *Code Talkers* choctaws en les faisant chevaliers de l'ordre national du Mérite.

◆ Fêtes et cérémonies

Accoutrés de masques et de costumes suggérant des animaux (aigles, bisons, alligators, ours, serpents...), les danseurs choctaws exécutent des mouvements qui imitent ceux des animaux. Adressez-vous au bureau officiel pour connaître les dates exactes de ces cérémonies. Tél. : (580) 924 8280.

◆ Art et artisanat

Vanniers et potiers choctaws n'utilisent, pour décorer leurs œuvres, que quatre couleurs : jaune, rouge, noir et celle du matériau naturel utilisé. Traditionnellement, les Choctaws tannaient avant de les travailler les peaux de cerfs, de bisons et de ratons laveurs. Après la colonisation, ils utilisèrent celles de vaches, de chèvres et de moutons. Pour découvrir l'art choctaw, la meilleure période est sans doute mi-novembre, quand se déroule à Durant le **Choc-**

taw Inter' Tribal Arts and Crafts Show. Des chants traditionnels sont également au programme de la foire-exposition. Tél. : (405) 924 8643.

Le musée tribal **Choctaw Nation Council Museum** présente l'histoire de la nation. Il se trouve à Tuskahoma, sur la US 271. Ouvert de 8 à 16 heures, du lundi au vendredi. Choctaw Nation Museum, HC 64 Box 3270, Tuskahoma, OK, 7474. Tél. : (918) 569 4465.

◆ Que faire ?

• Les activités - tant culturelles (musées, galeries, sites historiques) que touristiques (nombreux lacs) - abondent sur le territoire de la nation choctaw. Pour avoir des détails (cartes, adresses, calendrier des événements), adressez-vous à la **Area Chamber of Commerce** à Durant. Tél. : (580) 924 0848.

• Le grand lac artificiel **Eufaula** est bordé de plages de sable et offre de nombreuses opportunités aux promeneurs (à pied ou à cheval) comme aux pêcheurs et nageurs. Pour vous y rendre en venant de Durant, prenez la route Indian Nation Turnpike vers le nord. Sur les rives, vous pouvez loger au **Arrowhead Lodge and Resort** (nombreuses chambres, cabines individuelles, piscines, restaurants, activités nautiques sur le lac, casino, boutique de cadeaux, tennis et la « plus grande cheminée du monde ! »), acheté à l'État par la nation choctaw. Vous serez accueilli par un *aiokpanchi !* qui signifie « bienvenue » en choctaw. Pour réserver : Arrowhead Lodge and Resort. HC 67 Box 5. Canadian OK, 74425. Tél. numéro gratuit (USA/Canada) : 800 422 2711.

• La nation publie (en anglais) un journal mensuel, le *Bishinik.* Bishinik est un petit pic-vert, qui selon une légende choctaw survécut à la grande inondation mythique (équivalent du Déluge de la mythologie chrétienne) en volant courageusement au-dessus des eaux. Pour récompenser Bishinik de son courage, Dieu décréta qu'il serait pour toujours le compagnon de son peuple élu, les Choctaws. Vivant près des hommes, il les prévenait d'un danger en envoyant des messages avec son bec contre les troncs d'arbre. Pareil à cet oiseau, le journal a pour fonction d'informer les membres de la nation de ce qui se passe sur leur territoire.

RECETTES CULINAIRES CHOCTAWS

Lorsque les Espagnols rencontrèrent les Choctaws, ces derniers cultivaient des courges, des haricots et surtout du maïs, base de leur alimentation. Leur plat favori est le *tanchi labona*, réalisé avec du maïs séché mis à tremper dans de l'eau pour détacher les grains de l'épi.

TANCHI LABONA

Ingrédients : *2 verres de maïs concassé, une pincée de feuilles ou racines de sassafras, 1 morceau de viande de porc, sel, poivre.*

Recouvrir copieusement d'eau le maïs concassé (utiliser de la polenta) et faire cuire à feu doux pendant 3 heures. Il doit toujours rester de l'eau dans la marmite, sinon en rajouter. Ajouter comme le font les Choctaws de la poudre de feuilles ou de racines de sassafras, plante aromatique américaine de la famille des lauracées (utiliser à défaut du laurier). Mettre ensuite un morceau de porc avec os et laisser sur le feu jusqu'à ce que la viande soit cuite, en remuant régulièrement pour éviter que le maïs n'attache. Saler, poivrer et servir.

CUISSES DE GRENOUILLES FRITES

Ingrédients : *12 cuisses de grenouilles, 3 cuil. à soupe de vinaigre, 1/2 verre de lait en poudre, farine, 200 g de beurre ou margarine, poivre, sel, ail en poudre.*

Préparer les cuisses. Les recouvrir de vinaigre et d'eau froide, saler et poivrer puis laisser tremper 2 heures. Les sortir et les essuyer. Les mettre dans la poudre de lait, les assaisonner de sel et de poivre, puis les rouler dans de la farine. Faire frire 10 à 15 minutes dans le beurre jusqu'à l'obtention d'une belle couleur dorée. Les servir arrosées de jus de citron et accompagnées de *hush puppies* (petites galettes de maïs assaisonnées d'oignons et cuites dans de la graisse). Typique de la cuisine du Sud-Est.

BAHANA

Ingrédients : *2 verres de farine de maïs, 1 verre 1/2 d'eau, feuilles d'épi de maïs (cuites dans de l'eau pendant 10 mn. avant utilisation), 1 cuil. à soupe de levure en poudre, sel.*

Mélanger la farine de maïs, la levure et le sel. Ajouter un peu d'eau et travailler à la main pour former une pâte qui se tienne. Laisser reposer la pâte 1 heure. Puis la diviser en plusieurs petites boules de forme ovale. Les disposer dans les feuilles de gousses humides, refermées par des attaches en lanière de gousses. Plonger les *bahanas* dans une marmite d'eau bouillante, couvrir et laisser cuire 40 mn. Servir chaud.

CITIZEN BAND POTAWATOMI

Bureau officiel de la réserve
Citizen Band of Potawatomi
1901 S. Gordon Cooper Dr.
Shawnee, OK 74801
Tél. : (405) 275 3121
Fax. : (405) 275 0198

➪ Pour y aller

Les 160 720 ha de terres tribales potawatomis ressemblent à un damier posé sur le comté potawatomi. Le quartier général de l'administration tribale potawatomi se trouve à Shawnee, situé à 56 km à l'est d'Oklahoma City. On y accède par la I 40, puis la US 177.

◆ Les Trois Feux

Les Potawatomis (famille linguistique algonquienne) vivaient dans ce qui est aujourd'hui l'État du Wisconsin. Ils étaient agriculteurs, pêcheurs et chasseurs. Culturellement et géographiquement proches, les tribus potawatomi, ottawa et chippewa étaient connues sous le nom de « Trois Feux ». D'abord alliés des Français, les Potawatomis choisirent en 1812 le camp anglais. En 1832, ils cédèrent une grande partie de leurs terres au gouvernement américain en échange d'annuités, et la plupart acceptèrent de se déplacer sur une réserve en Kansas. La tribu se scinda en deux bandes, dont une vendit les terres du Kansas sous la pression colonialiste avant d'acheter un nouveau territoire en

Oklahoma. L'autre bande (connue sous le nom de *Prairie Band*), réfractaire au marché proposé, fut reléguée dans une petite réserve au Kansas, où elle est encore aujourd'hui. En 1890, le gouvernement américain divisa en petites parcelles le territoire des Citizen Band of Potawatomis d'Oklahoma, et certaines furent vendues aux colons.

◆ Fêtes et cérémonies

• **Potawatomi Powwow** : dernier week-end de juin à Shawnee. Fête annuelle où se déroulent des danses traditionnelles ainsi qu'une foire à l'art et à l'artisanat. Tél. : (405) 275 3121.

◆ Art et artisanat

• Au **Potawatomi Indian Museum**, vous découvrez à travers les salles d'exposition l'histoire et la culture de ce peuple. Potawatomi Indian Museum, 1901 South Gordon Cooper Dr. Shawnee, OK 74801. Tél. : (405) 275 3121.

COMANCHE DE L'OKLAHOMA

Bureau officiel de la réserve
HC 32, Box 1720
Lawton, OK 73502
Tél. : (405) 492 4988
Fax : (405) 402 4981

➪ Pour y aller

Le territoire, qui s'étend sur 112 762 ha, est occupé par les tribus comanche, apache et kiowa. Troisième ville de l'Oklahoma, Lawton, où est installé le bureau officiel, se trouve dans le sud-ouest de l'État, sur la I 44.

◆ Les « Lords » des Plaines du Sud

Les Comanches (famille linguistique shoshone) habitent depuis toujours dans les Grandes Plaines. Dès le début du XVIIIe siècle, les chevaux d'origine espagnole permirent aux Comanches de se déplacer loin de leur territoire, couvrant alors une grande région entre la Platte River et le Yellowstone. Cavaliers incomparables, combattants sans peur, ils jouèrent un rôle prépondérant dans l'histoire en tenant les Espagnols hors de leur territoire et en les confinant dans le sud du Texas pendant plus d'un siècle. Leurs razzias contre les colons les menaient des Rocheuses jusqu'à Natchitoches en Louisiane et de la rivière Platte (Wyoming) jusqu'à Durango (Mexique). Lorsque les Américains empruntèrent les pistes de Santa Fe et de Butterfield, les Comanches harcelèrent les convois, dévalisèrent les ranchs installés et furent pendant plus de vingt ans le cauchemar des Texas Rangers (milice armée constituée pour lutter contre les raids indiens).

Avec les Kiowas, leurs alliés depuis 1795, les Comanches furent les derniers Indiens à parcourir librement les Plaines du Sud. Affaiblis par l'épidémie de choléra de 1849 et les harcèlements des Texas Rangers, les Comanches et leurs alliés kiowas, ainsi que les Arapahos et les Cheyennes, signèrent le traité de Medecine Lodge en 1867. Par les termes du traité, ils acceptaient de se déplacer dans le Territoire indien. Cependant, quelques bandes (dont la plupart des Comanches) refusèrent d'abandonner leur mode de vie et continuèrent à sillonner les prairies ondulantes. Parmi ces rebelles se détachait un homme hors du commun et au physique imposant, devenu chef de la puissante bande kwahadi. Fils d'un chef comanche et d'une Blanche enlevée par les Comanches alors qu'elle avait neuf ans (Cynthia Ann Parker), **Quanah Parker** sut faire preuve tout au long de sa vie (1847-1911) de progressisme tant politique qu'économique, sans jamais accepter aucun compromis dégradant pour sa tribu. Ses attaques éclairs et victorieuses contre l'armée ranimèrent la combativité des Indiens des Plaines encore libres, tandis que dans les réserves, l'espoir d'un changement du cours de l'histoire réchauffait les cœurs. Malgré sa ténacité et son fanatisme guerrier, Quanah Parker déposa les armes en 1875 après que son allié, le chef kiowa **Lone Wolf,** eut accepté l'exil en Oklahoma.

Curieusement, ni Quanah, ni ses compagnons ne souffrirent de la vindicte dont les officiers et les soldats faisaient souvent preuve à l'égard d'ennemis vaincus. L'aura qui émanait de Quanah Parker, guerrier légendaire et chef exemplaire, fut sûrement la cause de ce traitement exceptionnel. Quanah s'adapta à la vie des réserves et continua avec détermination d'être un chef modèle dévoué à la cause de son peuple. Un jour, en visite chez des parents de sa mère, il tomba gravement malade et demanda à être soigné selon les méthodes indiennes. La seule personne répondant à son désir était une Indienne mexicaine qui pour le soigner lui fit boire un thé à base de peyotl (cactus hallucinogène). Sitôt guéri, il demanda à la guérisseuse de lui enseigner les rituels de la cérémonie qui lui avait sauvé la vie. Il s'empressa de les apprendre à ses compagnons et, rapidement, ce nouveau rite circula de tribu en tribu. Il devint le fondement de la **Native American Church**, à laquelle beaucoup d'Indiens adhérèrent et qui les aida à surmonter les épreuves de leur nouvelle existence.

Passer radicalement de huit siècles d'un mode de vie fondé sur la chasse, la guerre, la liberté dans les grands espaces à une vie recluse dans des réserves, où les rations de viande étaient souvent réduites, ne se fait pas sans tragédie. Beaucoup d'Indiens tentèrent de s'accrocher au passé, même s'ils n'étaient plus assis que sur des ruines. En 1878, les Comanches obtinrent la permission d'organiser une grande chasse d'automne, et 1 500 d'entre eux prirent le chemin des prairies. Pendant plusieurs jours, ils cherchèrent les troupeaux de bisons dans les moindres recoins, mais ne trouvèrent que des os blanchis. Quand l'air vif apporta l'odeur de la neige, ils comprirent que les bisons avaient tous été exterminés. Affamés, les derniers seigneurs des Plaines tuèrent plusieurs de leurs fidèles montures pour les manger. Les tipis furent pliés, les arcs et les flèches rangés, puis la colonne se mit en route vers la réserve, laissant derrière elle la prairie silencieuse comme une tombe.

Aujourd'hui, sur les 8 600 Comanches recensés, la moitié vivent sur les terres de la réserve.

◆ Fêtes et cérémonies

Comanche Homecoming Powwow : mi-juillet, à Walters, sur la State 53 au sud-est de Lawton. Cette cérémonie célèbre le retour au camp des guerriers. Des danses guerrières et sociales sont exécutées. Une foire à l'art et à l'artisanat a également lieu. Tél. : (405) 691 4330.

◆ À ne pas manquer

Visiter à Cache (24 km à l'ouest de Lawton, par la route US 62) le **Quanah Parker Center**, qui rend hommage au farouche peuple comanche.

LA NATIVE AMERICAN CHURCH

L'Église des premiers Américains fut établie en Oklahoma en 1918 par des adhérents de la religion du peyotl (mot aztèque), petit cactus hallucinogène qui pousse dans le nord du Mexique et au Texas. Les Indiens utilisent cette plante comme sacrement, tout comme le vin dans une cérémonie catholique. Lors de la fondation de ce mouvement, il fut écrit que ses buts « sont de promouvoir et protéger la croyance religieuse de plusieurs tribus de l'Oklahoma, dans la religion chrétienne, avec la pratique du sacrement du peyotl ». Rapidement la religion se développa dans d'autres États, dont le premier après l'Oklahoma fut le Nebraska (par les Indiens winnebagos) en 1921.

Il y a deux tendances principales au sein de la Native American Church : la Cross Fire et la Half Moon, appelée aussi Quanah Parker Way, Comanche Way ou encore Kiowa Way. La cérémonie Half Moon (du nom de l'autel en forme de demi-lune) utilise le calumet, conformément aux pratiques traditionnelles indiennes, alors que la Cross Fire est proche du christianisme et intègre la Bible.

Lors de la cérémonie de la Native American Church, les boutons du cactus sont coupés et mis à sécher. De goût amer, ils se consomment secs ou infusés dans de l'eau comme un thé. Certains participants ingèrent jusqu'à 30 boutons. En plus des effets hallucinogènes qu'ils ressentent, les pratiquants disent que leur pouvoir de concentration est amplifié. Plante à caractère sacré, le peyotl est supposé avoir aussi des pouvoirs de guérison et apporter la connaissance. Contrairement à ce qui en a été dit, le peyotl ne produit pas d'effet d'accoutumance.

La cérémonie, menée et organisée par un leader appelé *roadman*, a lieu généralement dans un tipi. Les objets de culte comportent un éventail en plumes d'aigle, un hochet, un sifflet en os d'aigle, des bouts de bois, un tambour à eau et parfois une bible. Les participants s'assoient en cercle dans le tipi où brûle un feu central. Un autel (où est souvent posé un gros bouton de peyotl nommé « Chef Peyotl ») est construit en face du *road-man* assis sur le côté ouest du tipi. La cérémonie, qui débute en fin de journée, se déroule habituellement en quatre parties, comportant chacune des chants différents, des prières et des moments de méditation. Les boutons de peyotl circulent et sont consommés toute la nuit. Les participants chantent chacun leur tour, quatre chants accompagnés par le rythme du tambour à eau que joue un homme désigné. De l'eau de boisson est offerte à deux reprises, une fois au milieu de la nuit et une fois au petit matin, lorsque s'achève la cérémonie.

La pratique de cette religion a des racines anciennes que l'on retrouve dans les tribus indiennes de la vallée du fleuve Rio Grande (Nouveau-Mexique/Texas/Mexique). Les missionnaires catholiques bannirent l'ingestion du peyotl dès 1620 par un édit de l'Inquisition espagnole bien avant la fondation de la Native American Church.

L'absorption d'un produit hallucinogène est passible de prison aux États-Unis et, malgré la loi sur la liberté de culte accordée aux Indiens en 1978 (AIRFA : American Indian Religious Freedom Act, ratifié par le Congrès), de nombreux cas de jugements ont jalonné l'histoire de la Native American Church. Aujourd'hui, chaque État est libre d'autoriser ou non le culte du peyotl. Les étrangers ne sont pas autorisés à y participer.

NATION CREEK (MUSKOGEE)

Bureau officiel de la réserve
Creek Nation of Oklahoma
P.O. Box 580
Okmulgee, OK 74447
Tél. : (918) 756 8700

➪ Pour y aller

Les terres des Creeks sont dispersées en 8 comtés, dont celui de Tulsa. Le siège tribal est installé à Okmulgee sur la US 75, à 62 km au sud de Tulsa.

◆ Les Muskogees

Les Creeks (mot anglais désignant des ruisseaux) ou Muskogees (famille linguistique muskogienne) occupaient une bonne partie de la Georgie et de l'Alabama, vivant dans des villages constitués de solides maisons en bois recouvertes de nattes ou de torchis. Vers 1540, leur premier contact avec les Blancs fut celui de l'enlèvement d'une femme, chef de la communauté creek de Cufitachiqui (Georgie), par le conquistador espagnol De Soto. Bien que soumis aux pressions des puissances impérialistes (France, Angleterre et Espagne), les Creeks demeurèrent farouchement attachés à leur indépendance, jusqu'à l'hiver 1703-1704, où certains d'entre eux acceptèrent d'accompagner les Anglais dans un raid contre les Espagnols en Floride. Une partie des Creeks décida à la suite de cette expédition de rester en Floride et forma, sous le nom de Séminoles, une tribu indépendante. En 1733, les Creeks de Georgie contractèrent une alliance commerciale avec les Anglais, tout en restant neutres dans le conflit colonial, et ce jusqu'à la signature du traité de la paix entre les belligérants en 1763. Lors de la guerre d'Indépendance (1776-1783), les Creeks prirent le parti de l'armée anglaise pour lutter contre les colons indépendantistes qui briguaient des droits de souveraineté sur leur territoire. Lorsque les États-Unis furent constitués en 1787, les Américains firent aux Creeks des offres de paix pour mieux accaparer leur terre. Jusqu'en 1830, date de la ratification de l'**Indian Removal Act** (loi relative à l'exil des nations indiennes), les Creeks ne se laissèrent pas influencer par les plénipotentiaires américains et refusèrent les frontières imposées par le gouvernement. Malgré la résistance armée de certains groupes, ils furent définitivement vaincus à la fin de l'été 1836 et conduits de force en Oklahoma. Les exilés installèrent leur capitale à Okmulgee, en 1868, au terme de leur exode. Aujourd'hui, la tribu compte 30 000 membres inscrits.

◆ Fêtes et cérémonies

Des cérémonies ont lieu de mai à septembre dans 16 endroits différents. Parmi les plus anciennes se trouvent les **Stomp Dances**, qui sont des rituels de purification. Pour en connaître le calendrier exact et demander l'autorisation d'y assister, s'adresser au bureau officiel. Tél. : (918) 756 8700.

• **Creek Nation Festival and Rodeo** : 3e week-end de juin à Okmulgee, sur le Creek Nation Complex (croisement des routes US 75 et State 56). Au programme : rodéo indien, vente-exposition d'art et d'artisanat. Tél. : (918) 756 8700.

• **Eufaula Powwow** : Labor Day (1er septembre) à Eufaula, sur les rives du lac. Danses traditionnelles, art et artisanat, compétitions sportives. Tél. : (918) 689 5066.

• **Council House Indian Art Market :** début octobre à Okmulgee. Lors de cette foire à l'art et à l'artisanat, un powwow est aussi organisé avec des danses traditionnelles. Tél. : (918) 756 2324.

◆ Art et artisanat

Les responsables du **Creek Council House** (grand bâtiment construit en 1878 par la tribu), à la fois musée et boutique de produits artisanaux, organisent début octobre une foire à l'art et à l'artisanat. Parmi les objets creeks présentés dans le musée vous découvrez des turbans faits avec des plumes, des vêtements, des bijoux et de la vannerie. Creek Council House, Town Square, Okmulgee, OK 74447. Tél. : (918) 756 2324.

◆ Que faire ?

Hormis les salles de jeu que possède la nation creek, le **lac Eufaula** offre un site remarquable pour s'adonner aux activités nautiques, comme au plaisir de galoper à cheval sur les plages de sable fin.

DELAWARE

Bureau officiel de la réserve
Delaware Tribe of Western Oklahoma
P.O Box 825
Anadarko, OK 73005
Tél. : (405) 247 2448

➪ Pour y aller

Le bureau tribal se trouve à Anadarko sur la route US 62, dans le centre ouest de l'Oklahoma. Un autre groupe delaware réside près de Copan.

◆ Les Delawares

Les Delawares (groupe linguistique algonquin) habitaient les régions boisées du Nord-Est. Ils signèrent leur premier traité avec les colons anglais en Pennsylvanie dès 1682. Chasseurs et cultivateurs, ils vivaient dans des *wigwams*, huttes rectangulaires couvertes de chaume. Dans les années 1720, ils étaient dominés par les puissants Iroquois qui, avec l'avancée de l'expansionnisme anglais, poussèrent certains Delawares à s'allier dans les années 1750 aux Français, dont la faible population coloniale leur semblait moins menaçante. Certaines bandes delawares descendirent en 1820 jusqu'au Texas, alors sous domination espagnole. Après l'indépendance du Texas, les colons texans les en chassèrent et beaucoup s'installèrent en Oklahoma en 1854 ; là, un territoire qu'ils partagèrent avec les tribus caddo et wichita leur fut concédé.

Les 1 080 Delawares de l'Oklahoma vivent près d'Anadarko et de Copan.

◆ Fêtes et cérémonies

Delaware Powwow : fin mai-début juin à Copan. Outre les danses appelées *gourd dances*, compétitions sportives et concours de cuisine traditionnelle. Tél. : (918) 336 5272.

◆ Art et artisanat

Le **Delaware Tribal Museum** (musée tribal des Indiens delawares) se trouve à 3 km au nord d'Anadarko sur la US 28. Tél. : (405) 247 2448.

APACHES DE FORT SILL

Bureau officiel de la réserve
Fort Sill Apache Tribe
of Oklahoma
Rte. 2 Box 121
Apache, OK 73006
Tél. : (405) 588 2298

➪ Pour y aller

Les terres des Apaches de Fort Sill sont dispersées sur 5 comtés dans la région sud-ouest de l'État. Le siège tribal se trouve à 25 km au sud d'Anadarko sur la route US 62.

◆ Les descendants de Geronimo

(Voir « Jicarilla » et « Réserve Mescalero Apache », Nouveau-Mexique.)

La communauté apache de Fort Sill est composée par des membres des bandes Warm Springs et chiricahuas, dont le chef Geronimo fut le plus célèbre personnage. La réserve de Fort Sill fut établie après une série de traités en 1912, 1913 et 1923. On recense aujourd'hui 350 membres de la tribu apache de Fort Sill en Oklahoma.

◆ Fêtes et cérémonies

Annual Fort Sill Apache Dance for the Mountains Spirits : 3e week-end de septembre (voir chapitre Jicarillas, Nouveau-Mexique).

◆ Art et artisanat

Au siège tribal, vous pouvez découvrir quelques statues réalisées par Allan Houser, célèbre artiste apache qui vécut au Nouveau-Mexique.

◆ Que faire ?

Fort Sill Military Reservation (voir ci-dessus sur les Apaches de l'Oklahoma). De 1849 à 1913, les rebelles apaches chiricahuas et leur chef Geronimo y furent internés. Geronimo y mourut en 1909. Le musée du fort retrace l'histoire des conflits et conserve les reliques de l'histoire. C'est là aussi que se trouve la tombe de Geronimo (dans le cimetière des prisonniers de guerre apaches), décédé loin de sa terre natale en Arizona.

IOWA DE L'OKLAHOMA

Bureau officiel de la réserve
Iowa Tribe of Oklahoma
P.O. Box 190
Perkins, OK 74059
Tél. : (405) 547 2402

➪ Pour y aller

Les Iowas vivent dans deux localités en Oklahoma. Le siège tribal se trouve sur la route State 33 au nord-est d'Oklahoma City.

◆ Présentation de la tribu

Avant l'arrivée des Européens, les Iowas (groupe linguistique siouan) vivaient dans le bassin du fleuve Missouri en Iowa, et dans le nord du Kansas. Sous la pression colonialiste, ils abandonnèrent leur territoire au milieu du XIXe siècle et furent relégués dans plusieurs réserves en Oklahoma et au Kansas (à la frontière avec le Nebraska).

◆ Fêtes et cérémonies

Bah-Kho-Je Art Festival and Powwow : fin juin à Coyle (sur la route State 33 au nord-est d'Oklahoma City par la route I 35). Danses traditionnelles et foire à l'art et à l'artisanat sont organisées lors de ce powwow. Des démonstrations de fabrication de poteries et de tambours ont lieu, ainsi que des concerts de flûtes indiennes. Tél. : (405) 466 3101.

OSAGE

Bureau officiel de la réserve
Osage Agency, Tribal Administration Building
Pawhuska, OK 74056
Tél. : (918) 287 2495
Fax : (918) 287 2257

➪ Pour y aller

La réserve osage couvre 588 223 ha situés dans le centre nord de l'Oklahoma. En venant de Tulsa (91 km) on prend la route OK 11 dans la direction du nord-ouest.

◆ Les Osages

En 1673, les Français rencontrèrent les Osages (groupe linguistique siouan) installés dans des villages sur les rives de la rivière du même nom. Les Osages sont culturellement et linguistiquement apparentés aux tribus omaha, ponca, kansas et quapaw. Lorsque l'Oklahoma entra dans l'Union en 1907, le territoire des Osages devint un comté. Le pétrole exploité dès 1913 fit d'eux une tribu prospère et dont les membres furent parmi les plus riches Indiens des États-Unis.

◆ Fêtes et cérémonies

Au mois de juin, trois powwows se déroulent respectivement dans les villes de Gray Horse, Hominy et Pawshuka. Contactez le siège tribal pour avoir les dates exactes. Tél. : (918) 287 2495.

◆ Art et artisanat

• Installé dans un bâtiment en pierre de sable, l'**Osage Tribal Museum** présente de nombreux objets tribaux (poupées, vêtements, armes) et possède une intéressante galerie de portraits et de photos. Osage Tribal Museum. 600 N, Grandview Ave, Pawshuka, OK 74056. Tél. : (918) 287 2495.

• L'**Osage County Historical Museum** donne un excellent aperçu de ce que fut la vie des Indiens (objets indiens) et des pionniers (reconstitution d'une école de l'époque). Osage County Historical Museum, 700 N, Lynn Ave, Pawshuka, OK 74056. Tél. : (918) 287 9924.

◆ À ne pas manquer

Allez à Bartlesville (une cinquantaine de kilomètres de Pawshuk par la US 60) puis jusqu'au musée **Woolaroc** (sur la State 123), installé dans l'ancienne propriété d'un magnat du pétrole, Frank Phillips. Ce musée expose une remarquable collection de tableaux des maîtres de l'Ouest (Leigh, Moran, Remington, Russell, Sharp), mais aussi des objets de grande qualité ayant appartenu aux Indiens et aux pionniers. Ce musée est situé au milieu d'un parc dans lequel se promènent librement bisons, wapitis, cerfs et d'authentiques mustangs indiens. Certains de ces animaux étant dangereux, vous devez rester dans votre véhicule. Le musée est ouvert toute l'année (sauf le 25 décembre et à Thanksgiving) de 10 à 17 heures. Le billet d'entrée est de 4 $ par adulte. Woolaroc Museum, Route 123, Bartlesville, OK 74003. Tél. : (918) 336 0307.

LES AUTRES RÉSERVES DE L'OKLAHOMA

Toutes les réserves dispersées de l'Oklahoma ne sont pas traitées en profondeur dans ce chapitre car elles sont géographiquement et souvent culturellement proches des tribus citées plus haut... Bien que peu importantes en taille, elles ont généralement leurs propres fêtes annuelles. Contactez les sièges tribaux pour avoir les dates de leurs manifestations.

Kaw de l'Oklahoma
Bureau officiel de la réserve
Kaw Nation
698 Grandview
Kaw City, OK 74641
Tél. : (580) 269 2552

Kiowa
Bureau officiel de la réserve
P.O. Box 369
Carnegie, OK 73015
Tél. : (405) 654 2188

Ottawa
Bureau officiel de la réserve
Ottawa Tribe of Oklahoma
P.O. Box 110
Miami, OK 74355
Tél. : (918) 540 1536

Peoria d'Oklahoma
Bureau officiel de la réserve
Peoria Tribe of Oklahoma
P.O. Box 1527
Miami, OK 74355
Tél. : (918) 540 2535

Ponca
Bureau officiel de la réserve
Ponca Tribe
Box 2, White Eagle
Ponca City, OK 74601
Tél. : (405) 762 8104

Quapaw
Bureau officiel de la réserve
Quapaw Tribe of Oklahoma
P.O. Box 765
Quapaw, OK 74363
Tél. : (918) 542 1853

Sac and Fox
Bureau officiel de la réserve
Sac and Fox Nation
Rte. 2 Box 246
Stroud, OK 74079
Tél. : (918) 968 3526

Séminole
Bureau officiel de la réserve
Seminole Tribe of Oklahoma
P.O. Box 1498
Wewoka, OK 74884
Tél. : (405) 257 6343

Seneca-Cayuga de l'Oklahoma
Bureau officiel de la réserve
Seneca-Cayuga Tribe
P.O. Box 1283
Miami, OK 74355
Tél. : (918) 542 6609

Thlopthlocco
Bureau officiel de la réserve
Thlopthlocco Tribe Town
P.O. Box 706
Okemah, OK 74859
Tél. : (918) 623 0419

Tonkawa de l'Oklahoma
Bureau officiel de la réserve
Tonkawa Tribe of Oklahoma
P.O. Box 70
Tonkawa, OK 74653
Tél. : (405) 628 2561

Keetoowah Band of Cherokee
Bureau officiel de la réserve
United Keetoowah Band of Cherokee Indians in Oklahoma
P.O. Box 746
Tahlequah, OK 74464
Tél. : (918) 456 5491

Shawnee de l'Est
Bureau officiel de la réserve
Eastern Shawnee Tribe of Oklahoma
P.O. Box 350
Seneca, Missouri 64865
Tél. : (417) 776 2435

Kickapoo
Bureau officiel de la réserve
Kickapoo Tribe of Oklahoma
P.O. Box 70
McLoud, OK 74851
Tél. : (405) 964 2075

Miami de l'Oklahoma
Bureau officiel de la réserve
Miami Tribe of Oklahoma
P.O. Box 1326
Miami, OK 74355
Tél. : (918) 542 1445 ou 542 2890

Modoc
Bureau officiel de la réserve
Modoc Tribe of Oklahoma
P.O. Box 939
Miami, OK 74355
Tél. : (918) 542 1190

Otoe-Missouria
Bureau officiel de la réserve
Otoe-Missouria Tribe of Oklahoma
Route 1, Box 62
Red Rock, OK 74651
Tél. : (405) 723 4434

Wichita
Bureau officiel de la réserve
Wichita and Affiliated Tribes
P.O. Box 729
Anadarko, OK 73005
Tél. : (405) 247 2425

Texas

Le Texas, symbole de l'immensité américaine et du mythe du cow-boy hollywoodien, est le deuxième État américain par sa superficie (691 030 km²). Forêts de conifères et déserts brûlants y côtoient de grandes plaines hérissées de puits de pétrole, ainsi que des marais qui abritent une multitude d'espèces animales. Alors que les Texans sont très attachés à leur image de cow-boys purs et durs, et qu'ils semblent toujours prêts à repartir à la conquête de l'Ouest, cette terre était, avant l'arrivée des Espagnols au XVIe siècle, peuplée d'une infinité de tribus plus ou moins connues. Parmi celles-ci se trouvaient les Karankawas, pêcheurs semi-nomades de la côte, les Comanches, seigneurs des Plaines du Sud, les Apaches, redoutables guerriers des montagnes, et les paisibles Caddos, sédentaires des forêts. S'y ajoutaient des groupes chassés de la région de l'Est, dont les Creeks, les Cherokees, les Séminoles. Il ne reste aujourd'hui au Texas que trois réserves, peuplées par des tribus exilées loin de leurs terres d'origine.

ALABAMA-COUSHATTA

Bureau officiel de la réserve
Alabama-Coushatta Tribes
Rte. 3, P.O. Box 640
Livingston, TX 77351
Tél. : (409) 563 4391

➪ Pour y aller

Située dans l'est du Texas, cette réserve couvre 1 800 ha, dans une région appelée Big Thicket. On y accède en venant de Houston par la route US 59.

◆ Alabama et Coushatta

La terre d'origine de ces deux tribus (groupe linguistique muskogéen) se trouvait dans ce qui est aujourd'hui l'État de l'Alabama, à qui elles donnèrent leur nom avant d'en partir. Elles faisaient partie de la grande Confédération creek (voir chapitre sur les Creeks en Oklahoma) et arrivèrent au Texas au XVIIIe siècle. Leur culture et leur religion s'affaiblirent au contact des protestants, mais les 890 membres indiens de cette réserve concentrent désormais leurs efforts pour restaurer leur identité indienne.

◆ Fêtes et cérémonies

• Généralement tenues le week-end, des démonstrations de danses traditionnelles ont lieu durant les mois de printemps et d'automne. Renseignez-vous sur les dates exactes au **Visitors & Informations Center**, situé au complexe tribal dans Livingston.

• **Powwow annuel :** 1er week-end de juin à Livingston. Danses et chants traditionnels ainsi que foire artisanale.

◆ Art et artisanat

Au **Museum of Alabama and Coushatta**, des diaporamas et expositions d'objets relatent l'histoire de ces tribus. Le musée est près de la boutique **Tribal Enterprise**, où se vendent des objets artisanaux (paniers, vêtements brodés de perles, chemises en coton coloré, poterie). Situés dans le complexe officiel à Livingston. Tél. : (409) 563 4391.

À côté du musée, le **Living Indian Village** est un village ancien reconstitué. Des scènes de la vie quotidienne s'y déroulent comme avant l'ère de la colonisation. Vous y aurez l'opportunité de découvrir et d'apprendre les différentes formes d'artisanat, les recettes de cuisine, la fabrication des armes, etc. Une visite guidée est proposée et conseillée.

◆ Que faire ?

• **Big Thicket Wilderness National Preserve** est considéré comme un carrefour où se rencontrent différents biotypes. Dans ce parc, des éléments biologiques typiques des plaines centrales, du désert du sud-ouest, des forêts de l'est ou encore des marécages du sud-est se côtoient. Une extraordinaire variété de plantes et d'animaux s'y trouve comme nulle part ailleurs. Les alligators parcourent les marais tandis que plus de 300 variétés d'oiseaux résident ou s'arrêtent lors de leur migration dans cette région. Les Indiens venaient y chasser et les Espagnols redoutaient de traverser les impénétrables forêts. Pour visiter ce parc, adressez-vous au **Visitors & Informations Center** installé dans le complexe tribal (tél. : (409) 563 4391) ou au bureau des Parc nationaux, **Visitor Information Station**, situé à 12 km de Kountze (tél. : (409) 246 2332).

• Le **Indian Country Tours**, au Visitors & Informations Center, propose des excursions dans des bus ouverts pour vous faire découvrir cette région tout en vous apprenant l'histoire des Indiens qui l'habitent.

• Sur le **Tombigbee Lake**, vous pouvez camper sur plusieurs sites aménagés, vous baigner ou pêcher dans ce lac ainsi que vous promener sur de nombreux sentiers. Visitors & Informations Center. Tél. : (409) 563 4391.

• Pour goûter la cuisine indienne locale au restaurant tribal, faites une halte à l'**Inn of Twelve Clans Restaurant** à Livingston. Tél. : (409) 563 4391, poste 203.

◆ À ne pas manquer

Si vous passez à Houston, plus grande ville texane (capitale : Austin), arrêtez-vous à la **Fondation De Mesnil**, où vous aurez la surprise de découvrir un département consacré à la culture des Indiens pêcheurs du

Nord-Ouest. L'art des Haidas, Inuits, Tsimshians, Nootkas et Tinglits est abondamment représenté par des masques, objets usuels et cérémoniels, vêtements, etc. **Fondation De Mesnil**, 1515 Sul Ross Ave., Houston, TX, 77000. Tél. : (713) 525 9400.

KICKAPOO

Bureau officiel de la réserve
Kickapoo Traditional Tribe of Texas
P.O. Box 972
Eagle Pass, TX 78853
Tél. : (512) 773 2105

➪ Pour y aller

La réserve s'étend sur près de 5 000 ha à la frontière du Mexique, dans le sud central du Texas. Eagle Pass, où se trouve le bureau officiel de la réserve, se situe sur les rives du Rio Grande. Elle est desservie par la route US 277 sur la frontière entre le Texas et le Mexique.

◆ Présentation de la tribu

Au début du XIXe siècle, un groupe kickapoo s'installa au Mexique, en bordure du Texas. Suite aux raids qu'ils effectuaient au Texas, une centaine de ces Kickapoos furent faits prisonniers par l'armée américaine et conduits dans une réserve en Oklahoma. Ils furent rejoints par leurs familles, tandis que l'autre partie du groupe restait au Mexique. Lorsque les ranchers mexicains barbelèrent les terres, les Kickapoos migrèrent saisonnièrement aux États-Unis pour travailler dans les exploitations agricoles. Jusque récemment, leur situation légale entre leurs deux pays de résidence était ambiguë. En 1979, ils demandèrent au gouvernement américain de statuer sur leur situation. En 1983 le gouvernement reconnut que la bande kickapoo du Texas était un sous-groupe de la tribu Kickapoo de l'Oklahoma et que, en tant que tel, elle pouvait bénéficier des programmes spéciaux accordés aux nations indiennes. Les 450 Kickapoos du Texas ont en projet le développement d'infrastructures touristiques, mais actuellement aucun programme n'est encore prêt.

TIGUA

Bureau officiel de la réserve
Ysleta del Sur Pueblo
P.O. Box 17579
El Paso, TX 79917
Tél. : (915) 859 7913

➪ Pour y aller

La réserve tigua, qui ne possède que 30 ha, est située à la frontière avec le Nouveau-Mexique dans le sud-ouest du Texas. Elle se trouve à une vingtaine de kilomètres au sud d'El Paso.

Les Pueblos du Texas

Originaires du Nouveau-Mexique, les Indiens pueblo ysleta faisaient partie des tribus tiwas (appelées aussi tiguas, appartenant au groupe linguistique tanoan) qui résidaient depuis la préhistoire dans la vallée du Rio Grande. Les Tiguas d'Ysleta del Sur sont les descendants des Indiens installés au Nouveau-Mexique qui fuirent la révolte pueblo de 1680. Bien que résidant au Texas depuis le XVIIe siècle, leur réserve ne fut établie officiellement qu'en 1967.

◆ Fêtes et cérémonies

• **St. Anthony's Feast Day :** 13 juin à Ysleta Mission. Powwow, danses traditionnelles, cuisine indienne. Tél. : (915) 858 6934.

• **Ysleta Street Festival :** début août. Cette manifestation célèbre l'héritage multiculturel d'Ysleta. De nombreux stands vendent des objets artisanaux et proposent des plats cuisinés typiques du Sud-Ouest. Des artistes de réputation nationale viennent s'y produire et animent sans temps mort ces trois jours de fêtes. Tél. : (915) 858 6934.

◆ Art et artisanat

Le **Tigua Cultural Center** fait fonction de musée, dans lequel est retracée la longue histoire des Indiens tiguas dans la région. On y trouve également un restaurant et une boutique de souvenirs (bijoux, poteries…). Pendant l'été, le centre organise des spectacles de danses traditionnelles tout comme s'y déroulent certaines cérémonies tribales. Pour connaître le calendrier exact contactez le bureau officiel. Tél. : (915) 859 7913. **Tigua Cultural Center,** 122 South Old Pueblo, El Paso, TX 79936. Tél. : (915) 859 3916.

◆ Que faire ?

• La mission **Ysleta** est une des plus anciennes du Texas. Elle fut fondée en 1681 par des moines franciscains et des Indiens tiguas. Endommagée par les crues du Rio Grande, elle a été restaurée et fait partie aujourd'hui de la réserve. Elle est située à 25 km au sud-est d'El Paso sur la South Zaragoza Street. Deux autres églises se trouvent à côté : la **Socorro Mission** (construite en 1680, puis restaurée en 1840) et la **San Elizario Presidio Chapel** (construite en 1789 et restaurée en 1914).

• Visitez **El Paso**, ville frontalière au carrefour des civilisations indienne, mexicaine et américaine. L'histoire de cette ville s'étire sur plusieurs siècles et les nombreux bâtiments anciens qui l'adornent – en particulier ceux de la colonisation espagnole – témoignent des différentes influences qu'elle a subies. À 1,6 km de l'aéroport d'El Paso se trouve **Fort Bliss**, édifié en 1849 et occupé aujourd'hui par l'US Air Force. Ce fort militaire avait pour mission de surveiller les rebelles apaches, qui, menés par Geronimo, s'évadaient des réserves pour continuer la lutte contre les envahisseurs. Les bâtiments d'adobe sont aujourd'hui des musées dans lesquels l'histoire mouvementée de cette région est expliquée.

• Le **Wilderness Museum**, au nord d'El Paso, retrace l'évolution géologique, archéologique et anthropologique de la région de la période humide (il y a 15 000 ans) au désert d'aujourd'hui. Un tunnel vous fait voyager dans le temps en présentant chronologiquement les chasseurs-cueilleurs, l'art mimbres (900-1140), les raids apaches au Mexique (1880) ainsi que la vie des Indiens tarahumaras du Mexique. Ouvert tous les jours sauf lundi de 10 à 17 heures. **Wilderness Museum**, 2000 Transmountain Road & Gateway, El Paso, TX 79900. Tél. : (915) 755 4332.

• Le **Museum of History** explique l'histoire des différents peuplements de la région, des Indiens aux cowboys en passant par les conquistadores espagnols. Ouvert tous les jours sauf lundi de 9 à 17 heures. **Museum of History**, 12901 Gateway W. & Americanana Ave., El Paso, TX 79900. Tél. : (915) 858 1928.

◆ À ne pas manquer

À 176 km à l'est d'El Paso, par la route US 62/180, se trouve **Guadalupe Mountains National Park**, où canyons vertigineux aux failles impressionnantes, immenses forêts de pins Douglas et chênes, agaves et cactus du désert, vous surprennent. La voiture n'est autorisée que sur la route principale mais 130 km de sentiers pédestres sillonnent le parc. Avec de la chance vous rencontrez parfois les hôtes du parc : ours, élans, cerfs, dindes sauvages. Avant d'emprunter ces chemins, vous devez vous présenter au Visitors Center. La route goudronnée passe au pied du splendide **El Capitan** (imposant pic de calcaire blanchâtre) et du plus haut sommet du Texas, le **Guadalupe Peak** (2 660 m). Vous atteignez ensuite **The Pinery Station**, ancien relais des diligences qui reliaient dans les années 1880 St. Louis (Missouri) à la Californie. De là, un sentier permet d'atteindre **Pine Spring Canyon**, d'où vous pouvez gravir Guadalupe Peak. Pour toutes informations : Guadalupe Mountains National Park, HC 60, P.O., Box 400, Salt Flat, TX 79847. Tél. : (915) 828 3251.

Wyoming

Lorsque, en 1803, par le *Louisiana Purchase*, la France vendit aux États-Unis 2 200 000 km^2 comprenant une grande partie du Wyoming, ce dernier n'était encore habité que par les Arapahos et les Shoshones. Pendant longtemps, les colons ne firent que le traverser pour se rendre en Oregon. Le Wyoming, dont l'emblème sur les plaques minéralogiques est un cow-boy sur un cheval qui rue, s'étire sur 253 597 km^2, principalement de plaines à la monotonie austère brisée par des buttes isolées et de hautes montagnes que les Indiens franchissaient pour chasser les bisons. Paysage où le regard se perd, symbole de vie pour les Indiens nomades et cauchemar des fermiers blancs. Il est vrai que sa nature sauvage y a un caractère changeant. Pendant les six mois d'hiver le paysage se fige comme dans un linceul blanc, pour se réveiller au printemps, tour à tour sous des bourrasques de neige ou sous une canicule intenable. Pourtant, le train eut raison de sa solitude et transporta dans des wagons bondés les éleveurs et leurs grands troupeaux de bovins. Le bétail envahit alors les pâturages à bisons et poussèrent les Indiens à la révolte. Les Parcs nationaux Yellowstone et Grand Teton sont la célébration de cette contrée grandiose où la terre en ébullition crache son ardeur par les geysers. Sans les rivières Yellowstone, Bighorn, Powder, ou Cheyenne, qui acheminent les eaux du Missouri, le Wyoming ne serait qu'un désert. Sans les Indiens arapahos et shoshones, qui dressèrent leurs tipis dans la prairie, et sans les cow-boys qui la barbelèrent, le Wyoming perdrait son âme.

Itinéraire conseillé

Pour circuler dans le Wyoming, quittez la route I 80 que prennent tous les conducteurs et qui masque la véritable dimension de cet État. C'est dans la solitude des espaces infinis exaltés par des montagnes majestueuses que les Indiens, les colons et les soldats ont écrit l'histoire du Wyoming. Hors des chemins battus vous découvrirez les forêts vierges et les lacs indigo, tandis que dans les prairies les cow-boys travaillent sous le regard des antilopes. Si vous venez de la réserve Crow au Montana, prenez la route I 90 pour aller visiter **Sheridan**. Ville de cow-boys, elle regorge de boutiques qui vendent le mythe de l'Ouest. Dirigez-vous sur la US 14 jusqu'au **musée Buffalo Bill** de Cody, que vous devez visiter pour son extraordinaire collection sur l'Ouest. Prenez l'US 14-16-20 qui suit la Shoshone River dans Wapiti Valley et traverse une partie de la **Shoshone National Forest** aux paysages de formations rocheuses rouges modelées par les vents. Cette route vous conduit au **Yellowstone Park**. Sortez après votre visite (voir encadré sur le Yellowstone Park) par la US 191 et traversez le splendide **Grand Teton National Park** jusqu'à Jackson Hole, ville chic et sportive, capitale du rafting en été et seule station de ski du Wyoming en hiver. De là, dirigez-vous dans les terres indiennes dans l'immense Wind River Area. Prenez le **Togwotee Pass** utilisé autrefois par les Indiens et les aventuriers, qui vous conduira jusqu'à Lander. Visitez le **Pioneer Museum** de la ville, qui possède une importante collection d'objets indiens, depuis les peaux de bison peintes jusqu'aux selles de cheval décorées. Au nord de Lander se trouve un village indien reconstitué. Enfin, par la route US 287, pénétrez dans la seule réserve indienne du Wyoming, **Wind River Reservation**. Comptez trois jours de voyage.

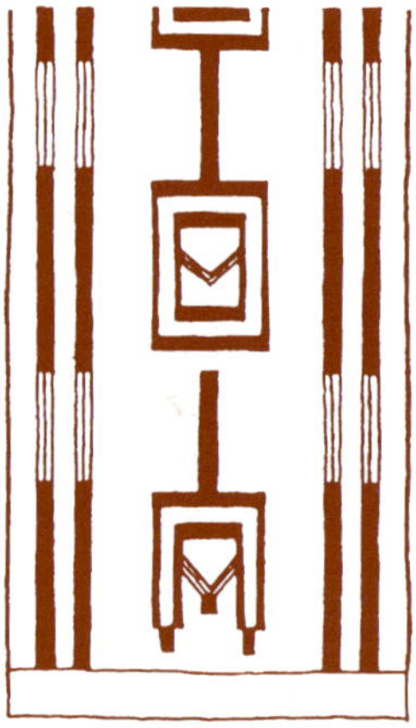

WIND RIVER

Bureau officiel de la réserve
Arapaho Tribe
P.O. Box 217
Fort Washakie, WY 82524
Tél. : (307) 332 6120
Fax : (307) 332 7543

Eastern Shoshone Tribe
P.O. Box 538
Fort Washakie, WY 82524
Tél. : (307) 332 3532
Fax : (307) 332 3055

➪ Pour y aller

Située au centre ouest du Wyoming, la réserve s'étend sur 908 000 ha de paysages constitués de forêts, de prairies et de montagnes. Ce territoire immense et sauvage est baigné par 265 lacs et 1 800 km de rivières et torrents. On y accède en venant de Casper par la route US 20 et US 26.

◆ Shoshones et Arapahos

Les Shoshones de l'Est quittèrent leur région de l'Utah et du Nevada vers 1600 pour s'installer dans les Plaines. Ils acquirent des chevaux au contact des Comanches et adoptèrent la vie des chasseurs de bisons. Leurs rapports avec les Blancs furent amicaux, ce que leur reprochèrent beaucoup de tribus ennemies. Sacajawea, femme shoshone, servit de guide aux explorateurs M. Lewis et W. Clark lors de leur voyage d'études commandité par le président T. Jefferson. Avec eux, elle ouvrit la piste de l'Ouest, inconnue des Blancs, qui mène jusqu'au Pacifique (1804-1806).

En 1868, trop heureux de pouvoir rester au milieu de paysages si beaux, les Shoshones signèrent le traité de Fort Bridger, instaurant la réserve de Wind River.

Les Arapahos vivaient dans la région des Grands Lacs, d'où ils migrèrent vers l'ouest autour de 1700. Dans les Plaines, les Arapahos suivirent les mouvements saisonniers des troupeaux de bisons, se dispersant en petites bandes qui se réunissaient en été pour les grandes célébrations tribales. Vers 1850, la tribu se divisa en deux groupes. Les Arapahos du Sud vivent maintenant avec les Cheyennes du Sud dans l'Oklahoma tandis que les Arapahos du Nord sont installés au Wyoming, où ils rejoignirent les Shoshones, attirés par cette terre si sauvage. Pourtant, ces deux tribus furent des adversaires invétérés. Jusqu'en 1874 les Shoshones s'alliaient aux forces américaines pour combattre les Arapahos, et ce fut avec réticence que **Washakie,** chef shoshone, et **Black Coal**, chef arapaho, signèrent en 1878 un traité de paix. Les Arapahos, qui sont au nombre de 5 200, appartiennent à la famille linguistique algonquine et les Shoshones, qui ne sont que 2 600, à la uto-aztèque. Chaque tribu a son propre gouvernement. Les affaires concernant les programmes communs et ressources naturelles sont gérées par le Joint Business Council, composé de six élus arapahos et de six élus shoshones.

◆ Fêtes et cérémonies

Plusieurs powwows et rodéos ont lieu chaque année sur la réserve, à Ethete, Crow Heart, Arapaho et Fort Washakie. Ces manifestations sont ouvertes au public. Certaines cérémonies religieuses, comme la Sun Dance (Danse du Soleil), sont réservées généralement aux membres de la tribu.

• **Crow Heart Big Wind Powwow** : 2e week-end de juin à Crow Heart (au nord de Fort Washakie par la route US 287). Il est organisé conjointement par les deux tribus. Pour plus de renseignements, téléphoner au (307) 332 4932 ou (307) 332 9106.

• **Shoshone Indian Days** : en juin. Cette célébration est organisée par le conseil shoshone. Un rodéo (*All Indian Rodeo*) réservé aux Indiens, professionnels ou amateurs, fait partie des manifestations. Parmi les épreuves, la plus indienne est le spectaculaire *Indian Racing Relay*, course-relais à cheval, réminiscence d'une tradition cheyenne qui faisait concourir des cavaliers sur des chevaux montés sans mors ni selle. Les compétitions de danses traditionnelles attirent plus de 1 000 participants venus de toutes les tribus. Pour plus de renseignements, téléphoner au (307) 332 9106 ou (307) 332 5141.

• **Ethete Powwow and Rodeo** : fin juillet à Washakie. Cette manifestation est organisée par le conseil arapaho. Tél. : (307) 332 6120.

◆ Art et artisanat

Le **Shoshone Tribal Cultural Center** à Fort Washakie propose des expositions sur l'art et la culture des Shoshones. Vous pouvez également y acheter des objets fabriqués par les artisans. Shoshone Tribal Cultural Center. P.O. Box 1008, Fort Washakie, WY 82514-1008. Tél. : (307) 332 9106.

Au musée de la **Mission indienne de St. Stephens**, située dans le sud-est de la réserve, se trouvent des salles d'exposition et une boutique d'artisanat local. À côté du musée, l'église St. Stephens fut entièrement décorée par des artistes indiens. Les dessins géométriques des vitraux exécutés par plusieurs artistes, dont Bob Spoonhunter et Martin Oldman, reproduisent des symboles indiens. St. Stephens Indian Mission, P.O. Box 278, St. Stephens, WY 82524.

◆ Que faire ?

Bien que située sur la route qui mène au célèbre Yellowstone Park, la **Wilderness Area** de la réserve de Wind River reste peu fréquentée. Les pics enneigés de la montagne **Wind River** s'élèvent majestueusement au-dessus de la vallée. Les lacs de montagne perdus derrière des forêts, les rivières transparentes et les pistes peu parcourues vous offrent l'illusion d'être les premiers explorateurs d'une terre vierge. À cheval ou à pied avec un guide indien, vous pouvez pénétrer ce territoire immaculé sur les traces des ours et des mouflons sans croiser d'autres humains tout au long de votre périple. Le soir, devant le feu de bois de votre campement, votre guide vous raconte les légendes indiennes, après vous avoir conduit dans la journée aux meilleurs endroits pour pêcher les truites et vous avoir aidé à reconnaître les plantes que les Indiens utilisent. Bien que le gibier abonde, seuls les membres de la réserve ont le droit de chasser ; ils sont également les seuls à pouvoir pénétrer à cheval dans les terres protégées de la réserve. Pour circuler à cheval, les étrangers doivent engager un *outfitter* ayant une licence tribale. Les *outfitters* sont des guides professionnels qui proposent des accompagnements avec leurs chevaux, canoës ou autres moyens de transport. Parmi les *outfitters* de Wind River et selon les endroits où vous désirez vous rendre : **Darwin Griebel** (propose des tipis pour le campement) pour la région de **Bull Lake** et **Wilwon Creek Lake**. Tél. : (307) 856 2952. **Leo Lajeunesse** pour **Mocassin Lake** et **Mosquito Park Lake**. Tél. : (307) 486 2220. Et si une descente mouvementée en raft sur les « eaux blanches » vous tente, contactez **Melvin Cahoun**. Tél. : (307) 486 2253. D'autres *outfitters* sont disponibles et tous sont des guides de pêche assermentés. Le coût d'une journée entière, chevaux, équipements et repas inclus, varie de 200 $ à 275 $. Pour obtenir les renseignements concernant les activités citées, adressez-vous au Fish and Game Department à Fort Washakie.

La tribu gère le **Singing Horse**

Tour, dans lequel vous pouvez vous inscrire pour des excursions de plusieurs jours.

Le **Shoshone Tribal Cultural Center**, installé dans un bâtiment classé monument historique, propose plusieurs activités d'initiation à la culture shoshone, ainsi que des visites guidées sur les lieux historiques de la réserve. Shoshone Tribal Cultural Center, P.O. Box 1008, Fort Washakie, WY 82514-1008. Tél. : (307) 332 9106.

Pour se loger sur la réserve, il n'y a que des campings. Si vous n'êtes pas équipé pour camper, arrêtez-vous à Lander, où se trouvent de nombreux motels et hôtels.

• Les tombes de deux figures légendaires, **Sacajawea** et **Chief Washakie**, sont des lieux de recueillement dans un cadre naturel merveilleux, à l'ombre des montagnes Wind River. Elles se trouvent près de Fort Washakie.

• À 1,6 km à l'est de Fort Washakie, sur la route Ethete (US 20), vous pouvez vous reposer dans les vapeurs de la source d'eau chaude naturelle de **Chief Washakie Plunge.** Cette source aménagée (piscine, jacuzzi…) est ouverte du mercredi au dimanche. 5 $ par adulte. Tél. : (307) 332 4530.

• Si vous voulez rapporter un crâne de bison (300 $) en souvenir de votre voyage, arrêtez-vous à la boutique de taxidermie **Ancient Ways** située sur la route Old Wind River à quelques kilomètres de Fort Washakie. L'odeur de feu de bois et de cuir vous accueille dès la porte franchie. Les artisans de Ancient Ways vous expliquent comment préparer les peaux selon les méthodes traditionnelles ; mais vous pouvez en acheter de toutes prêtes ainsi que des objets fabriqués par les Indiens de Wind River. Contactez Gary Keene. Tél. : (307) 332 6001.

◆ À ne pas manquer

À quelques kilomètres de Fort Washakie, après le *trading post*, tournez à droite sur Wood. Vous ne pouvez pas rater l'enseigne du **Wood's Corner Cafe**, sur laquelle se découpe un aigle. Edith Griswold et ses deux employées, Cellie et Debie, vous servent dans cet endroit chaleureux (qui a quelque chose du *Bagdad Café* porté au cinéma) des repas simples et, à la demande, de la cuisine indienne. Vous pouvez ensuite dormir dans un des tipis qu'elles louent, installés le long d'une rangée de peupliers avec pour horizon les montagnes Wind River.

YELLOWSTONE PARK, MEDECINE WHEEL ET LE MUSÉE DE CODY

YELLOWSTONE PARK

Le parc national de Yellowstone attire comme un aimant 3 millions de visiteurs chaque année. Ils viennent s'émerveiller devant ses incomparables beautés, les geysers éructants (200 geysers dont **Old Faithfull**), les 10 000 sources d'eau chaude (dont **Mammoth Hot Spring)** ou les chutes grandioses de la rivière Yellowstone (**Grand Canyon**). Cette terre bouillonnante est aussi une réserve pour les animaux sauvages qui abondent. Les bisons n'hésitent pas à se coucher au milieu des routes ni à pâturer à proximité des pêcheurs. L'été est la période la plus « encombrée ». Aux entrées du parc (3 au Montana et 2 au Wyoming) il faut s'attendre à faire la queue ; cependant il y a de nombreux sentiers qui vous permettent, à pied, à cheval ou à bicyclette, d'éviter la foule une fois les portes franchies. Vous découvrirez les merveilles cachées du parc : les **Shoshone Geyser Basin** (extrémité ouest du lac Shoshone) ou les jacuzzis sauvages de **Cascade Corner.** Mais attention, vous êtes au pays des ours : près de 700 ours y vivent, dont 200 grizzlis. Les promeneurs rencontrent rarement *Ursus Horribilis* car, comme eux, il préfère éviter les touristes. Une petite brochure rassurante vous explique tout ce qu'il ne faut pas faire : paniquer par exemple si vous en croisez un. Peut-être n'a-t-il pas faim, après tout !

Au printemps, visiter le parc est comme se promener dans une nursery où les mères wapitis et bisons cajolent leurs petits au bord des routes tandis que les oies grises du Canada conduisent leurs oisillons dorés et duveteux vers leur premier bain. En automne, les mâles, tout à leur besogne de reproducteurs, oublient toute prudence et ne s'aperçoivent même pas de votre présence. Autant les geysers sont véhéments en été, autant en hiver ils deviennent mystérieux derrière les nuages de vapeur qui les enveloppent.

Avant de devenir le premier parc national américain (en 1872), les terres de Yellowstone étaient parcourues par les Indiens. Les **Blackfeets**, les **Crows**, les **Shoshones**, les **Bannocks** venaient y chasser et aussi chercher les précieuses obsidiennes dont ils se servaient pour leurs pointes de flèches. Seule une bande shoshone, connue sous le nom de **Sheepeaters** (soit « mangeurs de moutons », parce qu'ils chassaient le mouflon), y habita continuellement. Pour assurer la tranquillité des touristes dans le parc (il y en avait déjà en 1872), le gouvernement décida d'en bannir les Sheepheaters et les autres tribus le parcourant périodiquement lors de parties de chasse. Pourtant c'est là qu'en 1877 se déroula l'une des plus célèbres guerres indiennes. Un groupe de 800 Nez Percés, hommes, femmes et enfants, traversaient le parc pour fuir l'armée américaine qui les traquait depuis leur territoire en Oregon. Leur intention était de trouver refuge auprès des Crows du Montana ou au Canada. Sur leur chemin ils croisèrent plusieurs fois des touristes, qu'ils capturèrent afin de les empêcher de donner l'alarme, mais certains s'échappèrent et informèrent les soldats de l'avancée des Nez Percés. L'armée réussit plusieurs fois à les rejoindre mais, malgré les affrontements, les Indiens s'échappaient à chaque fois. Harcelés, souffrant du froid et de la faim, ils réussirent à s'approcher du Canada mais n'y parvinrent jamais. Ils furent stoppés dans les montagnes Bear Paws au nord du Montana. Leur camp fut cerné le 30 septembre 1877 et, après six jours de batailles sanglantes, leur célèbre chef **Joseph** rendit les armes devant le colonel Miles.

• Après le parc de Yellowstone, allez visiter le **Grand Teton National Park**, qui s'étend du sud de Yellowstone à la ville de Jackson Hole. Vous pourrez admirer sa beauté sauvage et les reflets des montagnes majestueuses dans les eaux limpides des lacs Jenny et Jackson.

Pour de plus amples renseignements concernant le parc de Yellowstone, adressez-vous au **Park Headwaters and Superintendent**, Yellowstone National Park Service, P.O. Box 166, WY 82190. Tél. : (307) 344 7381.

MEDECINE WHEEL

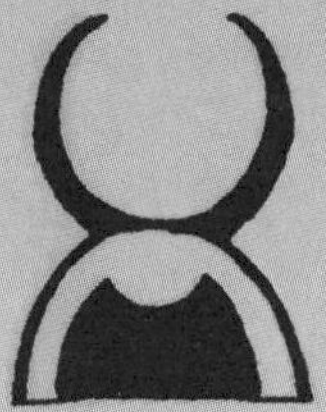

Sur un plateau alpin au sommet de la Medecine Mountain, dans la chaîne des Bighorn, appelée par les trappeurs « Shining Mountain » (éblouissante montagne), repose silencieusement un grand cercle de pierres, de 24 m de diamètre. Son centre est constitué d'un tumulus de pierres large de 3 m d'où partent 28 rayons formés d'alignements de rocs. Cinq tumulus sont disposés sur la ligne extérieure de sa circonférence, et un à l'intérieur. Depuis que les Blancs découvrirent cette mystérieuse **Medecine Wheel** (roue médecine), les hypothèses ont fleuri : les historiens se demandent si ce n'est pas la réplique d'une loge cérémonielle où se pratiquait la Danse du Soleil, tandis que les scientifiques penchent pour la thèse d'un calendrier solaire. Est-elle même d'origine indienne ? Pour les Indiens, cela ne fait pas l'ombre d'un doute. Les Arapahos y voient une représentation de la Tortue, source de vie, sacrée. Chez les Crows, une légende explique qu'un jeune homme défiguré après un accident construisit cette structure pour y prier et s'isoler du monde. Quel que soit son mystère, la Medecine Wheel est un haut lieu sacré pour les Indiens blackfeets, crows, cheyennes, shoshones, lakotas et arapahos. Un endroit « chargé », un autel près du ciel où ils viennent faire des pèlerinages. En sortant du parc de Yellowstone (East Entrance), on y accède par la US 14. De Sheridan, prenez la route qui se nomme **Alternate 14.**

• Entre Yellowstone et la Medecine Wheel se trouve la ville de Cody (à 20 km de East Entrance). Arrêtez-vous absolument au **Buffalo Bill Historical Center**, où se trouve un des plus beaux musées consacrés à la culture des Indiens. Tipis peints, armes décorées, instruments de musique, tuniques avec scalps, peaux de bison peintes, diaporamas et films, le musée regorge de trésors se rapportant à la cultures des Indiens des Plaines, depuis les temps anciens jusqu'à nos jours. Vous verrez également de nombreuses toiles des premiers peintres qui pénétrèrent dans l'Ouest sauvage et immortalisèrent des paysages du début du monde, habités par des tribus célestes : G. Catlin, K. Bodmer, A. Bierstadt ou encore T. Moran. Véritable sanctuaire culturel du Far West, le musée expose aussi des meubles western, des armes à feu, des toiles et sculptures de F. Remington, C. M. Russell, J. Clymer, jusqu'aux œuvres d'artistes contemporains comme Red Grooms, J. Bama ou, pour les artistes indiens, R. C Gorman, Richard Glazer, Fritz Scholder, pour n'en citer que quelques-uns. Des salles sont consacrées au célèbre Buffalo Bill Cody, qui vécut dans cette ville. Buffalo Bill Historical Center, 720 Sheridan Ave., Cody, WY 82414. Tél. : (307) 587 4771. Site web : http ://TrueWest.com/BBHC.

Le Sud-Ouest

◆ Arizona
◆ Colorado
◆ Nouveau-Mexique

Le Sud-Ouest est une des régions les plus spectaculaires des États-Unis. Canyons vertigineux où le regard plonge comme on regarde les astres, plateaux rocailleux tachetés de genévriers et de pins sauvages, steppes désertiques tragiques contrastent avec de hautes montagnes sur lesquelles poussent d'immenses forêts bruyantes ou les vallées fertiles qui bordent les fleuves Rio Grande et Colorado. Les États de l'Arizona et du Nouveau-Mexique, une partie du Texas, ainsi que les extrémités sud du Colorado et de l'Utah, définissent parfaitement le Sud-Ouest. Cette région est marquée par un environnement aride et une présence humaine multiculturelle très ancienne, les Indiens y ayant développé de grandes civilisations florissantes plus de 1 500 ans avant l'arrivée des Blancs. Dans la région des Four Corners (à la frontière des États de l'Utah, Colorado, Nouveau-Mexique, Arizona), les Anasazis construisirent les premiers villages à étages dans des crevasses ou sur des mesas *(plateaux). Ils furent les prédécesseurs et sûrement les ascendants des Indiens pueblos du Nouveau-Mexique et des Hopis de l'Arizona. Dans le désert du sud de l'Arizona, les anciens Hohokams bâtirent leurs maisons là où aujourd'hui vivent les Maricopas, Pimas, Tohono O'odhams et Yaquis.*

Vers la fin du XIV*e siècle, ces Indiens furent envahis par des tribus athapasques venues du Nord-Ouest, ancêtres des Navajos et des Apaches, les fiers guerriers qui s'imposèrent dans la région et luttèrent sans merci contre les envahisseurs blancs.*

Les Indiens du Grand Bassin et des Plaines pénétrèrent épisodiquement dans la région, avant que ne s'installent tour à tour les Espagnols, les Mexicains et enfin les Anglo-Américains. Aujourd'hui, plus de 50 réserves indiennes se trouvent dans le Sud-Ouest, chacune représentant un groupe plus ou moins distinct. Bien que diverses, elles partagent le même souci de préserver leurs propres valeurs traditionnelles contre la puissante hégémonie américaine.

La Constitution américaine de 1787 accorda aux Indiens un statut particulier. En Arizona par exemple, les Indiens yaquis peuvent avoir un casino où se jouent des millions de dollars, et ce en contradiction avec les lois fédérales de l'État, qui interdisent les salles de jeu. Par contre, ils ne disposent pas librement des terres qui leurs sont allouées, car elles

dépendent du ministère de l'Intérieur et du Bureau des affaires indiennes (BIA). N'ayant aucun droit de propriété sur leurs terres, ils ne peuvent pas obtenir de prêts bancaires pour leurs logements ou pour fonder des entreprises, et ne bénéficient ni des services du tout-à-l'égout ni du ramassage des ordures, contrairement aux autres communautés non indiennes.

Dans les années 1950, de nombreuses compagnies minières obtinrent facilement des concessions dans les réserves indiennes pour une somme dérisoire. Cette exploitation, souvent à ciel ouvert sans remise en état des sols, eut des conséquences désastreuses sur l'environnement des réserves. Depuis dix ans les choses ont changé : une nouvelle génération de jeunes diplômés indiens, dont des juristes, se bat pour faire valoir ses droits. Les logements manquent encore cruellement et ceux qui existent sont souvent sans électricité. Quant au chômage, il peut toucher jusqu'à 75 % des travailleurs dans certaines réserves.

Les tribus du Sud-Ouest, bien qu'attachées profondément à leurs civilisations ancestrales, font partie du monde moderne. Quelle que soit leur tribu, les Indiens se sentent américains et sont conscients d'être les premiers habitants de ce continent. En 1900, un éminent anthropologue, Franz Boas, annonçait que les Pueblos étaient menacés d'extinction culturelle. Presque cent ans plus tard, force est aux anthropologues de constater que, malgré les influences étrangères, l'identité tribale des Pueblos reste intacte et que sa complexité leur échappe encore totalement. Terre de brassages et d'emprunts culturels réciproques, le Sud-Ouest est une région qui ne laisse pas de surprendre et d'émerveiller.

Arizona

L'Arizona est un territoire des extrêmes. Hautes buttes plantées abruptement sur des plaines qui se déroulent à l'infini, énormes monolithes de grès dans des draperies rougeoyantes à Monument Valley, immenses forêts de troncs pétrifiés, Grand Canyon vertigineux où le soleil sculpte chaque jour des merveilles, tels sont quelques-uns des surprenants caprices de la nature en Arizona. Cet État de 295 259 km^2 est un des plus anciens par son peuplement, avec des traces de vie humaine remontant à plus de 10 000 ans. Les civilisations anasazi et hohokam du désert, mogollon des montagnes, sinagua des hautes terres arides se développèrent avant de disparaître en laissant les traces indélébiles de leur existence. Leurs descendants, dont les Pimas, les Tohono O'odhams, les Hopis, occupent encore la « Terre des anciens », tandis que d'autres tribus, comme les Navajos, les Apaches, les Paiutes, s'y installèrent en vagues migratoires progressives qui s'étendirent du XVe siècle au XIXe siècle. Ainsi en fut-il également avec les Espagnols, les Mexicains, puis les Euro-Américains, qui bousculèrent l'histoire de cet État et s'approprièrent la terre des Indiens, installés aujourd'hui dans 20 réserves.

Phoenix, la capitale, s'épanouit comme une oasis dans la Vallée du Soleil, et Scottsdale, sa banlieue huppée, offre aux passants qui flânent devant les galeries d'art des vaporisations d'eau apaisantes. Alors que Phoenix renie le désert, Tucson, sa rivale, le vénère. Cette dernière est construite dans un des sites les plus extraordinaires que la nature puisse offrir à une ville : un désert entouré de chaînes montagneuses où les lumières du jour créent à chaque instant un décor différent.

L'Arizona est une terre de légende, au cœur de la conquête de l'Ouest, comme en témoignent les musées dont regorgent ses villes aux noms chargés d'histoire et ses nombreux parcs nationaux. Les coups de feu du « règlement de comptes à OK Corral » résonnent encore à Tombstone, tandis que, dans les montagnes du sud-est, l'écho des guerriers de Geronimo vibre pour clamer les louanges de ce grand chef apache disparu.

Itinéraire conseillé

Les visiteurs sont les bienvenus dans les 20 réserves de l'Arizona, tout en ayant l'obligation de respecter certaines restrictions. À l'exception de la réserve Colorado River et des villes Whiteriver et Cocopah, la détention d'alcool y est interdite. La chasse, la pêche, le camping nécessitent une autorisation tribale. Les photos et films sont souvent mal acceptés, mais les Navajos en font un véritable *business*, en demandant quelques dollars pour une pose. Certaines réserves possèdent un centre d'accueil des visiteurs (*Visitors Center*) et un musée.

Si vous êtes limités dans le temps, ne manquez pas de visiter la réserve **navajo**s qui demande bien deux à trois jours de voyage. Il y a deux adresses d'informations touristiques. D'abord, le **Navajo Nation Tourism Dept.**, P.O. Box 663, Window Rock, AZ 86515. Tél. : (520) 871 6659. Ensuite, le **Navajo Parks and Recreation Dept.**, P.O. Box 308, Window Rock, AZ 86515. Tél. : (520) 871 6645/6647.

Tout au long de l'année, il se passe quelque chose sur la réserve navajo, mais c'est en septembre et octobre (période climatiquement idéale) que se déroulent les plus importantes fêtes. Vous pourrez également explorer celle des **Hopis** enchâssée dans cette réserve et dont les villages, typiques de la culture indienne pueblo, sont répartis sur trois *mesas*. Lorsque vous voyagez dans l'immense **Navajoland**, emportez des réserves d'eau et surveillez votre jauge d'essence : les stations sont parfois distantes de 150 km. Le long des routes, des centaines de stands (*gift shops*) tenus par des Indiens vendent des bijoux et autres objets artisanaux.

N'oubliez pas d'avancer votre montre d'une heure pendant l'été car la nation navajo fonctionne sur un fuseau horaire (le Mountain Day Light) différent du reste de l'Arizona, qui demeure à l'heure des Rocheuses.

RÉSERVE AK-CHIN

Bureau officiel de la réserve
Ak-Chin Indian Community
Rte 2 P.O. Box 27
Maricopa, AZ 85239
Tél. : (602) 568 2227
ou (520) 562 3372

➪ Pour y aller

La réserve couvre 87 200 ha qui s'étendent dans le désert de Sonora au centre sud de l'Arizona. En venant de Phoenix, située à 48 km au nord, on y accède par la route I 10.

◆ Peuple du Désert et peuple de la Rivière

La communauté d'Ak-Chin est composée par deux tribus : les Pimas et les Tohono O'odhams, auparavant nommés « Papagos ». Tout semble indiquer, depuis leurs langues (famille linguistique uto-aztèque) jusqu'à leurs rituels et légendes, qu'elles furent dans le passé une seule et même tribu déployée géographiquement dans la région du désert sonoran. Les Pimas sont appelés également **Akimel O'odham** (ou Akimel Au-Authm), « Peuple de la Rivière », alors que le nom **Tohono O'odham** signifie « Peuple du Désert ». Certaines hypothèses en font les descendant des Hohokams, qui vivaient (de 200 av. J.-C. à 1450) dans le sud désertique de l'Arizona, le long des rivières Gila et Snake. Peuples agricoles, les Pimas et les Tohono O'odhams se déplaçaient en quête d'eau. Lorsque, en 1687, le frère Eusebio Kino et plusieurs autres jésuites arrivèrent chez les Pimas, ces derniers subissaient régulièrement des attaques apaches. Les Espagnols leur semblèrent un moindre mal et ils virent en eux des alliés pour se défendre de leurs ennemis communs. Aussi les Pimas et les Tohono O'odhams accueillirent-ils les missionnaires espagnols mieux qu'aucune autre tribu du Sud-Ouest. Leur relative prospérité dura jusqu'à l'installation (à partir de 1853) de plus en plus envahissante des colons américains sur leurs meilleures terres dans les vallées de la rivière Gila. Malgré le danger que représentaient ces nouveaux arrivants, de nombreux Indiens des deux tribus rejoignirent les rangs de l'armée américaine lors des guerres contre les Apaches entre 1861 et 1886.

Privés d'eau par les fermiers américains qui asséchaient les rivières pour leurs exploitations agricoles, beaucoup s'expatrièrent dans les années 1930 vers les grandes villes de Phoenix et Tucson. Bien que leur culture fût presque totalement annihilée au contact de celles des étrangers, les 575 membres de la réserve Ak-Chin (établie officiellement en 1912) parlent encore leur langue et pratiquent des rituels ancestraux.

Les Pimas vivent aussi dans deux autres réserves en Arizona : réserve Gila River et réserve Salt River.

◆ Fêtes et cérémonies

St. Francisco Feast Day : vers le 4 octobre. Danses traditionnelles et cuisine indienne.

◆ Art et artisanat

• Les Pimas sont des vanniers réputés pour leurs paniers en saule ou en yucca, réalisés selon les techniques du glénage ou du tressage. Traditionnellement ils fabriquaient, en glénant les branches des saules, d'immenses paniers pour stocker leurs récoltes. Aujourd'hui on ne trouve plus ces pièces, qui sont devenues des objets de collection. Le meilleur endroit pour découvrir tout l'art des vanniers pimas est le **Gila River Arts and Crafts Museum** dans la ville de Sacaton. Pour y arriver, prenez la route I 10 puis la sortie 175, à Casa Blanca. Tél. : (602) 963 3981.

• Vous pouvez aussi découvrir l'étonnant écomusée tribal, **Ak-Chin Him Dak.** Ce musée sans murs, dont les limites sont les terres de la réserve, fut conçu après la découverte de sites archéologiques. Le musée encourage chaque famille habitant près de ces sites à organiser elle-même des animations et des visites guidées. Tél. : (602) 568 2221.

CAMP VERDE YAVAPAI-APACHE

Bureau officiel de la réserve
Yavapai-Apache Tribe
P.O. Box 348
Prescott, AZ 86322
Tél. : (602) 567 3649

➪ Pour y aller

Cette petite réserve de 256 ha est située dans l'idyllique Verde Valley (Arizona central). Elle est composée de quatre communautés : Clarkdale, Rimrock, Middle Verde et Camp Verde. Ces trois dernières sont accessibles par la route I 17, qui relie les villes Flagstaff et Phoenix.

◆ Les Yavapais Weepukapas

Les Indiens yavapais, installés dans trois réserves en Arizona, sont divisés en quatre branches, les **Weepukapas** (à Camp Verde), les **Kewevkopayas** (à Fort McDowell), les **Yavepes** (à Prescott) et les **Tolkepayas** (à Prescott et à McDowell). La vallée de la rivière Verde et le centre ouest de l'Arizona furent peu étudiés par les anthropologues et il est donc difficile de situer l'origine exacte des Yavapais, qui partageaient avec d'autres tribus cette vaste région. Eux-mêmes considèrent que leur habitat ancestral se trouvait dans la région des montagnes Sedona Red Rocks. Leur économie de subsistance dépendait de la chasse au petit gibier et de la cueillette (noix, pignons, baies sauvages...) puis de la culture du maïs, qu'ils découvrirent au contact des Pimas et des Tohono O'odhams (Papagos). Ils vivaient dans des huttes temporaires ainsi que dans des grottes et confectionnaient leurs vêtements avec des peaux ; les décorations personnelles étaient minimes. Les femmes et les hommes portaient une longue frange de cheveux qui leur retombait sur les yeux et s'enduisaient souvent le corps de terre rouge, par souci esthétique et pour se protéger du soleil. Seules les femmes se tatouaient parfois le visage en utilisant un piquant de cactus et du charbon de bois. Les fondements de leur religion, commune à toutes les tribus yumas, reposaient sur la vénération du soleil, le chamanisme et la croyance dans les rêves prémonitoires.

Les Yavapais, qui étaient plutôt belliqueux, trouvèrent avantageux de s'allier aux Apaches, qui partageaient leur goût pour la guerre. Cependant, alors que les Apaches étaient constamment en guerre contre les étrangers, les Yavapais furent plus conciliants et s'adaptèrent rapidement aux coutumes étrangères. Par leur accoutrement et leur apparence physique, ils furent souvent pris pour des Apaches.

Jusque dans les années 1860, ils eurent peu de contacts avec les Blancs, mais commerçaient activement depuis longtemps avec les tribus zuni et hopi. Ils entrèrent en conflit avec les premiers colons vers les années 1860, mais acceptèrent d'être déportés plutôt que d'entamer une longue guerre dont l'issue leur semblait plus qu'incertaine. Espérant y vivre en paix, ils rejoignirent en 1865 la réserve Colorado River, située plus à l'ouest de leur territoire. En 1871, ils obtinrent du gouvernement d'être transférés à Camp Verde, à l'époque où tous les Apaches « errants » y étaient conduits de force. Pour usurper leurs terres, le gouvernement décida en 1875 de déplacer à nouveau les Yavapais vers la réserve apache de San Carlos. En 1890, ils reçurent l'autorisation de retourner enfin à Camp Verde, où ils vivent encore aujourd'hui avec des Apaches tontos (installés depuis 1871). La population indienne est de 1 309 membres inscrits. Les Yavapais appartiennent à la famille linguistique hokan et les Apaches à l'athapascane. Les faibles ressources de la réserve ne leur permettant pas d'en vivre, la plupart d'entre eux travaillent dans les villes avoisinantes.

◆ Fêtes et cérémonies

Exodus Days : vers la fin février, au centre des visiteurs, commémoration de leur déportation vers la réserve de San Carlos en 1875. Vous assistez à une reconstitution de cet épisode historique et à un powwow. Une foire artisanale est aussi organisée.

◆ Art et artisanat

La poterie et la vannerie sont les principales activités artisanales. Pour mieux comprendre l'histoire des Indiens de cette réserve, visitez le musée installé dans le **Yavapai Apache Visitors Center**, P.O. Box 1167, Camp Verde, AZ 86322. Tél. : (602) 567 3109.

◆ Que faire ?

• Le **Montezuma Castle National Monument** se trouve entre les villages de Rimrock et de Middle Verde sur la route I 17. On découvre les ruines troglodytes des maisons à cinq étages des Sinaguas (mot signifiant « sans eau » en espagnol), nichées dans une falaise calcaire. Ils constituaient la plus déroutante civilisation ancienne du Sud-Ouest, dont l'âge d'or se situe entre 1100 et 1200. Ils avaient mis au point diverses techniques de culture adaptées aux sols arides, sur lesquels ils faisaient pousser du maïs, des courges et des haricots. Vers 1400, ils abandonnèrent leurs maisons haut perchées et se mélangèrent aux communautés avoisinantes. Pour visiter ce site archéologique ouvert toute l'année, il vous faut payer 2 $ par voiture. Pour plus de renseignements, téléphonez au (520) 567 3322. Vous pouvez loger à Camp Verde au **Cliff Castle Lodge**, qui appartient aux Indiens de la réserve et est géré par eux. Tél. : (602) 567 3109.

• Plus au nord entre Cottonwood et Clarkdale sur la State 89 A, visitez le site de **Tuzigoot National Monument**, dont les vestiges d'un village sinagua surplombent la vallée de la rivière Verde. Pour accéder à ce site archéologique ouvert toute l'année, il vous faut payer 2 $ par voiture. Tél. : (520) 634 5564.

• Profitez de votre excursion au Tuzigoot National Monument pour marcher le long de la Verde River et découvrir un havre de verdure et d'eau, véritable paradis de la nature sauvage.

COCOPAH INDIAN

Bureau officiel de la réserve
Cocopah Indian Tribe
P.O. Box Bin G
Somerton, AZ 85350
Tél. : (520) 627 2102 ou 2061
Fax : (520) 627 3173

➪ Pour y aller

Cette réserve, qui couvre 2 400 ha, est située sur le delta du fleuve Colorado, dans l'extrémité sud-ouest de l'Arizona près de la Californie et du Mexique. La réserve est traversée du nord au sud par la route US 95.

◆ Les Cocopahs

Les Indiens cocopahs font partie de la grande tribu yuman (voir encadré sur les tribus yumans). Consigné par l'explorateur espagnol Hernando de Alarcon, le premier récit faisant une description détaillée des Cocopahs date de 1540. Trois siècles plus tard, l'inventaire de leurs outils et objets utilitaires démontrait qu'ils n'avaient pas évolué depuis la description donnée par Alarcon.

Les Cocopahs habitaient dans des maisons en terre à demi enterrées en

hiver et, l'été, dans des huttes de branchages. Les femmes s'habillaient de jupes faites de nombreuses lanières taillées dans l'écorce intérieure de saules ou de peupliers. Lors du rite d'initiation à la vie adulte, les jeunes garçons se perçaient la cloison nasale. Devenus adultes, ils pêchaient et chassaient avec des arcs et des pièges, tandis que les femmes récoltaient le riz sauvage et cultivaient les courges, les haricots et le maïs. Vers la fin du XIXe siècle, les hommes pilotaient les bateaux à vapeur pour transporter les marchandises et fournissaient également le bois de combustion.

La construction de barrages en amont du Colorado eut pour résultat l'assèchement du delta où ces Indiens vivaient, avec des conséquences catastrophiques, tant sur leur économie que sur leurs structures sociales et leurs traditions. Depuis 1970, le gouvernement tribal encourage l'épanouissement des arts traditionnels et contemporains dans le souci de redonner un souffle nouveau à leur culture. La réserve fut établie officiellement en 1917. Aujourd'hui, les 800 membres inscrits pratiquent l'agriculture ou occupent divers emplois dans les villes voisines.

◆ Fêtes et cérémonies

Cocopah Powwow : au mois de mars ou d'avril, près du casino, à 15 km au sud de Yuma sur la route US 95. Des compétitions de danses traditionnelles ont lieu, ainsi qu'une foire à l'art et à l'artisanat. Tél. : (602) 627 2102.

◆ Art et artisanat

Vous pouvez acheter des objets artisanaux (poterie, bijoux en perles, vêtements traditionnels...) au **Cocopah Elderly Center**. Tél. : (602) 627 2632.

◆ Que faire ?

Au **Cocopah Bend RV**, à 7 km au sud de Yuma, sur la route US 95, vous pouvez camper sur un grand site aménagé avec terrain de golf (18 trous), piscine olympique, tennis et restaurant.

TRIBUS INDIENNES COLORADO RIVER

Bureau officiel de la réserve
Colorado River Indian Tribes
Rt. 1 P.O. Box 23-B
Parker, AZ 85344
Tél. : (602) 669 9211

➪ Pour y aller

Les terres de la réserve s'étendent sur 90 398 ha en Arizona et sur 17 068 ha adjacents, en Californie. Les paysages varient de déserts arides à l'est à terres fluviales le long du Colorado et hautes montagnes à l'ouest. On y accède en venant de Phoenix par la route I 10.

◆ La terre des Mohaves

Cette réserve, où sont regroupés des Indiens mohaves, chemehuevis, hopis et navajos, se trouve sur le territoire ancestral des Indiens mohaves. La réserve fut officiellement établie en 1865, pour les « Indiens de la rivière Colorado et de ses environs ».

Les **Mohaves** (*Ahamakav*, « Peuple qui vit le long de la rivière ») représentent un des plus importants groupes des tribus yumans, de langue hokan. La limite sud de leur territoire se trouvait en Californie, près de l'actuelle ville de Blythe. Leur économie de subsistance reposait sur les cultures irriguées par les crues biannuelles du Colorado, qu'ils complétaient avec les produits de la chasse et de la pêche.

Les **Chemehuevis** font partie de la tribu des Paiutes du Sud (au Nevada) et parlent numic, langue appartenant au groupe linguistique uto-aztèque. Nomades, ils vivaient de la chasse et de la cueillette dans une région comprise entre le sud du Nevada et Yuma, en Arizona. Ils entretenaient des relations de bonne entente avec les Mohaves. Des groupes d'Indiens **hopis et navajos** (voir « Réserve Hopi » et « Navajo Nation », Arizona) faisant partie du plan de « réinstallation » du Bureau

LES TRIBUS YUMANS

Le long du fleuve Colorado en Arizona, des tribus indiennes parlant la même langue s'installèrent il y a environ 1 000 ans. Leur passé, qui a laissé peu de traces archéologiques, rend ardu le travail des anthropologues qui tentent de déterminer les flux migratoires. Sans doute vers le XIVe siècle, une fraction de cette tribu quitta la Colorado River pour migrer à l'intérieur de l'Arizona, tandis qu'une autre s'en allait en Californie et au Mexique. Aujourd'hui, les **Yumans** (appartenant au groupe linguistique hokan) sont différenciés selon une classification géographique. Les **Yumans des Hauteurs** sont constitués par les tribus havasupais, walapais (ou hualapais) et yavapais ; les **Yumans des Rivières** sont les tribus cocopahs, maricopas, mohaves et quechans (ou yumas). Ces deux divisions vivent en Arizona, tandis que les tribus **yumans de Californie** (Dieguenos, Kamias, Paipais et Kiliwas) résident en Californie et au Mexique. La persistance de guerres intertribales a précipité de nombreux changements démographiques et certaines tribus finirent par être dissoutes ou perdirent leur identité pour se fondre dans d'autres groupes, comme les Kahwan, les Halyikwamais et les Kavelchadoms, assimilés depuis le XIXe siècle aux Maricopas.

Les **Yumans des Rivières** pratiquaient essentiellement l'agriculture et vivaient dans des maisons basses (rectangulaires ou rondes) parfois à demi enterrées, construites en branchages et recouvertes d'un toit de terre, regroupées en petites communautés. Ces tribus étaient divisées en bandes et leurs organisations sociales et politiques étaient plutôt informelles, à l'exception des Mohaves. Ces derniers étaient de redoutables guerriers et furent les seuls à avoir un chef unique pour toute la tribu et des chefs de guerre pour les bandes, ou clans. Leur religion était centrée sur un étrange concept de rêve « prénatal » fait à l'état de fœtus et qui se révélait plus tard à l'adulte. Peu de gens obtenaient ces rêves, mais le pouvoir d'un chaman ou d'un guerrier résultait d'un rêve « prénatal » plutôt que d'un apprentissage. Les rituels religieux étaient pratiquement inexistants, si ce n'est lors des décès. Les hommes retenaient leur coiffure, apprêtée en longs rouleaux de cheveux enduits de terre et de suc de mesquites, avec un bandeau frontal. Hommes et femmes se peignaient et, occasionnellement, se tatouaient le corps et le visage.

Les **Yumans des Hauteurs**, essentiellement chasseurs et cueilleurs, pratiquaient parfois un peu d'agriculture, dans les terrains irrigables près de rivières. Ils habitaient principalement dans des huttes en forme de dôme dont la charpente en bois était recouverte d'herbes ou de broussailles, plus ou moins élaborées selon la saison, mais s'installaient aussi dans des grottes. Ils confectionnaient des vêtements rudimentaires en peaux de lièvres, de cervidés ou en écorces, et se paraient de colliers de coquillages ainsi que de peintures faciales. Leur cérémonialisme était sommaire et les chamans occupaient surtout la fonction de guérisseurs.

Leurs traits culturels s'affaiblirent sous l'influence de ceux d'autres tribus. Ainsi, les vêtements et la vannerie des Yavapais rappellent ceux des Apaches, avec lesquels ils furent alliés pendant longtemps. En s'installant près des Indiens pimas sur la Gila River, les Maricopas cessèrent pratiquement leurs activités traditionnelles de vannerie et de tissage, utilisant de préférence celles des Pimas.

des affaires indiennes, institué après la Seconde Guerre mondiale, furent replacés dans le centre de la réserve en Arizona.

L'économie de la réserve repose aujourd'hui sur l'agriculture, le tourisme et quelques industries légères.

◆ Fêtes et cérémonies

• **Fourth of July** : entre le 1er et le 4 juillet au Manataba Park à Parker.

• **Annual National Days Celebration :** du 27 au 30 septembre au Manataba Park à Parker. Lors de cette célébration vous assistez à l'élection de Miss Indian Arizona Pageant, et aussi à de nombreuses danses traditionnelles, rodéos indiens, compétitions sportives et parades. Une foire à l'art et à l'artisanat est aussi organisée. Tél. : (520) 669 9211.

• **All Indian Rodeo** : ce rodéo attire les « casse-cou » indiens de tous les États-Unis. Il a lieu début décembre sur le *Rodeo Ground*, à Parker. Tél. : (520) 669 9211.

• **Mohave Days** : le 2 mars à Mohave Village. La culture mohave est représentée dans les chants, les danses, l'artisanat et la cuisine. Tél. : (520) 669 9211.

◆ Art et artisanat

• Les quatre tribus de la réserve présentent de fortes particularités culturelles et artistiques. Les Mohaves travaillent habilement le perlage ; les paniers chemehuevis font partie des objets en vannerie les plus recherchés ; quant aux Hopis et aux Navajos, ils sont connus pour leurs extraordinaires bijoux, poteries, tissages et poupées kachinas.

• Le **Tribal Museum and Library** s'emploie à préserver et à expliquer l'héritage culturel des quatre tribus. En plus des expositions, le musée propose des animations (conférences, spectacles). La bibliothèque sert de centre de recherches sur tout ce qui concerne l'histoire et la culture des Indiens de la réserve. Vous pouvez consulter les nombreux documents, dont des livres, des films et des photos, sur rendez-vous. Tél. : (520) 669 9211.

◆ Que faire ?

• Les activités nautiques, ainsi que la pêche et la chasse, sont les principaux attraits touristiques de Colorado River et de ses lacs. Des permis tribaux sont nécessaires pour ces deux dernières activités. La tribu possède et gère le **Blue Water Resort Hotel and Casino,** qui se trouve à Parker et, bien que ce soient surtout le bleu des eaux et les jeux de hasard du casino qui attirent les visiteurs, vous pouvez de là vous rendre dans les paysages désertiques où chaque lever et coucher de soleil est une invitation à la rêverie. Tél. : (520) 669 7777.

• Le musée gère le **Old Mohave Presbyterian Mission**, site historique où sur les pistes anciennes vous découvrez qu'en y gravant des pétroglyphes et en y dessinant des pictogrammes les Indiens savaient faire parler les pierres. Tél. : (520) 669 9211.

FORT APACHE

Bureau officiel de la réserve
White Mountain Apache Tribe
P.O. Box 700
Whiteriver, AZ 85941
Tél. : (520) 338 4346 ou 4385
Fax. : (520) 338 4778

➪ Pour y aller

La réserve, qui couvre 665 993 ha, est située dans le centre est de l'Arizona. Les routes US 60, 73 et 260 la traversent. De Tucson on prend la route US 77 vers le nord, qui mène directement à la ville principale, Whiteriver.

◆ Les White Mountains

Les Apaches White Mountains sont les seuls parmi les groupes apaches à vivre sur leur terre depuis près de 500 ans. On suppose qu'ils arrivèrent dans le Sud-Ouest vers la fin du XIVe siècle, après avoir quitté le nord-ouest du Canada.

Les Indiens du Sud-Ouest réagirent différemment à l'invasion des Espagnols au XVIe siècle. Ces derniers étaient pour les Apaches une source d'approvisionnement qu'ils veillaient à ne pas tarir. Nomades, ils transformèrent leurs raids en véritable art de guerre qu'ils pratiquaient non pour accroître leur territoire immense, mais surtout pour profiter à leur manière des biens (bétail, chevaux, armes) des colons. Les tentatives espagnoles pour contrôler les Apaches échouèrent jusque vers 1786. Cette année-là, le vice-roi Bernado de Galvez proposa de leur fournir des armes, du bétail, de la nourriture et de l'alcool (non sans une mauvaise intention) s'ils acceptaient de faire la paix et de se regrouper près des garnisons militaires (*presidios*). Cette politique fonctionna modérément jusqu'à la prise de pouvoir des Mexicains en 1821. Le nouveau gouvernement ne put continuer à ravitailler les Apaches, qui reprirent alors le chemin de la guerre et leurs pillages. Les populations hispaniques souffrirent cruellement de leurs raids jusqu'en 1853, lorsque les Américains prirent le contrôle de l'Arizona. Entre 1860 et 1884, les bandes apaches du Nouveau-Mexique et de l'Arizona combattirent sans relâche les troupes militaires et les colons américains, qui ne souhaitaient rien de moins que leur extermination. Les Apaches White Mountains étaient cependant considérés comme les plus « fiables », et certains devinrent scouts dans l'armée américaine dès 1871. En 1869, le major John Green choisit d'établir un camp militaire sur leur territoire et demanda que cette bande alliée ne soit pas déportée. La réserve fut établie officiellement en 1871. Aujourd'hui, l'économie des 13 000 Indiens de la réserve repose sur l'exploitation forestière et l'élevage ainsi que, plus récemment, sur le tourisme.

◆ Fêtes et cérémonies

Des célébrations ont lieu tout l'été. Renseignez-vous auprès du centre culturel pour en connaître le calendrier. Tél. : (602) 338 4346. Parmi celles-ci :

• **Spring Roundup All Indian Rodeo** : ce rodéo indien a lieu à Whiteriver en avril.

• **Head Start Parade and Rodeo** : au mois de mai.

• **Elderfest** : au mois de mai, à Whiteriver, les « anciens » (hommes et femmes âgés) sont honorés. Ils viennent de tout l'Arizona pour assister à des danses, des festins, des expositions d'art et d'artisanat.

• **White Mountain Tribal Fair and Rodeo** : c'est la manifestation la plus importante. Il s'y déroule les danses traditionnelles dont la *Gahe'nde Dance* (Danses des Dieux de la Montagne : voir encadré), des danses western, des parades, des expositions d'art et d'artisanat.

◆ Art et artisanat

L'art et l'artisanat apaches ne sont pas des productions de masse, comme on peut en trouver chez les Pueblos. Bien qu'étant nomades, les Apaches ont développé l'art de la vannerie, dans lequel ils excellent.

Le **White Mountain Apache Cultural Center** est installé dans les cabines historiques construites en 1871 par l'armée américaine en campagne contre les Apaches. Ce centre, qui se trouve à Old Fort Apache, sert de musée tribal et de centre d'accueil des visiteurs. White Mountain Apache Cultural Center, P.O. Box 507, Old Fort Apache, AZ 85926. Tél. : (602) 338 4346.

◆ Que faire ?

• La réserve abonde en paysages paradisiaques pour les sportifs chevronnés et les randonneurs occasionnels. Plus de 1 000 aires de camping permettent de vous installer pour vous adonner au plaisir de la marche comme à celui de la pêche ; 26 lacs et de nombreuses rivières à truites sont autant d'aubaines pour le pêcheur et l'amateur de kayak.

• En hiver, les skieurs s'en donnent à cœur joie sur les pistes aménagées du **Sunrise Park Resort.** Des compétitions de ski de fond sont organisées, lors desquelles des hommes-médecine apaches viennent bénir les coureurs avant le départ. Le complexe touristique possède un hôtel, des terrains de tennis, des piscines et saunas, un golf, ainsi qu'un restaurant où vous pouvez essayer les spécialités apaches. Sunrise Park Resort, P.O. Box 217, McNary, AZ 85930. Tél. : (602) 735 7600 ou 7669.

• Au **Salt River Canyon**, vous pouvez camper, faire du rafting, pêcher et vous promener pour admirer la nature sereine. Situé à 1 heure de route de Fort Apache sur la route I 60. Tél. : (602) 367 5126.

• À Whiteriver, vous pouvez loger au **White Mountain Motel** et déguster dans le **Hon Dah Restaurant** la cuisine apache. Tél. : (602) 369 4311.

• De nombreux sites historiques et archéologiques se trouvent sur la réserve ; les ruines anasazis de **Kinishba** se trouvent à 12 km à l'ouest de Whiteriver. On y accède par une route en terre.

◆ À ne pas manquer

Les sommets du **Mount Baldy** vous saluent de leurs 3 500 m d'altitude. Plus que toute autre montagne, la *Dzil Ligaye* (Montagne Blanche), où les Esprits des Montagnes résident depuis le commencement des temps, est sacrée pour les Apaches. De son sommet coulent des sources qui désaltèrent les Dieux et les hommes qui les honorent dans leurs danses. C'est aussi la maison du vent, que les Apaches écoutent respectueusement lorsqu'ils viennent rendre hommage aux Esprits pour les remercier de leur avoir accordé cette terre si belle.

FORT McDOWELL MOHAVE-APACHE

Bureau officiel de la réserve
Fort McDowell Mohave-Apache
Indian Community
P.O. Box 17779
Fountain Hills, AZ 85269-7779
Tél. : (602) 837 5121

➪ Pour y aller

La réserve, qui couvre 9 872 ha, se trouve près de Phoenix, d'où il faut prendre la route I 10 vers le nord, et à Casa Blanca, sur la sortie 175, se diriger vers Sacaton. La Verde River la traverse en longueur.

◆ Les Mohaves-Apaches

(Voir « Tribus indiennes Colorado River », Arizona.)

La plus grande partie de la population de Fort McDowell est constituée par des Yavapais appelés à tort Mohaves-Apaches. Ils sont les descendants des Yavapais conduits en tant que prisonniers de guerre à San Carlos en 1874-1875, avant d'être assignés à la réserve de Fort McDowell. Parmi les personnages célèbres de cette réserve se trouvait **Carlos Montezuma**, qui fut un des premiers Indiens à recevoir un diplôme de médecine en 1889.

LA DANSE DES DIEUX DE LA MONTAGNE

La nuit est tombée sur le village apache. Un petit feu se consume dans le tipi-médecine, installé à l'ouest du terrain cérémoniel. À l'est, sous des abris en feuillage, des petits foyers scintillent sous les marmites de cuisson. Mais les regards sont attirés par les flammes du brasier central qui s'élèvent vers les étoiles de la voûte céleste.

Sans prévenir, les chanteurs entonnent un chant vieux comme le monde et, tout à coup, cinq personnages masqués déboulent de l'est, sur la piste. Quatre d'entre eux ont le visage et le corps barbouillés de noir. Sur leur poitrine et dans le dos, des symboles sont tracés en blanc. Chacun porte sur la tête une étrange coiffe blanche en bois décorée de couleurs vives, et est habillé d'une jupe et de mocassins en cuir. Dans chaque main, ils brandissent un bâton sculpté en forme de glaive. Le cinquième personnage est masqué et peint en blanc. Autour de la taille, dans son dos, une cloche résonne aux bruits de ses mouvements saccadés.

Tous les cinq tournent en gesticulant autour du feu central. Apparaît alors un second groupe de danseurs pareillement costumés, mais dont les marques peintes diffèrent de celles de la troupe précédente. Puis leurs ombres fantasmagoriques, déformées par la lumière sémillante, sont rejointes par celles d'un troisième groupe. Et la danse bat son plein. Les Dieux de la Montagne gesticulent, se jettent sur le feu, reculent, se menacent avec des bâtons puis menacent la foule. Les chants les accompagnent. C'est la danse *Gahe-nde*, la danse des Dieux de la Montagne, qui puise son origine dans la légende suivante.

Il y a bien longtemps, un village fut attaqué par une bande ennemie. Parmi les habitants se trouvaient un aveugle et un invalide. Afin de ne pas gêner les actions de leurs guerriers, ils se cachèrent dans une grotte de leur montagne. Là, ils attendirent la fin du combat, qui dura des jours et des jours, jusqu'à l'épuisement de leurs vivres. Finalement, ils finirent par se dire qu'on les avait oubliés. Une nuit, ils entendirent un son étrange tandis que surgissaient devant eux cinq personnages armés, terrifiants et gesticulants. Quatre étaient peints en noir et portaient une coiffe étrange, le cinquième était tout blanc. Ils chantaient en s'adressant au vent et à la pluie et livraient bataille contre d'invisibles ennemis. Une étrange lumière reflétait leurs ombres inquiétantes sur les parois de la grotte. Alors que les deux hommes pensaient venu le moment de leur dernier voyage, le masque blanc ouvrit magiquement un passage dans les rochers, par lequel il les invita à le suivre. À la sortie du tunnel, le soleil éblouit les deux infirmes transformés en deux splendides guerriers, revêtus d'habits neufs et armés d'arcs et de flèches. Au loin se dessinait leur village, qu'ils s'empressèrent de rejoindre. Après avoir été accueillis dans la joie et l'étonnement, ils relatèrent leur aventure en mimant les Dieux. Depuis ce jour-là, les Apaches dansent pour honorer les Dieux de la Montagne, qui guérissent les malades et sont porteurs de bonne fortune.

FORT MOHAVE

Bureau officiel de la réserve
Fort Mohave Tribal Council
500 Merriman Ave.
Needles, CA 92363
Tél. : (619) 326 4591

➪ Pour y aller

La réserve, qui couvre 16 750 ha, s'étend sur trois États : la Californie, l'Arizona et le Nevada. Le bureau officiel se trouve en Californie.

◆ Les Ahamakavs, le Peuple qui vit le long de la rivière

(Voir « Tribus indiennes Colorado River » et l'encadré sur les tribus yumans.)

Les Mohaves (groupe linguistique hokan) étaient les meilleurs agriculteurs yumans ; ils cultivaient les terres placées le long du Colorado et se nourrissaient en outre de poissons et de fruits sauvages. Ils avaient pour ennemis séculaires les Maricopahs, les Cocopahs, les Pimas et les Tohono O'odhams. Ils se déplaçaient pour commercer jusqu'à la côte Pacifique et créèrent une piste dont les colons espagnols se servirent lors de leurs voyages. Le poste militaire de Fort Mohave fut établi en 1858 par l'armée américaine sur le territoire de la tribu, qui bientôt perdit une grande partie de ses terres, que s'appropria une célèbre compagnie de chemin de fer, la Santa Fe Railroad. Avec les trains arrivèrent de nombreux colons, et la plupart des Mohaves furent poussés à s'installer plus au sud, dans la réserve de Colorado River. La réserve de Fort Mohave compte actuellement une population de 480 Indiens.

◆ Que faire ?

Les activités offertes par le fleuve Colorado ne manquent pas, de la pêche (avec une licence tribale) à la promenade en canoë. Pour vous tenir informés des nouvelles locales, lisez le *Mohave Valley News*.

FORT YUMA

Bureau officiel de la réserve
Quechan Tribe
P.O. Box 11352
Yuma, AZ 85364
Tél. : (619) 572 0213

➪ Pour y aller

La réserve, qui couvre 17 576 ha, s'étend sur trois États : la Californie, l'Arizona et le Nevada. À l'ouest, des *mesas* et des montagnes s'élèvent en formant une frontière naturelle tandis que le fleuve Colorado la borde à l'est. La ville de Yuma se trouve à 288 km au sud-est de Phoenix. On y accède par la route I 8.

◆ Les Quechans

Les Quechans, ou Yumans (voir encadré sur les tribus yumans), dépendaient tout comme les Mohaves des crues annuelles du Colorado pour pratiquer leur agriculture. Ils eurent des relations pacifiques avec les Espagnols jusque dans les années 1780. Ils se révoltèrent alors, aidés par leurs alliés mohaves, contre l'emprise de plus en plus destructrice des colons espagnols. Ils les chassèrent de leur territoire et conservèrent leur indépendance jusqu'au moment de la colonisation américaine, vers 1850. La réserve fut établie en 1884 et quelque 2 500 Quechans y vivent principalement de l'agriculture.

◆ Fêtes et cérémonies

• **Yuma Crossing Day :** dernier samedi de février. Foire à l'artisanat avec des démonstrations du travail de broderie en perles. Cette manifestation a lieu dans la partie californienne de la réserve à Winterhaven. Tél. : (619) 572 0661.

• **Native American Organization Powwow :** 1er week-end de mars, à Winterhaven (Californie). Danses intertribales, chants traditionnels, cuisine indienne attirent des visiteurs de tout le pays. Tél. : (619) 572 0222.

◆ Art et artisanat

Quechan Museum : ce petit musée présente les cultures quechan et hispanique. Il est situé à Yuma, près des bureaux officiels de la réserve. Vous y trouverez des guides qui vous indiqueront comment découvrir les nombreux pétroglyphes qui abondent sur la réserve. Tél. : (619) 572 0661.

RÉSERVE GILA RIVER

Bureau officiel de la réserve
Gila River Indian Community
P.O. Box 97
Sacaton, AZ 85247
Tél. : (520) 562 6000
Fax : (520) 562 3422

➪ Pour y aller

La réserve, qui couvre 148 800 ha, se trouve dans le centre sud de l'Arizona. On y accède par la route I 10, à une quinzaine de kilomètres au sud de Phoenix.

◆ Les Pimas et les Maricopas

Au début du XIXe siècle, ces deux tribus voisines, linguistiquement différentes mais qui partageaient les mêmes valeurs culturelles, s'unirent pour lutter contre la colonisation américaine. La réserve fut établie en 1859.

À l'arrivée des Espagnols, les **Pimas**, **Akimel O'odham** (ou Akimel Au-Authm, groupe linguistique uto-aztèque ; voir aussi « Réserve Ak-Chin »), vivaient dans sept villages autour de la rivière Gila. Ils cultivaient le maïs, les courges, les haricots, le tabac et le coton. Dans les années 1850, ils vendaient leurs productions agricoles aux colons américains installés puis, lorsque ces derniers dévièrent le cours de la rivière pour irriguer leurs champs, l'économie des Pimas périclita.

Les **Maricopas, Xalychidon Pipaash,** « Peuple qui vit du côté des eaux » (groupe linguistique yuman, voir l'encadré sur les tribus yumans), vivaient le long du fleuve Colorado en Arizona. Ils rejoignirent les Pimas au début du XIXe siècle, après avoir été expropriés par les colons américains.

Aujourd'hui, la communauté compte près de 12 000 membres, qui sont en majorité des Pimas. L'agriculture est la base de leur économie. En 1968, les agriculteurs pimas et maricopas transformèrent leurs potagers et vergers traditionnels en une agriculture plus intensive. Ils se regroupèrent en une coopérative appelée « Gila Farm River » et mirent en commun les ressources matérielles de la communauté (machines et bâtiments agricoles). Ils conditionnent et exportent une grande partie de leur production (coton, olives, agrumes, légumes...).

Les Pimas vivent aussi dans deux autres réserves en Arizona : réserve Salt River (partagée avec des Indiens maricopas) et réserve Ak-Chin.

◆ Fêtes et cérémonies

• **Mul-Chu-Tcha** (Rassemblement du Peuple) : en février à Sacaton. Parades, rodéo indien, danses traditionnelles, art et artisanat sont au programme de cette foire tribale.

• **St. John's Indian Fair :** 1er dimanche de mars à la Indian Mission School de Laveen sur la route 2. Démonstrations de danses traditionnelles, barbecue indien, art et artisanat sont au programme. Tél. : (602) 550 2400.

◆ Art et artisanat

Au **Gila River Arts & Crafts Center** (appartenant aux Indiens) de Sacaton se trouvent un musée, une boutique de souvenirs, un restaurant qui sert d'authentiques plats indiens. Installé dans ce beau bâtiment moderne, un patio aménagé accueille régulièrement des groupes de danses traditionnelles, des concerts de musique ou des troupes de théâtre. Le musée présente des expositions permanentes et temporaires, sur la culture et l'histoire des Indiens de cette région. Le **Heritage Park**, situé à côté du musée, est une reconstitution grandeur nature et en plein air d'habitations traditionnelles pimas, maricopas, tohono o'odham et apaches. Gila Arts & Crafts Center, P.O. Box 457, Sacaton, AZ 85427. Tél. : (602) 963 3981.

◆ Que faire ?

• Parmi les sites archéologiques hohokams (200 av. J.-C. à 1450) que vous pouvez visiter se trouve **Casa Grande Ruins.** Les Hohokams seraient vraisemblablement les descendants des Pimas et Tohono O'odham. Ce monument national, en plein désert, préserve les ruines d'un ancien village agricole hohokam et celles d'une grande maison (d'où le nom en espagnol) à plusieurs étages du XIIIe siècle, dont l'énigmatique fonction reste à découvrir. Les Hohokams maîtrisèrent le désert et furent d'habiles cultivateurs. Sur le plan artistique, leurs réalisations furent tout aussi étonnantes. Ils inventèrent une technique de gravure à l'eau-forte en se servant de coquillages provenant du golfe californien, plusieurs siècles avant que ce procédé n'apparaisse en Europe. Ce site se trouve à la sortie sud-est de la réserve près de Coolidge. Ouvert toute l'année (sauf le 25 décembre) de 8 à 17 heures. Tél. : (520) 723 3172.

• La réserve possède deux casinos modernes où vous pouvez jouer, manger et boire (pas d'alcool sur la réserve).

HAVASUPAI

Bureau officiel de la réserve
Havasupai Tribe
P.O. Box 10
Supai, AZ 86435
Tél. : (520) 448 2961
Fax : (520) 448 2552

➪ Pour y aller

La réserve, qui couvre 75 230 ha, se trouve en plein cœur du Grand Canyon. Pour y arriver, il faut prendre un hélicoptère, un cheval ou une mule, ou simplement descendre à pied un chemin de terre et de pierres. Partir de Hualapai Hilltop, sur la route 18 (ancienne route mythique 66). Le Grand Canyon est à 90 mn de route de Flagstaff.

◆ Les Hôtes de l'Abîme

La réserve des Havasupais, le « Peuple de l'eau bleue-verte », est la réserve la plus isolée des États-Unis. Les Havasupais (voir encadré sur les tribus yumans) vivent au fond d'un canyon depuis le XIIIe siècle et donnent l'impression que le XXe siècle ne fait que leur rendre visite discrètement. Avant l'arrivée des Blancs, ils passaient l'hiver sur les plateaux boisés à chasser et remplir leurs paniers de fruits et de baies sauvages avant de retourner cultiver, en été, leurs champs au fond du canyon, dans leur oasis de verdure. Dans les années 1860, les troupeaux des éleveurs blancs envahirent leur vallée, réduisant drastiquement la superficie de leurs terres arables. Dans les années 1890, tous leurs territoires de chasse et de cueillette étant colonisés, ils durent abandonner une grande partie de leur économie de subsistance, ainsi que leur mode de vie nomade. Les quelque 500 Havasupais sont aujourd'hui principalement agriculteurs et éleveurs de chevaux. Ils tirent la plus grande partie de leurs revenus du tourisme, et beaucoup d'hommes sont employés comme guides par le Parc du Grand Canyon.

◆ Fêtes et cérémonies

Peach Festival : fin août à Supai. Des centaines de chevaux descendent par le petit chemin long de 14 km, pour participer au rodéo qui est organisé au fond du canyon. Des danses ont lieu, ainsi qu'une foire à l'art et à l'artisanat. C'est le meilleur moment pour profiter de l'hospitalité de ce peuple et découvrir les merveilleux paniers des femmes havasupais.

◆ Art et artisanat

Le **Tribal Arts Enterprise** à Supai comporte un petit musée et une boutique qui vend de l'artisanat local. La vannerie traditionnelle havasupai est très prisée. Tél. : (602) 448 6211.

◆ Que faire ?

Pour arriver jusqu'à la réserve, il faut prendre un hélicoptère (contactez le Havasupai Tourist Entreprise, tél. : (602) 448 2121) ou descendre à cheval (départ de Hualapai Hilltop, 13 km) ou encore à pied par le Topocoba Hilltop Trail (19 km). Le choix dépend de votre forme physique. Le chemin à pied présente certains passages dangereux, dont en particulier les 3 premiers kilomètres, qui sont abrupts. Vous devez impérativement emporter 3 litres d'eau par personne, car il n'y a pas de source sur ce sentier. Il faut compter 4 à 5 heures de marche avant d'apprécier l'ombre apaisante près de **Havasu Creek**, dont l'eau transparente serpente jusqu'au village supai. Pour 15 $, vos bagages lourds seront transportés. La randonnée équestre est plus facile (35 $), mais il faudra veiller à porter un chapeau et des lunettes de soleil. Le vol en hélicoptère coûte 55 $ et dure 10 mn de pure beauté au-dessus du canyon. Au pied de l'immensité désertique, une oasis paradisiaque vous attend, encadrée par des falaises rouges de plus de 300 m de haut. Trois chutes d'eau claire vous émerveilleront sur 3 km de parcours ; elles se déversent dans des piscines naturelles de travertin : **Navajo Falls**, la plus petite, puis **Havasu Falls** et enfin la plus importante, **Mooney Falls,** haute de 60 m. Le modeste village de Supai est accueillant même si le prix de la limonade fraîche paraît élevé. Havasu est un des canyons les plus spectaculaires, aussi est-il très fréquenté par les touristes. Le meilleur moment pour visiter cette réserve est entre fin septembre et début avril. À Supai, vous pouvez vous approvisionner au magasin tribal **Havasupai Trading Company** et loger dans le petit hôtel **Havasupai Lodge** (tél. : (602) 448 2111) ou camper sur place (tél. : (602) 448 2141). N'oubliez surtout pas de réserver !

Pour tous renseignements, adressez-vous à **Havasupai Tourist Enterprise**, Supai, AZ 86435. Tél. : (602) 448 2121.

LE GRAND CANYON

Ce canyon que Robert Stevenson nommait le « grand fossé » est aujourd'hui victime de son succès. On se bouscule certains soirs aux points de vue Yavapai ou Grand View, pour admirer le coucher de soleil. Mais comment résister à tant de beauté qui s'enflamme sous vos yeux ! Grès ocre ou blanc, calcaire rouge sang, schiste argileux vert, gneiss brun foncé créent un spectacle fabuleux dans ces gorges déchiquetées. Long de 300 km, avec des profondeurs de 1 800 m et 160 rapides, le Grand Canyon est une merveille de la nature. Avis que partagent les quelque 5 millions de visiteurs qui y viennent chaque année. En 1885, John Hance, personnage pittoresque, proposa les premières visites guidées de ce site jugé jusque-là impénétrable. Pourtant des Indiens y avaient construit, il y a bien longtemps, leurs habitations troglodytes avant que d'autres tribus ne s'installent sur les rives du mythique Colorado, maître d'œuvre du Grand Canyon.

Il y a deux entrées pour le parc, la principale étant celle du sud. Pour y arriver, prenez la route US 89 depuis **Flagstaff** jusqu'à Cameron, à 75 km. De là prenez la State 64 (où vous aurez de belles vues de la Little Colorado River) ou la US 180 jusqu'à **l'entrée sud** (126 km). L'autre entrée, **Desert View**, se trouve à l'est sur la I 40. Le droit d'entrée valable pour les deux côtés du canyon, et pendant une semaine, coûte 10 $ par véhicule et 4 $ pour ceux qui sont à pied, à vélo, en bus, etc.

Si les deux versants, **South Rim** et **North Rim,** ne sont à vol d'oiseau distants que de 16 km, en voiture il vous faut faire un détour de 345 km. Si vous disposez de peu de temps, contentez-vous de **South Rim,** versant le plus impressionnant et ouvert toute l'année (North Rim est fermé en hiver).

En arrivant au South Rim, sur la State 64, vous ne découvrez l'abîme du Grand Canyon qu'après avoir roulé 4 km jusqu'au **Mather Point.** Pour éviter la foule des touristes, poursuivez 2 km plus loin jusqu'à **Yavapai**

Viewpoint. Situé juste à côté de ce point de vue, le **Visitors Center** fournit tous les renseignements et cartes topographiques indispensables pour votre expédition. Ce centre propose aussi des expositions didactiques et offre un large choix d'ouvrages de référence sur le site.

À quelques mètres de là, visitez le **musée Yavapai**, qui montre des aspects de l'histoire du Grand Canyon.

Le panoramique **Nature Trail** longe les gorges et relie le Visitors Center au **Grand Canyon Village**, où l'hébergement et les services sont concentrés, ainsi qu'un terrain de camping aménagé (**Mather Campground** à 10 $ la nuit). Parmi les plus beaux hôtels du parc : l'**El Towar Hotel** (le plus cher, à partir de 65 $; construit en immenses troncs de chêne par les artisans indiens en 1903) et le **Bright Angel Lodge** (jolis bungalows, prix des chambres entre 35 $ et 60 $, tél. : (520) 638 2401). Des campings sont aménagés un peu partout, mais il faut demander un permis (gratuit) de préférence à l'avance (vous pouvez l'obtenir sur place, mais la file d'attente peut être longue) auprès du **Backcountry Office.** P.O. Box 129, Grand Canyon, AZ 86023. Tél. : (520) 638 7875. Des consignes de sécurité (emporter : 2 litres d'eau par jour et par personne, trousse de secours, protection solaire…) vous y sont données. Pour les réservations d'hôtels (nombreux, mais complets en été), écrire à **Grand Canyon National Park Lodge.** P.O. Box 699, Grand Canyon, AZ 86023. Tél. : (520) 638 2401.

Parmi les randonnées pédestres (38 sentiers principaux relativement bien entretenus et 400 « secondaires »), le choix est vaste. Descendre au fond du Canyon est une expérience inoubliable et une aventure qui demande un effort physique parfois intense. Brusquement, vous allez prendre conscience du paysage grandiose, tout en pénétrant dans un monde de silence. Mieux vaut prévoir plus d'une journée de disponible, afin d'éviter de faire des efforts pendant les heures de canicule. Vous pouvez néanmoins rester sur les hauteurs du canyon, en prenant le **Rim Trail** qui vous conduit, à pied ou en navette, à des points de vue magnifiques.

Pour le **South Rim**, les deux sentiers les plus « faciles » pour descendre au fond du canyon sont les suivants.

• Le **Bright Angel Trailhead** que vous prenez près de Bright Angel Lodge à pied (7 h aller) ou à dos de mulet (35 $ la demi-journée). Il vous conduit après 7 km et une dénivellation de 945 m à **Indian Garden**, oasis verdoyante, puis 3 km encore plus bas à **Plateau Point**, qui offre une vue magnifique plongeante de 500 m sur la rivière.

• Le **South Kaibab Trail** (5 h aller) part de Yaqui Point et offre les meilleurs points de vue sur le canyon, pour une marche assez courte, mais il est dépourvu d'eau et d'ombre et descend abruptement.

L'idéal serait de descendre par l'un, de passer la nuit au fond du canyon et de remonter tôt le matin par l'autre.

Toujours en partant du South Rim, n'oubliez pas de visiter la **réserve des Indiens havasupais** nichée dans l'un des plus beaux endroits du canyon.

Le **North Rim** (si vous venez de l'Utah ou du Nevada, ou simplement pour éviter la foule du South Rim) est plus sauvage et plus frais. Mais étant moins fréquenté que l'autre, il est mal desservi par les transports publics et fermé en hiver. Un sentier mène au fond des gorges : **North Kaibab Trail** (23 km aller-retour), il est assez facile.

Au Grand Canyon, outre les randonnées pédestres ou équestres, vous pouvez pratiquer une activité plus rafraîchissante et non moins épique : le **rafting** le long des rapides du Colorado, guidé par des Indiens. Si cela vous tente, adressez-vous au **Cafla Tours**. Tél. : (818) 892 9837.

Pour tous renseignements complémentaires concernant le parc : **Superintendent** P.O. Box 129, Grand Canyon, AZ 86023. Tél. : (520) 638 7888.

RÉSERVE HOPI

Bureau officiel de la réserve
Hopi Tribe
P.O. Box 123
Kykotsmovi, AZ 86039
Tél. : (520) 734 2441

➪ Pour y aller

La réserve hopi, qui couvre 624 485 ha, est située dans le nord-est de l'Arizona, au milieu d'un paysage étrange aride et animé de plateaux rocailleux, couleur rouge et ocre. Enclave pueblo dans la réserve navajo, on accède à la réserve hopi par la State 264 en quittant Tuba City par l'est.

◆ Le Peuple de la Paix

L'histoire des Pueblos hopis remonte à 2 000 ans sur cette terre d'Arizona. Descendants des Anasazis, ils habitèrent cette région bien avant la venue des Indiens paiutes, apaches, navajos, et celle des colons espagnols et euro-américains. Lorsque les Espagnols s'installèrent sur leur territoire en 1540, ils furent surpris de découvrir leurs méthodes de culture sophistiquées, incroyablement bien adaptées à cette zone désertique. Au contact des conquistadores, pendant les XVIe et XVIIe siècles, les Indiens acquirent des chevaux, des ânes, des moutons et des bovins. La politique espagnole, qui voulait qu'ils abandonnent leur religion, les poussa à se joindre aux autres Pueblos dans la révolte de 1680. À partir de cette date, l'hégémonie espagnole (bien que rétablie dans la région en 1692) prit fin chez les Hopis, hormis une mission construite en 1701 à Awatovi, entraînant la destruction du village par les Hopis des autres communautés, en réaction à l'attitude conciliante des habitants d'Awatovi, et la propagation de la vérole, dont souffrit sévèrement la population. Parmi leurs collatéraux, ils avaient pour ennemis les Navajos. Ces derniers effectuaient régulièrement des raids en territoire hopi et lorsque ce dernier tomba sous la juridiction américaine en 1848, l'expansionnisme américain poussa ces éleveurs nomades à s'incruster sur les terres des cultivateurs sédentaires hopis. Responsables de nombreuses dépravations sur les biens des colons nouvellement installés, les Navajos furent déportés à Bosque Redondo (Nouveau-Mexique) en 1864, avant de revenir s'installer en 1868 dans une réserve dont la superficie empiéta sur les terres hopis. Depuis 1958, de nombreux procès sont intentés par les Hopis, qui espèrent toujours retrouver une partie de leurs territoires ancestraux, « squattés » par les Navajos. La réserve hopi fut créée en 1882. Aujourd'hui, une partie de la population (estimée en 1988 à 10 000 membres, elle croît régulièrement) vit en permanence dans onze villages de style Pueblos, perchés comme des nids d'aigle sur trois *mesas* (plateaux d'altitude), tandis que l'autre se répartit dans des ranchs aux alentours et dans la ville de Polacca, située au pied de First Mesa. Bien qu'il y ait un conseil tribal, chaque village tient à conserver son autonomie politique. La scission entre les libéraux et les conservateurs se perçoit nettement. Ces derniers sont opposés aux influences étrangères qui menacent leur culture traditionnelle.

La descendance familiale est matrilinéaire, aussi les terres cultivables et les habitations appartiennent-elles aux femmes. Chaque village est divisé en plusieurs clans qui portent des noms d'animaux ou de plantes. L'union matrimoniale entre membres d'un même clan est interdite ; après le mariage, l'époux rejoint le clan de sa femme.

Lorsque l'on s'inquiète des motifs qui les font rester dans cette zone désolée, les Hopis répondent que la pauvreté du territoire les met à l'abri des concupiscences et que leur spiritualité, liée à leur terre ancestrale, est plus facilement sauvegardée.

◆ Fêtes et cérémonies

Les Hopis sont très religieux et pratiquent tout au long de l'année de nombreux rites dont le but est d'honorer les dieux pourvoyeurs de la pluie indispensable aux cultures. Chaque village possède une *plaza*, où depuis des siècles ces cérémonies ont lieu. De la fin du printemps au début de l'été, pas un week-end ne s'écoule sans qu'une danse des Esprits, appelés Kachinas (se prononce *katsinas* et s'écrit aussi Katchinas ou Katsinas), se déroule sur la *plaza*. Ces Kachinas (voir encadré sur les danses pueblos, chapitre Nouveau-Mexique) résident de juillet à décembre dans les San Francisco Peaks, à quelque 150 km au sud des *mesas*. Ils quittent leur montagne vénérée au solstice d'hiver pour aller vivre parmi les habitants des hameaux. Les danses kachinas sont sacrées pour les Hopis. À cause de l'attitude irrespectueuse des touristes venus y assister, des conflits éclatèrent dans le passé et désormais, dans certains villages, seuls les étrangers invités par un membre tribal ont le droit d'y assister. Lors de ces événements, les danseurs portent des masques superbes et chacun incarne un rôle spécifique. Pour la préparation de ces danses, toute la population est mise à contribution, et les Hopis vivant en dehors de la réserve se déplacent pour y assister. L'ambiance qui règne lors de ces manifestations est extraordinaire. Chaque jour, il y a plusieurs danses différentes qui se suivent avec entre chacune une interruption de 30 mn.

De juin à juillet, on peut parfois voir sur le toit d'une maison des aigles qui attendent paisiblement le moment où ils seront cérémonieusement sacrifiés, pour accomplir leur rôle de messagers auprès des dieux de la Pluie.

Il est absolument interdit de photographier, de filmer, d'enregistrer, de dessiner ou de prendre des notes lors des cérémonies ; à toute autre occasion, une autorisation tribale est nécessaire pour pratiquer ces activités. Pour tous renseignements et dates précises des célébrations, contactez le **Hopi Cultural Center** P.O. Box 67, Second Mesa, AZ 86043. Tél. : (602) 734 2401.

Parmi les cérémonies qui ont lieu tout au long de l'année, citons :

• **Buffalo Dances** : danses du Bison, en janvier (voir encadré danses pueblos, dans le chapitre Nouveau-Mexique). Première cérémonie kachina de l'année, qui se répète de mai à juillet.

• **Niman ou Home Dance** : dernière danse kachina de l'année, fin juillet. Cette danse (qui dure plusieurs jours) marque le départ des Kachinas (Esprits) qui « retournent » dans leur montagne sacrée jusqu'à l'année suivante. Elle célèbre aussi le solstice d'été et la récolte des premiers maïs.

• **Snake Dance** : danse du Serpent, généralement réservée aux étrangers invités. Elle se déroule en août. Des membres de la Société des Serpents exécutent leurs mouvements cadencés en tenant dans leur bouche des serpents (dont des crotales venimeux). D'autres serpents rampent librement sur le sol de la place. À la fin de la cérémonie, les reptiles sont relâchés dans le désert (où les hommes les avaient capturés) afin de transmettre aux dieux les prières pour que tombe la pluie.

◆ Art et artisanat

Pour se familiariser avec l'art hopi, il est tout indiqué de faire une halte au **Hopi Cultural Center** sur Second Mesa. Ce centre contient un musée et une boutique de souvenirs, ainsi qu'un restaurant et un hôtel. Des visites guidées dans les vieux villages et ateliers d'artistes ainsi que des démonstrations de leur savoir-faire vous sont proposées. Hopi Cultural Center, P.O. Box 67, Second Mesa, AZ 86043. Tél. : (602) 734 2401.

Les Hopis sont des artistes réputés pour leurs vanneries, leurs poteries (mises en forme à la main, sans tour) et leurs bijoux en argent. Leurs bijoux sont traditionnellement très sobres, en argent mat, et sans incrustations de pierre. La technique particulière nommée *Hopi Overlay* consiste en l'assemblage de deux plaques d'argent superposées. Une texture est gravée sur celle du fond, qui est fréquemment noircie, tandis que celle du dessus est découpée en dessins géométriques ou figuratifs. Ces dessins, inspirés souvent de ceux des poteries préhistoriques, représentent les symboles de la pluie, de l'eau, du soleil et d'animaux, dont les blaireaux, et des griffes de blaireau. Les deux pièces sont ensuite soudées ensemble. Aujourd'hui, certains motifs nouveaux apparaissent, ainsi que quelques pierres précieuses, ou semi-précieuses, et un fini brillant est parfois ajouté. Pour l'acheteur, tout est question de goût. Leurs poupées kachinas, offertes traditionnellement aux jeunes enfants (voir encadré), sont célèbres.

Plusieurs boutiques privées ou coopératives vendent de l'artisanat, dont les suivantes :

• **Calnimptewa's Gallery, Monongya's Gallery, Old Oraibi Crafts** se trouvent à Kykotsmovi.

• **Dawa's Hopi Arts & Crafts**, spécialisée dans la bijouterie, à Shungovapi. Tél. : (602) 734 2430.

• **Native Images** se trouve à Polacca sur la First Mesa. Tél. : (602) 737 2703.

• De nombreux artistes contemporains hopis, dont les peintres **Linda** et son frère **Dan V. Lomahaftewa**, sont internationalement reconnus. Ils exposent régulièrement dans des musées nationaux et internationaux (Dan est souvent invité en France), et leurs œuvres, où peut se lire un attachement profond à leur culture, portent la marque d'un élan artistique tourné vers le futur.

◆ Que faire ?

• Trois villages se trouvent sur **First Mesa,** située à 25 km à l'ouest de Keams Canyon. Pour y accéder, prenez la route de bifurcation à Polacca, village situé au pied de la Mesa. Les artisans produisent des poupées kachinas, des bijoux et des toiles tissées. Construit vers 1150, **Waalpi** est le plus beau village hopi. Il est perché sur un promontoire rocheux qui offre une vue panoramique extraordinaire. Les ruines de l'ancien village, qui surplombent des falaises abruptes, ne se visitent qu'avec un guide que vous contactez au Visitors Center.

Sitsomovi fut construit vers 1650 par des habitants de Waalpi, dont la population devenait trop importante.

Hanoki fut construit vers 1700 par des Indiens tewas venus se réfugier chez les Hopis.

• Sur **Second Mesa**, située à 16 km à l'ouest de First Mesa, se trouvent également trois villages : **Songoovapi, Supawlavi, Musangnuvi.** Le Hopi Cultural Center est installé sur Second Mesa, dont les artisans sont réputés pour leur vannerie et la fabrication de poupées kachinas.

• **Third Mesa** est à 16 km à l'ouest, et regroupe cinq villages : **Orayvi (Old Oraibi), Hot'vela, Paaqavi, Kykotsmovi**, où est installé le bureau tribal, et enfin **Munqaqi**, à 86 km à l'ouest des autres villages hopis.

Dans la réserve, plusieurs aires de campement sont disponibles ainsi qu'un motel à Keams Canyon. Tél. : (602) 738 2297. Le Centre culturel hopi, sur Second Mesa, a aussi un hôtel. Il y a peu de chambres et mieux vaut réserver à l'avance. Tél. : (602) 734 2401.

◆ À ne pas manquer

Bien que **Navajo National Monument** se trouve à 80 km de la réserve hopi, les vestiges de ce site sont revendiqués par les Hopis.

LES POUPÉES KACHINAS

Improprement appelées « poupées », ces figurines en bois sculpté ne sont pas des jouets mais la représentation fidèle des hommes masqués qui incarnent des Esprits. Elles sont ainsi nommées pour les différencier des Esprits et des danseurs. Les Hopis fabriquent ces effigies depuis de nombreux siècles. Alors que les cérémonies kachinas existaient déjà avant l'arrivée des Espagnols, le plus vieux modèle de poupée trouvée date des environs de 1850 ; cependant, des représentations de Kachinas ornent les murs de plusieurs ruines préhistoriques.

Coutumièrement, ces poupées sont sculptées dans des racines de *cottonwood* (peuplier américain). Dans la première partie du XXe siècle, un changement climatique causa la mort de plusieurs de ces arbres que les Hopis trouvaient sur place. Aujourd'hui, ils doivent s'en procurer ailleurs. L'utilisation d'autres espèces n'a pas donné de bons résultats : d'une part, c'était trahir la tradition, et d'autre part les bois similaires (balsa, trop fragile ; pin : trop dur et ayant tendance à se fendre) se révélaient inadéquats.

Dans la pratique ancienne, les poupées étaient de style primitif et stylisé, statiques et plutôt plates avec les bras dessinés mais formant bloc avec le torse. Au XXe siècle, les formes devinrent de plus en plus élaborées et réalistes. Les plus simples sont faites d'une seule pièce de bois, hormis des parties de l'accoutrement (la plupart des Kachinas portent dans leurs mains des hochets, ou arcs ou flèches) qui sont taillées à part et collées à la figurine. Celle-ci est parfaitement polie et les trous dans le bois sont bouchés par un léger lait de kaolin. Auparavant des teintures minérales ou végétales servaient à peindre les poupées, désormais coloriées à l'encre ou à l'acrylique. Des coquillages, plumes, tissus achèvent d'embellir la statuette. Depuis que les rapaces sont des espèces protégées, les Hopis ont remplacé leurs plumes jadis utilisées par celles de volailles domestiquées.

© Chris Corrie.

Maison en adobe typique de Santa Fe.

Vue de Taos Pueblo.

© Mark Nohl.

Cuisson traditionnelle du pain chez les Pueblos. Le four est chauffé avec du bois de genévrier qui dégage une odeur très forte et agréable.

Mesa dans le pays zuni.

Pétroglyphes, gravés au poinçon entre 1000 et 1400 après J.-C., dans le Nouveau-Mexique. Véritables guides culturels, ces dessins sont les traces laissées par les anciennes civilisations indiennes, Mogollon, Hohokam ou Anasazi.

Danseurs tablitas entrant dans une kiva sacrée à San Ildefonso.

Géronimo (1829-1909), chef apache chiricahua, à l'âge de 76 ans.

Darrell Normam de Lodge Polle Gallery and Tipi Camp, devant les tipis qu'il loue aux voyageurs, à Browning dans le Montana.

Cow-boys Crows, à Crow Agency dans le Montana.

Rodéo indien pour la Crow Fair, qui se déroule chaque année, le dernier week-end du mois d'août, à Crow Agency dans le Montana.

Susan Medecine Horse, artiste crow et directrice d'une galerie d'art indien, à Livingstone dans le Montana, et son neveu Joe, adepte de bull-riding (épreuve de rodéo sur des taureaux).

Réunion des anciens dans la réserve Blackfeet.

© Paul Dix.

Grand Entry du powwow de Browning, chaque année à la mi-juillet.

© Travel Montana/Donnie Sexton.

Parade au powwow.

Danse zuni des dindons.

© Mark Nohl - Courtesy of NM Magazine.

Jeune danseur fancy à la Crow Fair.

Petite danseuse jingle à Browning.

Keith Bear, joueur de flûte traditionnelle.

Danse traditionnelle du cerceau.

Petite danseuse pueblo.

Tyler Medecine Horse, pêcheur, chasseur et artiste crow (Montana).

Les poupées kachinas traditionnelles mesurent entre 20 et 35 cm, mais depuis une date récente des miniatures sont également fabriquées ainsi que des pièces de plus de 50 cm de haut.

Il existe plusieurs centaines de figurines différentes, autant que de Kachinas qu'elles représentent et dont elles portent d'ailleurs le nom (Kachina-Loup, Kachina-Neige, Kachina-Guerrier, etc.). Chacune est la réplique exacte du danseur personnalisant l'Esprit.

Autrefois, les poupées n'étaient pas vendues mais offertes aux jeunes enfants, lors des cérémonies. Elles n'étaient pas des idoles mais des outils pédagogiques, d'instruction religieuse. Comme les femmes ne sont pas autorisées à porter de costumes kachinas (les rôles de Kachinas féminines sont joués par des hommes), les poupées sont accrochées au mur dans les maisons afin que les femmes et les filles gardent un lien étroit avec les Esprits kachinas.

Depuis que ces poupées sont commercialisées, certains sculpteurs mélangent les attributs de plusieurs Kachinas sur une seule poupée, afin de lui enlever son rôle traditionnel. Cependant, la plupart sont les répliques exactes des danseurs. Bien que d'autres tribus (en particulier les Zunis) fabriquent également ces poupées, celles des Hopis sont les plus belles et les plus recherchées. La profusion de plumes, fourrures ou autres décorations tapageuses ne donne pas la vraie valeur de l'objet. Elle peut au contraire masquer un travail bâclé. Il est bon de demander l'origine de la poupée (son nom, sa date de fabrication, celui du sculpteur et de son village). Le prix varie de 100 $ à 500 $. Les poupées kachinas anciennes se négocient dans les salles des ventes à New York entre 2 000 $ et 4 000 $, et sont difficiles à découvrir sur place. Méfiance donc envers les « antiquités » bon marché.

RÉSERVE HUALAPAI

Bureau officiel de la réserve
Hualapai Tribe
Peach Springs,
AZ 86434

➪ Pour y aller

Située à l'ouest de Flagstaff, la réserve, qui couvre 397 000 ha, est accessible par la US 66 que l'on prend à partir de la I 40.

◆ Le Peuple de l'Arbre à pignons

(Voir encadré sur les tribus yumans.)

Les Hualapais (appartenant au groupe linguistique yuman) sont, avec les Havasupais, les habitants de la région du Grand Canyon. Ils habitent cette région depuis plus de 1 000 ans. Vers 1820, les trappeurs et les prospecteurs blancs envahirent progressivement leur territoire. Hormis quelques escarmouches entre les deux peuples, les relations furent plutôt profitables pour les deux. Les Hualapais procuraient aux Blancs une main-d'œuvre bon marché et, lorsque le gouvernement américain décida en 1874 de déporter les Indiens dans la réserve de Colorado River, les Blancs firent pression afin que les Hualapais puissent revenir sur leurs terres deux ans plus tard, où leur réserve fut établie en 1876. Ils tirent leurs plus importants revenus de l'élevage de bovins.

◆ Fêtes et cérémonies

Sobriety Festival : en mai à Peach Springs. Powwow, concours de beauté, rodéo, artisanat sont au programme.

◆ Que faire ?

• Le **Hualapai Wildlife Conservation Dept.** a développé un programme de chasse et de pêche ouvert aux touristes. Pour plus de renseignements, téléphoner au (602) 769 2227.

• Installés près du Grand Canyon, les Hualapais proposent (de mai à octobre) à des prix très raisonnables des randonnées en raft d'un ou deux jours dans les eaux du Colorado. S'adresser à **Hualapai River Runners**, P.O. Box 246, Peach Springs, AZ 86434. Tél. : (602) 769 2210.

• Vous pouvez loger à Peach Springs, où se trouve un motel et un restaurant.

RÉSERVE KAIBAB-PAIUTE

Bureau officiel de la réserve
Kaibab-Paiute Reservation
HC 65, Box 2
Fredonia, AZ 86022
Tél. : (520) 643 7245

➪ Pour y aller

Située au nord-ouest de l'Arizona à la frontière avec l'Utah, la réserve couvre 48 336 ha de prairies ondoyantes et de hauts plateaux. La route US 89 traverse la réserve d'est en ouest.

◆ Les Paiutes du Sud

La bande des Kaibab-Paiutes appartient à la grande nation des Paiutes du Sud (groupe linguistique uto-aztèque), qui occupait ce qui est aujourd'hui le sud de l'Utah, le nord de l'Arizona et la région du Grand Bassin du sud-est du Nevada. Au XIXe siècle, les mormons guidés par leur chef spirituel Brigham Young créèrent le territoire de l'Utah (englobant l'Utah, le Nevada et l'ouest du Colorado). Ils apprirent l'agriculture aux Paiutes et les rallièrent à leur cause. Au début du XXe siècle, les Paiutes du Sud avaient perdu la plus grande partie de leur territoire au profit des colons, ainsi que des Navajos, qui récupérèrent une partie des terres paiutes, incluses désormais dans la réserve navajo. Les Paiutes s'en trouvèrent considérablement appauvris au point que, en 1965, le gouvernement américain accepta de les dédommager. Certains Paiutes, dont la branche kaibab, investirent cet argent pour améliorer leur niveau de vie sociale et économique. Aujourd'hui, si l'agriculture et l'élevage restent les principaux secteurs pourvoyeurs de revenus, le tourisme et certains projets industriels (dont le très controversé incinérateur de déchets hasardeux) sont également lucratifs.

◆ Fêtes et cérémonies

Lors de la **Cultural Fair** (jour de Memorial Day, dernier lundi de mai), à Fredonia, la tribu organise des danses et des activités culturelles. Tél. : (520) 643 7245.

◆ Que faire ?

• La tribu possède un terrain de camping aménagé près du **Pipe Springs National Monument.**

• Proche de ce camping, vous pouvez visiter un fort ancien construit par les mormons en 1870, appelé aujourd'hui **Windsor Castle**, où vous découvrirez la vie des pionniers dans l'Ouest lors de scènes reconstituées ainsi qu'à travers les expositions du musée.

NAVAJO NATION

Bureau officiel de la réserve
Navajo Nation
P.O. Box 663
Window Rock, AZ 86515
Tél. : (520) 871 7371

➪ Pour y aller

Navajoland (*Dineh Bikéyah* en navajo) est la plus grande réserve indienne des États-Unis, avec plus de 7 millions d'hectares répartis dans le nord-est de l'Arizona (4 500 000 ha), le sud de l'Utah et le nord-ouest du Nouveau-Mexique. La réserve est desservie par un réseau de routes asphaltées (plus de 1 770 km), de routes gravillonnées et de pistes impraticables en saison de pluie. Window Rock, la capitale de la nation navajo, se trouve à l'intersection de la State 264 et de l'Indian Highway 12 dans l'extrémité sud-est de l'Arizona. Tuba City, la plus importante ville de la partie ouest de la réserve, est à 128 km au nord de Flagstaff (par la US 89).

◆ Dineh, le Peuple

La légende raconte que les ancêtres des Navajos (qui n'étaient pas encore des humains) durent franchir trois mondes différents avant d'émerger, par un passage creusé par le vent, dans le quatrième, où les divinités du Peuple saint (Holy People) avaient dressé quatre montagnes sacrées. Dans ce monde de l'émergence furent créés le Premier Homme (à partir d'un épi de maïs blanc) et la Première Femme (à partir d'un épi de maïs jaune). Ces deux humains eurent plusieurs jumeaux, qui, à leur tour, se multiplièrent. La mythologie navajo, riche et complexe, explique longuement comment le Dineh (le Peuple) émergea sur la surface de la Terre dans un territoire encadré par les quatre montagnes sacrées. À l'est se dresse le mont Blanca, au sud le mont Taylor, à l'ouest les San Francisco Peaks et enfin au nord le mont Hesperus. Le chiffre quatre a une signification particulière dans la philosophie des Navajos ; ainsi, quatre couleurs sont associées aux points cardinaux (blanc pour l'est, turquoise pour le sud, jaune nacré pour l'ouest et noir pour le nord) et les rituels comportent toujours quatre chants sacrés.

Guerriers semi-nomades (famille linguistique athapascane), les Navajos (prononcez *navahos*) arrivèrent dans le Sud-Ouest probablement vers la fin du XVe siècle. D'après les anthropologues, ils résidaient auparavant dans la région du Nord-Est vers le Canada. Ils entrèrent en conflit avec les Espagnols dès le XVIIe siècle, mais jamais ne furent soumis. Des Espagnols (1540-1822), ils apprirent à se servir d'armes à feu et d'outils, ainsi qu'à monter à cheval et à élever des ovins, des caprins et des bovins. Ils opprimèrent par leurs razzias fréquentes les Indiens pueblos, dont ils adoptèrent la technique du tissage. Lorsque les Mexicains (1822-1846) prirent le pouvoir, les Navajos furent victimes des esclavagistes et ripostèrent par une guérilla incessante. Quand les Mexicains cédèrent leurs possessions (1848) aux Américains, le Dineh crut que les compagnons mis en esclavage leur seraient rendus, tout en espérant être protégés des attaques de leurs ennemis, les Utes, les Kiowas et les Comanches. Les Américains déçurent leur espoir, et entre ces deux peuples éclata une guerre qui se résuma pour les Navajos à 20 ans de malheur.

En 1863, Kit Carson et ses éclaireurs partirent en campagne contre les Navajos. La technique de combat choisie par ce légendaire personnage consistait à brûler les habitations et à détruire les récoltes, plutôt que d'affronter de face les guerriers indiens. Les Navajos, dont le chef Manuelito était un ardent défenseur de leur liberté, se retranchèrent dans le canyon de Chelly, véritable labyrinthe mal connu des Blancs. En hiver 1864, ils furent cependant acculés à la défaite par Carson et conduits dans les pires conditions à Bosque Redondo (Fort Summer, au Nouveau-Mexique). Ce triste épisode, connu sous le nom de « Longue Marche », coûta la vie à de nombreux Navajos. 8 000 rescapés atteignirent le camp de Fort Summer, déjà occupé par des Apaches vaincus. En juin 1868, ils signèrent un traité leur donnant la permission de retourner sur leurs terres, à l'abri de leurs montagnes sacrées. Ce traité réduisait leur territoire à un dixième de ce qu'il était auparavant, mais il leur assurait la paix et leur octroyait des annuités sous forme de vêtements, denrées et petit matériel. Aujourd'hui, la nation navajo comporte 230 000 membres inscrits. Leur gouvernement tribal, établi en 1923, est constitué de 88 élus au conseil, représentants de 110 communautés (connues sous le nom de *Chapters*) dispersées dans l'Utah, l'Arizona et le Nouveau-Mexique. Beaucoup de familles navajos vivent isolées près des pâturages de leurs troupeaux ; ils habitent souvent dans leurs maisons traditionnelles (*hogans*). Les femmes portent quotidiennement la longue jupe de coton ou de velours distinctive de leur culture, ainsi que de nombreux bijoux (dont une magnifique ceinture en cuir et argent, *concho*) en argent et turquoises. Parallèlement à l'élevage d'ovins, les Navajos tirent leurs revenus économiques de l'exploitation forestière, d'entreprises industrielles, de l'artisanat et du tourisme.

◆ Fêtes et cérémonies

Il y a plus de 50 cérémonies navajos, qui durent parfois quelques heures et parfois plusieurs jours. Elles font partie du temps et de l'histoire sacrée navajo, profondément incluses dans l'âme d'un peuple doté de pouvoirs magiques, comme celui de guérir par les chants ou les peintures de sable éphémères. Il n'est pas facile d'avoir accès à ces cérémonies, à moins d'y être invité. Mais de nombreuses fêtes sociales avec des chants et danses traditionnelles, des rodéos indiens, de la cuisine locale comblent la curiosité des voyageurs et ouvrent une porte sur l'univers navajo. Pour avoir la liste complète et le calendrier exact des événements, lisez les journaux locaux, ou adressez-vous au **Navajoland Tourism** P.O. Box 663, Window Rock, AZ 86515. Tél. : (520) 871 6659 ou 6436. En voici quelques-uns, dont les plus importants, selon la région où vous vous trouvez.

Région centrale

• **Annual Christmas Arts and Crafts Fair :** début décembre à Window Rock. Parade, chants et danses traditionnels. Tél. : (520) 871 7303.

• **Annual World Championship Hoop Dance** : début février, concours de la spectaculaire Danse des Cerceaux, à Phoenix au Heard Museum. Tél. : (602) 252 8840.

• **Fourth of July Celebration :** le 4 Juillet à Window Rock. Rodéo professionnel, parade, chants et danses, foire à l'art et à l'artisanat. Tél. : (520) 871 6478.

• **Central Navajo Fair** : en août à Chinle. Parade, rodéo, powwow ; foire à l'art et à l'artisanat. Tél. : (520) 674 2052.

• **Annual Navajo Nation Fair and Rodeo :** début septembre, à Window Rock. Nommée la « plus grande foire indienne du monde », elle dure 5 jours, pendant lesquels se déroulent des rodéos, des danses, une foire artisanale, un carnaval, l'élection de Miss Navajo, un concours du plus beau bébé et du meilleur *fry bread* (beignet traditionnel), une foire agricole. De nombreuses échoppes vendent des plats cuisinés indiens. Tél. : (520) 871 6478 ou 7308.

Région de l'est (dont la partie de la réserve au Nouveau-Mexique)

• **Shiprock Navajo Fair** : début octobre à Shiprock. La plus traditionnelle des fêtes en pays navajo. Powwow intertribal, cérémonie curative Yei Be Chei qui dure 9 jours (pas de photographies, ni autre enregistrement de la cérémonie), musique country et indienne, rodéo, carnaval, foire à l'art et à l'artisanat. Tél. : (505) 368 4717.

• **Eastern Navajo Fair** : fin juillet à Crowpoint, Nouveau-Mexique. Tél. : (505) 786 5841.

• **Intertribal Indian Ceremonial :** en août à Gallup, Nouveau-Mexique. Tél. : (505) 863 3396.

Région de l'ouest

• **Southwestern Navajo Fair** : en octobre à Dilkon. Rodéo indien, carnaval, chants et danses traditionnels, foire à l'art et à l'artisanat. Tél. : (520) 657 3376.

• **Western Navajo Fair** : en octobre à Tuba City. Grand rodéo indien, powwow intertribal, musique country et indienne, concours du plus beau bébé, foire agricole et aussi de l'art et de l'artisanat. Tél. : (520) 283 3284.

• **Annual Dineh College Powwow** : vers le 10 avril à Tsaile. Tél. : (520) 724 6817.

• **Native American Music Festival** : vers le 12 juin sur le campus de Dineh College à Tsaile. Tél. : (520) 724 6817.

◆ Art et artisanat

Les Navajos ont toujours su adopter les outils et apprendre les techniques d'autres peuples (tissage, poterie, orfèvrerie) pour les transformer en quelque chose qui devenait assurément navajo. Ils sont particulièrement réputés pour la fabrication de tapis et de bijoux en argent et turquoises.

Une légende navajo raconte que l'art du tissage leur fut transmis par la déesse *Spider Woman* (Femme Araignée), qui construisait des métiers à tisser, tandis que son compagnon en enseignait l'usage aux Navajos. Plus prosaïquement, il semble que ce furent les Pueblos qui communiquèrent aux Navajos leurs techniques vers le milieu du XVIIe siècle. À l'origine, les femmes tissaient essentiellement les vêtements et couvertures avant que le marché des tapis ne devienne lucratif à la fin du XIXe siècle. Parmi les styles les plus célèbres d'aujourd'hui se trouvent le ***Two Grey Hills***, le ***Ganado*** et le

Crystal. La plupart des tapis navajos ont des dessins géométriques, chaque moitié du tapis devant être, pour gage de qualité, le reflet exact de l'autre. Cette règle ne s'applique évidemment pas aux dessins figuratifs, qui représentent la plupart du temps des danseurs ou des divinités. Quelques tisserands cardent et teintent (avec des teintures végétales) leurs laines, mais la plupart les achètent toutes prêtes. Avant de vous porter acquéreur d'un tapis, demandez s'il est 100 % pure laine (certaines trames sont faites avec du coton ou des fibres synthétiques). Les teintures végétales (les plus recherchées) ont des couleurs plus subtiles que les teintures commerciales, mais ce critère ne suffit pas à faire la qualité d'un ouvrage. Prenez garde à n'acheter que des tapis faits par les Navajos, de nombreuses imitations (en provenance du Mexique) inondant les marchés. Les beaux tapis navajos sont chers (de quelques centaines à plusieurs milliers de dollars), mais leurs prix continuent à grimper, ce qui en fait un placement de plaisir.

Les bijoux en argent et incrustation de turquoises sont également très demandés, autant par les Navajos eux-mêmes (qui en portent beaucoup) que par les autres Indiens et étrangers. L'orfèvrerie fut introduite par les Espagnols et les Mexicains. Au XIXe siècle, les orfèvres navajos utilisaient l'argent obtenu en faisant fondre des dollars américains ou des pesos mexicains, qu'ils coulaient ensuite dans des formes avant de les marteler. Parmi les bijoux caractéristiques navajos se trouvent les colliers appelés ***Squash Blossom***, constitués de pièces en argent, de la forme de fleurs de courge et terminés par un pendentif *naja* (en forme de croissant). La légende navajo raconte que lorsque le Dineh émergea sur ce monde, le Premier Homme y apporta des turquoises. En fait, il semblerait que les Navajos ne commencèrent à travailler cette pierre qu'à leur retour de déportation à Fort Summer (Nouveau-Mexique) en 1868.

La vannerie, quoique semblant être un art mineur comparée aux deux précédents, est une activité importante pour les Navajos. Les paniers sont associés au bien-être des individus et ils sont utilisés principalement lors des cérémonies.

Mieux connues en France depuis qu'une exposition leur fut consacrée à la Grande Halle de la Villette (Paris) en 1996, les **peintures de sable** sont un art cérémoniel, symbolique et éphémère bien qu'intemporel. Elles sont tout à la fois des prières, des autels, des supports pour la méditation et l'enseignement religieux, des narrations mythologiques et des réceptacles pour les pouvoirs transmis par les Esprits. Réalisées avec des sables de couleur, du charbon de bois et des pierres réduites en poudre, elles sont exécutées sur le sol par des hommes-médecine, qui laissent lentement couler le sable entre le pouce, l'index et le majeur. De format carré, rectangulaire ou rond, elles comportent des personnages mystiques et des représentations symboliques d'éléments sacrés (soleil, maïs, montagne…). Elles font partie d'une cérémonie à but essentiellement thérapeutique et à laquelle sont associés des chants religieux. Une fois la cérémonie achevée (elle peut durer jusqu'à 9 jours), elles sont effacées et une partie des sables est dispersée sur le corps du malade. Les artisans produisent des tableaux en sable collé sur des panneaux de bois, dérivés de ces peintures cérémonielles, qu'ils vendent comme œuvres décoratives, sans autre pouvoir que celui de charmer les yeux.

Pour acheter des objets navajos, adressez-vous au **Navajo Arts & Crafts Enterprise**, qui gère plusieurs boutiques installées à travers la réserve navajo. À Window Rock, téléphonez au (520) 871 4095 pour obtenir la liste des magasins.

Plusieurs manifestations vous permettent de découvrir l'art navajo. Parmi celles-ci :

• **Annual Southwest Indian Art Fair** : l'art des Indiens du Sud-Ouest (dont les Navajos), vers le 20 février à Tucson. Tél. : (520) 621 6302.

• **Annual Heard Museum Guild Indian Fair and Market** : début mars, foire-exposition artisanale au musée Heard de Phoenix. Tél. : (602) 252 8840.

• Chaque mois de l'année, les tisserands navajos se rendent à **Crowpoint** (partie de la réserve au Nouveau-Mexique) pour vendre leurs œuvres lors de ventes aux enchères tenues dans l'Elementary School. Crowpoint Rug Weavers Ass., P.O. Box 1630, Crowpoint, NM 87313. Tél. : (505) 786 5302.

• À 48 km à l'ouest de Window Rock sur la State 264, près de Ganado, se trouve le **Hubbell Trading Post.** Ce comptoir commercial, fondé en 1876 par John Lorenzo Hubbell, est toujours en activité et a été classé « site historique national ». Cet homme entreprenant rendit populaires les tapis et couvertures navajos et encouragea les artisans à utiliser des couleurs et des motifs nouveaux, dont le *Ganado Red.* Des tisserands navajos y travaillent et vendent leurs ouvrages, mais l'époque où les tapis navajos s'achetaient pour une bouchée de pain est bien révolue. Une collection d'objets anciens mérite à elle seule de s'y arrêter.

• Le **Navajo Shopping Center** situé à Gamerco, au Nouveau-Mexique (5 km au nord de Gallup, par la sortie 20 sur la I 40, puis la 666), est aussi un authentique *trading post* qui depuis 40 ans vend des objets fabriqués par les Navajos. Tél. : (505) 863 6897.

• Dans le nord de Flagstaff (en dehors de la réserve, par le sud-ouest) est installé le **Museum of Northern Arizona**, où se trouve une importante collection d'art indien. Il est ouvert de 9 à 17 heures. Entrée : 5 $ (3 $ pour les étudiants). Rte 4, P.O. Box 720, Flagstaff, AZ. Tél. : (501) 774 5211.

◆ Que faire ?

Compte tenu des distances importantes, une découverte même rapide de la réserve demande trois à quatre jours. Vous pouvez diviser votre voyage en zones géographiques.

◆ Partie est du Navajoland

Une des meilleures façons de visiter cet immense territoire est de partir de Farmington au Nouveau-Mexique (nord-est de la réserve) et de prendre la direction ouest vers **Shiprock** (à 42 km) par la US 64 (voir chapitre Nouveau-Mexique, la réserve navajo Ramah). Shiprock Peak, au sud-ouest de la ville, est un haut pic volcanique qui se dresse à l'horizon tel un fantôme immobile. Sacré pour les Indiens, il est naturellement protégé des intrus par des crotales dont il faut se méfier. La légende raconte que ce piton appelé **Tsé Bit'a'i** (Rocher ailé, en navajo) était le domicile de Tseninihaleeh (Oiseau Monstre) et le cœur de Mère Terre.

Toujours en partant de Farmington, dirigez-vous vers le nord-est (sur 22 km) par l'US 550 jusqu'à **Aztec Ruins National Monument**, qui ne doit rien aux Aztèques mais recèle des ruines d'anciens villages pueblos.

En repartant vers le sud en direction de Crowpoint (centre administratif pour la zone orientale), remontez le temps au **Chaco Culture National Historical Park** (sur la State 371 puis route non pavée jusqu'au Visitors Center). Canyon peu profond, situé en plein désert (attention aux serpents) avec des hivers rigoureux, c'était, au temps de la civilisation anasazi, un vaste complexe culturel, religieux et commercial, centre d'un réseau routier qui reliait plusieurs villages pueblos (voir chapitre Nouveau-Mexique, réserve navajo Ramah). Tél. : (505) 786 7014. À 35 km avant d'arriver à Chaco par la State 371, faites un petit détour pour contempler les formes grotesques des rocs de **Bisti Badlands**, paysage étrange qui semble sortir de la nuit des temps.

Si le temps le permet, rejoignez Gallup par le Indian Trail 11, sinon prenez vers Thoreau la State 57, puis la I 40 jusqu'à **Gallup**. Chaque année au mois d'août se déroule l'Intertribal Indian Ceremonial, la plus grande rencontre de délégations indiennes des États-Unis (voir chapitre Nouveau-Mexique, pueblo Zuni).

De Gallup, allez jusqu'à **Window Rock**, capitale de la nation navajo, choisie en 1936 pour être le siège de l'agence indienne de la réserve. Les 87 membres du conseil tribal se réunissent dans le Navajo Tribal Council, grand *hogan* (maison traditionnelle navajo) octogonal dont les murs intérieurs sont décorés de fresques murales décrivant l'histoire de la tribu. À côté du siège tribal se trouve un petit parc où l'on peut se promener au pied de l'arche en roc rouge qui donne son nom à la ville. Au sud de la ville se tient le siège du **Navajo Arts and Crafts Enterprise**, ainsi que le **Navajo Tribal Museum.** À l'est, le **Tse Bonito Park** abrite un petit zoo et un jardin botanique, où sont préservées les espèces animales et végétales importantes dans la culture navajo, ainsi que des habitations traditionnelles. C'est aussi à Window Rock qu'a lieu, chaque mois de septembre, la Navajo Nation Fair. À 16 km au nord, **Fort Defiance** rappelle un chapitre malheureux de l'histoire navajo ; c'est de là que furent déportés en 1864 plus de 8 000 Navajos pour un camp militaire au Nouveau-Mexique.

En partant de Ganado, à 48 km à l'ouest de Window Rock, dirigez-vous vers le **Canyon de Chelly**, au cœur de la réserve, par la State 191. Dans ce Canyon de Chelly, qualifié de jardin de la réserve navajo, sont entretenus de splendides vergers, en particulier des pêchers. Le **Visitors Center** se trouve dans la ville de Chinle, à 50 km au nord de Ganado. Vous y trouverez les coordonnées des guides (le parc propose des visites guidées trois fois par jour en été ; de 3 à 4 heures pour 10 $) et un musée qui vous initiera à l'histoire du canyon. Des générations d'Indiens troglodytes, ancêtres des Navajos et des Hopis, vécurent le long des fonds sableux, dans la **Beautiful Valley**, protégés par des parois abruptes de grès ocre, hautes de 10 à 300 m. En hiver 1864, des Navajos s'y retranchèrent, en vain, pour échapper à l'armée américaine. Ce site, appelé **Navajo Fortress**, véritable éperon rocheux qui fut le dernier bastion de la résistance, est aujourd'hui interdit aux Blancs. Le parc fut instauré en 1931 et les droits relatifs à la terre appartiennent encore aux Navajos. 70 familles y résident en gardant leurs troupeaux de moutons et en cultivant la terre. Ils vivent de façon traditionnelle dans des *hogans* sans électricité ni téléphone. Vous ne pouvez pas circuler dans le parc sans être accompagné par un guide ou un ranger. Vous pouvez engager un guide personnel ou rejoindre un groupe, que ce soit à pied, en véhicule tout-terrain ou à cheval. Le tarif des guides navajos varie entre 10 $/h à pied, 16 $/h ou 70 $/j à cheval (monture et guide), et 70 à 100 $ en voiture tout-terrain pour une demi-journée. Demandez la liste des guides indiens au **Navajoland Tourism**, P.O. Box 663, Window Rock, AZ 86515. Tél. : (602) 871 6659. Parmi les guides navajos, vous pouvez contacter **De Chelly Tours** à Chinle. Tél. : (602) 674 3772.

La route sur les hauteurs nord du parc, **North Rim Drive**, fait à peu près 54 km aller-retour. Elle vous mène sur quatre sites archéologiques : Ledge Ruin, Antelope House, Mummy Cave et Massacre Cave (où furent tués en 1805 des dizaines de femmes, hommes et enfants par les Espagnols). Le versant sud, **South Rim**, comprend sur 60 km (aller-retour) six sites : Tunnel Overlook, Junction Overlook, White House, Sliding Overlook, Face Rock et Spider Rock, aiguille de plus de 300 m de haut.

De White House, vous pouvez prendre un sentier pédestre qui en 3 km vous mène au fond du canyon jusqu'au vigoureux Rio de Chelly.

Dans le canyon, à 1 km du Visitors Center sur le versant sud, vous pouvez loger au **Thunderbird Lodge** (propose un service de tours guidés). Tél. : (520) 674 5841. Entre Chinle et Visitors Center se trouvent un **Holiday Inn** (tél. : (520) 674 5000) et un **Best Western** (tél. : (520) 674 5875). À Chinle, profitez de l'hospitalité navajo (voir plus bas) au Coyote Pass Hospitality Hogan Bed and Breakfast. Tél. : (520) 724 3383.

Deux campings, Cottonwood Campground et Spider Rock Campground, sont aménagés dans le parc.

◆ Partie ouest du Navajoland

Après votre visite au Canyon de Chelly, remontez vers le nord par une route panoramique (US 191 jusqu'à Many Farms, puis US 59) jusqu'à la ville de Kayenta, située sur la US 163, près de **Black Mesa**, la région la plus isolée de la réserve. **Kayenta** est une agréable petite ville où vous trouverez toutes les installations nécessaires pour une halte. Vous pouvez contacter un tour-opérateur navajo qui propose plusieurs excursions, le **Hozhoni Tours**, P.O. Box 1995, Kayenta, AZ 86033-3120. Tél. : (520) 697 8198. Ils vous emmèneront entre autres à **Monument Valley** (voir paragraphe « À ne pas manquer »). De Kayenta vous pouvez aller vers le nord-ouest à Page (juste à la sortie de la réserve) par la State 98. Cette ville est la porte du **Lake Powell**, le plus beau lac du Sud-Ouest et un des plus fantastiques paysages du Far West. La meilleure façon d'explorer les eaux turquoise coulant entre des falaises de grès gris et ocre, parmi des arches immenses et des pitons roses, est de prendre un bateau à Wahweap Marina. Pour louer une embarcation, ou pour une croisière en bateau à aubes au crépuscule, téléphonez au (602) 278 8888. Ne manquez pas de voir (à pied en partant de la réserve ou en bateau) le **Rainbow Bridge National Monument**, plus grand pont naturel du monde. Cette arche, que les Navajos appellent « arc-en-ciel transformé en pierre », est un lieu sacré.

Toujours en partant de Kayenta vers l'ouest (30 km de Kayenta), allez à **Navajo National Monument.** Bien qu'il porte le nom de Navajo, ce site archéologique est revendiqué par les Indiens hopis, dont la réserve se trouve à 80 km. Dans leur mythologie, cette région fut le site de leur dernière halte avant leur installation sur les *mesas.* Au Visitors Center, sur la State 564, se trouvent un musée et un camping (ouvert de mai à octobre). Les ruines (**Betatakin Ruin, Keet Seel Ruin,** le plus grand habitat de falaise de l'Arizona, et **Inscription House)** ne peuvent se visiter qu'en compagnie d'un guide. Tél. : (602) 672 2366.

En continuant votre circuit (qui passe par la réserve hopi) vers le sud-ouest atteignez **Tuba City**, la plus grande ville de cette portion du territoire. Si vous y êtes un vendredi, flânez dans le marché aux puces, où des centaines de vendeurs montent leurs échoppes. Vous y trouverez de l'artisanat indien comme des plantes médicinales. Juste à côté de Tuba City, **Moenkopi**, village hopi le plus à l'ouest, est un bon endroit pour acheter des objets hopis, dont des poupées kachinas. C'est aussi un point de départ pour aller dans la réserve hopi, que vous quitterez après l'avoir visitée en prenant la US 87. Cette route mène vers le sud à **Painted Desert**, parc navajo où l'on peut admirer des rocs vieux de 200 millions d'années qui jouent une symphonie de couleurs avec le soleil et les ombres. À l'est de Painted Desert, **Petrified Forest National Park** s'étend sur un territoire parsemé de formations rocheuses aux couleurs extraordinaires. Au milieu de la végétation du désert se dressent des troncs pétrifiés aux couleurs de pierres précieuses, dont ceux de la **Jasper Forest**, entourés d'une des plus grandes concentrations de fossiles du monde. Dans la partie centrale du parc se trouvent aussi des ruines indiennes, les **Puerco Indian Ruins.**

Pour se loger dans cette immense réserve navajo, vous pouvez choisir de résider chez l'habitant, dans les *bed and breakfast* comme celui de Will Tsosie, homme spirituel navajo, agriculteur et hôte accueillant. Situé à Chinle, dans la résidence d'été de sa famille, cet endroit est pure beauté. À l'est les majestueuses montagnes Chuska, à l'ouest le désert et les canyons, dont celui de Chelly à 4 km. Will Tsosie vous guidera sur les lieux importants de l'histoire navajo en vous en expliquant toute la signification. Il reçoit chaque année de nombreux visiteurs européens, avec qui il prend toujours plaisir à partager ses secrets culinaires traditionnels. Pour prendre rendez-vous, contactez le Coyote Pass Hospitality Hogan Bed and Breakfast. Tél. : (520) 724 3383.

D'autres *bed and breakfast* sont tenus avec succès par des Navajos. Le prix des chambres varie de 45 $ à 75 $. Téléphonez pour réserver :

- à Black Mesa :
  - Sally Martinez — Tél. : (520) 677 3270
  - Linda Tso — Tél. : (520) 677 3351
- à Kayenta :
  - Carol Big — Tél. : (520) 697 3692
  - Sandra Kinlacheeny — Tél. : (520) 697 8138
  - Leona Nelson — Tél. : (520) 697 8605
  - Sandy Tsosie — Tél. : (520) 697 8695
- à Monument Valley :
  - Lisa Irwin — Tél. : (801) 727 3246
- à Tsaile :
  - Rainbow Inn — Tél. : (520) 724 6830.

De nombreux motels, hôtels (il n'y a pas d'hôtels bon marché en terre navajo), terrains de camping appartiennent aux Navajos. Pour avoir une liste détaillée, adressez-vous au **Navajoland Tourism**, P.O. Box 663, Window Rock, AZ 86515. Tél. : (602) 871 6659 ou 7371. Fax : (602) 871 6436. Site web : www.atiin.com/navajoland.

L'actualité locale est traitée dans les journaux, qui donnent aussi le calendrier des festivités et cérémonies : *Navajo Times* et *Navajo-Hopi Observer*. Sur 660 AM à Window Rock, la radio KTNN propose des émissions indiennes.

◆ À ne pas manquer : Monument Valley

Ya at eeh à *Tse' Bii'Ndzisgaii !* (« Bienvenue à Monument Valley », en langue navajo). Voici le paysage typique des films western, étendue grandiose de buttes sauvages gardées par d'immenses cheminées et colonnes de grès. John Ford y tourna *Stagecoach* dès 1938, puis *La Prisonnière du désert, Fort Apache, Rio Grande* et *Automne cheyenne.*

On ne sait pas depuis quand les Navajos s'installèrent à Monument Valley, mais aujourd'hui encore plusieurs familles y vivent. À pied ou à cheval, les bergers navajos y gardent leurs troupeaux chaque jour et retournent au soir dans leurs *hogans,* ces huttes traditionnelles recouvertes de terre de forme circulaire (8 m de diamètre), construites en rondins scellés, et dont la porte est toujours placée face à l'est. L'entrée de Monument Valley (à cheval sur l'Utah et l'Arizona) se trouve à 37 km de Kayenta. Un Visitors Center avec une boutique de souvenirs vous y accueille. Vous pouvez le visiter en voiture (prix d'entrée : 1 $ par véhicule) ou à cheval, seul ou accompagné d'un guide navajo ; avec ce dernier vous pourrez quitter la route principale (**Valley Drive**, 28 km) pour les coins les plus sauvages, rencontrer des habitants et apprendre l'histoire indienne de ce parc. Pour qui sait conduire prudemment sur une route souvent accidentée, **Valley Drive** se faufile entre les inoubliables formations rocheuses, dont le célèbre Totem et les Mittens. Pour avoir la liste complète des guides navajos qui proposent des excursions, à cheval, à pied ou en voiture, adressez-vous au **Monument Valley Navajo Tribal Park**, à Monument Valley (Utah). Tél. : (801) 727 3353. Ou encore au **Navajo Parks and Recreation Departement**, à Window Rock. Tél. : (520) 871 6647.

Parmi les guides navajos : Bennett Tours (à Monument Valley), en voiture tout-terrain. Prix par personne : de 15 $ les 2 h à 55 $ pour une journée entière. Adresse : P.O. Box 360285, UT 84536. Tél. : (801) 727 3283. Ou encore Roland's Navajoland Tours, P.O. Box 1542, Kayenta, AZ 86033. Tél. : (520) 697 3524. Contactez Ed Black's Horse Tours pour des randonnées à cheval ou à pied. P.O. Box 370155, Mexican Hat, UT 84531. Tél. : (520) 739 4285.

Vous pouvez goûter, avec une vue magnifique sur les pitons de Monument Valley, la cuisine traditionnelle navajo au **Haskeneini Restaurant**, ainsi baptisé en l'honneur du chef navajo Haské Neiniih, qui réussit avec une troupe de fidèles à échapper à Kit Carson dans les années 1800. Ce restaurant est situé au Visitors Center. Si vous êtes en groupe, mieux vaut réserver à l'avance. Tél. : (520) 871 4108.

Pour toutes informations, écrire à Monument Valley Navajo Tribal Park, P.O. Box 360289, Monument Valley, UT 84536. Tél. : (801) 727 3353. Fax : (801) 727 3287.

LES HOGANS

***Les Hogans* (texte de Edward Sheriff Curtis, in *The North American Indians*)**

Les familles navajos possèdent généralement trois domiciles différents, du fait de leur vie pastorale et nomade. Leurs habitations, appelées *hogans,* sont extrêmement discrètes dans le paysage, et le voyageur peut circuler du matin au soir à cheval sans en apercevoir aucune. Il se demande alors où peuvent donc bien vivre les centaines d'habitants de la réserve. Il lui faudrait grimper sur le haut d'une colline et de là, le soir venu, il découvrirait, dans toutes les directions, les traînées bleues des fumées qui s'échappent des maisons. En forme de dôme fait avec des rondins de bois et recouvert de terre, les *hogans* sont regroupés par deux ou trois sur un même lieu ; ils permettent le stockage des récoltes en été et offrent à leurs occupants un abri hivernal très confortable. En été, un *hogan* plus rudimentaire est simplement recouvert de branchages. La construction du *hogan* s'accompagne de cérémonies, et lorsque son propriétaire vient à décéder, il est abandonné et appelé *tsindi hogan,* maison du diable. Personne n'oserait y prendre quoi que ce soit. Si un repas était cuit avec des morceaux de bois prélevés d'un tel *hogan* abandonné depuis des années, aucun Navajo, même affamé, ne toucherait au mets.

La principale nourriture des Navajos est la viande de mouton bouillie et le maïs accommodé de nombreuses façons.

Les femmes ont un statut social important ; les brebis, la maison et ce qu'il y a dedans appartiennent à la femme. L'esprit d'indépendance de la femme, soutenu par leur pouvoir matériel, lui permet de dire sans hésitation à un mari qui se plaindrait d'elle : « Si moi ou mon *hogan* ne te convenons pas, va voir ailleurs. » La polygamie est cependant commune, mais toutes les épouses doivent être sœurs.

RÉSERVE PASCUA YAQUI

Bureau officiel de la réserve
Pascua Yaqui Tribe
7474 S. Camino del Oeste
Tucson, AZ 85746
Tél. : (520) 883 5000

➪ Pour y aller

La réserve, constituée de 357 ha, se trouve à quelque 20 km de Tucson et est adjacente à la réserve des O'odhams. Elle se trouve dans la partie sud de l'Arizona.

◆ Les Yaquis

Les Yaquis (groupe linguistique uto-aztèque) de cette réserve arrivèrent en Arizona dans les années 1880. Descendants des anciens Toltecs du Mexique, ils vivaient dans la région du Sonora (Mexique), où la plupart des membres de la tribu résident encore. Durant le règne du président mexicain Porfirio Diaz (1884-1891), les Yaquis, qui luttaient pour conserver leur territoire, souffrirent de nombreuses persécutions. En petits groupes, plusieurs Yaquis choisirent l'exil en Arizona en tant que réfugiés politiques. Malgré une forte pression des habitants de l'Arizona pour les renvoyer au Mexique, les Yaquis exilés obtinrent du gouvernement la constitution d'une réserve en 1978. Ils subirent fortement l'influence chrétienne et adhérèrent au catholicisme dès le début du XVIIe siècle. N'étant pas indigènes de l'Arizona, leurs lieux sacrés se trouvent tous au Mexique. Aujourd'hui, près de 6 000 Yaquis vivent en Arizona, installés dans plusieurs petites villes dans la région de Tucson et au sud de Phoenix, dont les plus importantes sont Guadalupe, Chandler, Coolidge et Marana. Dans un quartier sud de Tucson, Barrio Libre est aussi une communauté yaqui. Dans la réserve, faire des photos est interdit, ainsi que détenir ou consommer de l'alcool.

◆ Fêtes et cérémonies

Les rites et cérémonies religieuses yaquis sont un mélange de cultures indienne et catholique.

Yaqui Easter Ceremonies : commence le samedi précédant Pâques et dure une semaine. À Cristo Rey, Tucson. Cette cérémonie spectaculaire est la plus importante de l'année. Des actes de la Passion sont joués par les Indiens, ainsi qu'un combat simulé qui figure la bataille du Bien contre le Mal. Les musiciens jouent de la guitare, du tambour et de la flûte. Des danseurs masqués exécutent (même pendant la nuit) des danses indiennes tandis que la foule est aspergée d'eau bénite. Tél. : (602) 883 2838 poste 39.

◆ Art et artisanat

À Phoenix, le **Heard Museum** vous offre la possibilité d'en apprendre plus sur la culture yaqui. Heard Museum, 22 E. Monte Vista Rd., Phoenix, AZ 85004. Tél. : (602) 252 8848.

Le musée **Arizona Historical Society Museum**, à Tucson, vous révèle l'histoire de l'Arizona.

À Dragoon, 93 km à l'est de Tucson, l'**Amerind Foundation** propose des expositions sur la vie des Indiens de l'Arizona depuis la préhistoire jusqu'à nos jours. Pour y aller, prendre la I 10, sortie 318. Tél. : (602) 586 3666.

◆ Que faire ?

Profitez de votre visite chez les Yaquis pour découvrir les splendeurs du désert, au très beau **Arizona-Sonora Desert Museum**, à Tucson, au 201 S. Kinney Rd. À la fois zoo, musée et site naturel, ce musée vous dévoilera les quelque 600 espèces végétales poussant dans le désert, dont les célèbres *saguaros*, cactus chandeliers qui vivent 200 ans et peuvent atteindre plus de 15 m de haut pour un poids de 10 tonnes. Pour visiter le musée, choisissez une heure matinale (ouvert à partir de 7 h 30 mars-sept. et 8 h oct.-fév.) afin de voir les animaux avant qu'ils ne se cachent pour éviter la canicule. Prix d'entrée : 9 $ et 2 $ pour les enfants de 6 à 12 ans. Tél. : (602) 883 2702.

De là, visitez également le **Saguaro National Monument**, divisé en deux parties : une à l'ouest de Tucson et une autre à l'est (prendre pour cette partie le Old Spanish Trail, route panoramique que l'on trouve à Tucson sur Broadway). Vous y verrez la plus impressionnante forêt de cactus géants. La fleur blanche du *saguaro* est l'emblème de l'Arizona. Ouvert toute l'année de 8 à 17 heures. Prix par véhicule : 4 $. Tél. : (602) 733 5153.

RÉSERVE SALT RIVER PIMA-MARICOPA

Bureau officiel de la réserve
Salt River Pima-Maricopa Indian Community
10005 E. Osborn
Scottsdale, AZ 85256
Tél. : (602) 874 8056
Fax : (602) 874 8064

➪ Pour y aller

La réserve, qui s'étend sur 21 000 ha, se trouve à l'est de Phoenix dans le sud central de l'Arizona. On y accède par la route I 10.

◆ Akimel-Authm et Xalychidon Pipaash

Les **Pimas**, *Akimel-Authm* (Peuple de la Rivière), sont les descendants des anciens Hohokams qui vivaient dans la vallée de la Salt River et qui furent les fondateurs d'un système de canaux d'irrigation élaboré. Les Pimas (groupe linguistique uto-aztèque ; voir « Réserve Gila River » et « Réserve Ak-Chin », Arizona) découvrirent le blé au contact des missionnaires espagnols, au XVIIe siècle. Auparavant ils cultivaient principalement une variété de maïs adaptée à la sécheresse. Vers le milieu des années 1800, les Espagnols leur accordèrent le statut de nation. Ils passèrent sous juridiction américaine après la cession du Sud-Ouest par les Mexicains. En 1856, plusieurs Pimas et Maricopas se joignirent aux Américains pour lutter contre les Apaches.

Lorsque, en 1850, les chercheurs d'or en route pour la Californie traversèrent leur territoire, les Pimas s'enrichirent en approvisionnant les voyageurs en blé. À la fin de la guerre de Sécession (1861-1865), les colons installés sur leur territoire construisirent des barrages obligeant les Pimas à descendre plus au sud sur la Salt River, où leur réserve actuelle leur fut accordée en 1879.

Les **Maricopas,** *Xalychidon Pipaash* (« Peuple-qui-vit-du-côté-des-eaux », appartenant au groupe linguistique yuman ; voir encadré sur les tribus yumans, « Réserve Gila River », et « Réserve Ak-Chin », Arizona), vivaient le long du fleuve Colorado en Arizona. Ils rejoignirent les Pimas au début du XIXe siècle, après avoir été chassés de leurs terres par les colons américains.

La population de cette réserve se monte à 6 060 membres inscrits. Les Pimas vivent aussi dans deux autres réserves en Arizona : Gila River (partagée également avec des Indiens maricopas) et Ak-Chin.

◆ Fêtes et cérémonies

(Voir « Réserve Gila River » et « Réserve Ak-Chin », Arizona.)

Pour avoir les dates exactes des événements sur la réserve, téléphonez au (602) 874 8056 ou 8350.

Pour découvrir des danses sociales, en dehors de la réserve, vers la mi-avril a lieu le **Waila Festival** à Tucson en Arizona. Lors de ce festival, des danses pimas et tohono o'odhams ont lieu à l'Arizona Historical Society, 949 E. Second Street, Tucson, AZ 85719. Tél. : (520) 628 5774.

◆ Art et artisanat

(Voir « Réserve Gila River » et « Réserve Ak-Chin », Arizona.)

Les Pimas sont réputés pour leur vannerie à motifs et les Maricopas pour leurs poteries en terre rouge ; vous en trouverez de nombreux exemples dans les musées.

Le très beau musée **Hoo-Hoogam** (« La maison de ceux qui nous ont laissés »), construit en adobe et matériaux du désert, introduit les visiteurs dans le monde culturel et artistique des tribus pimas et maricopas. Photos, poteries, vanneries et autres objets vous aident à comprendre les riches traditions de ces deux tribus. Dans un patio, de la nourriture traditionnelle est servie, tandis que l'on peut acheter des objets artisanaux et des bijoux dans la boutique du musée. Hoo-Hoogam Museum, 10000 E, Osborn Road, Scottsdale AZ 85256. Tél. : (602) 874 8190.

Autres musées à voir dans la région : **Heard Museum** et **Pueblo Grande Museum** à Phoenix, ainsi que le **Gila River Arts & Crafts Center** à Sacaton à Phoenix. Pour les adresses, se reporter à la partie « Musées » en annexe.

◆ Que faire ?

Lorsque la chaleur vous assomme, essayez une activité reposante et ludique, le *tubing*. Il s'agit de se laisser dériver sur les eaux des rivières Verde et Salt, installé sur une immense chambre à air de roue de camion. C'est une activité très populaire dans toutes les rivières calmes de l'Ouest. Fraîcheur assurée, mais attention aux coups de soleil.

Si une activité plus sportive vous tente, essayez le golf à 9 trous du **Cypress Golf Course**, situé entre East McDowell et la route Beeline.

SAN CARLOS APACHE

Bureau officiel de la réserve
San Carlos Apache Tribe
P.O. Box 0
San Carlos, AZ 85550
Tél. : (602) 475 2361

➪ Pour y aller

Adjacente à la réserve de Fort Apache, dans le sud central de l'Arizona, la réserve de San Carlos couvre 741 536 ha, constitués principalement d'ondulantes collines désertiques où poussent les hauts mesquites, dont les fruits et les fleurs de couleur jaune illuminent le paysage. De hautes montagnes couvertes de pins et des lacs brisent la monotonie de cette contrée au charme sauvage. De Phoenix prendre la route US 60 jusqu'à Globe, puis en tournant vers l'est se diriger sur la US 70. La ville de San Carlos, où est installé le siège tribal, se trouve sur la State 170.

◆ Les Apaches

(Voir « Fort Apache », Arizona.)

Avant l'instauration officielle de la réserve en 1871, un petit fort militaire américain y était en activité. La population de la réserve (plus de 10 000 habitants) de San Carlos est constituée par plusieurs bandes apaches, dont les Aravaipas, Chiricahuas, Coyoteros, Mimbrenos, Pinalenos, San Carlos et Tontos. Une des activités économiques principales (dont des industries minières) des Apaches est l'élevage. Le développement de l'agriculture est une des priorités du gouvernement apache et le tourisme constitue également une part importante des revenus tribaux.

◆ Fêtes et cérémonies

Pour avoir le calendrier exact des festivités, sujettes à des changements de dates, contactez le bureau officiel. Tél. : (602) 475 2361.

• **Girls' Rites and Spirits Dances :** ces cérémonies de la puberté ont généralement lieu les week-ends d'été (voir encadré sur la Danse des Dieux de la Montagne, réserve Fort Apache).

• **San Carlos Tribal Fair :** en mai et le 11 novembre à San Carlos. Danses traditionnelles, art et artisanat.

◆ Art et artisanat

Ouvert depuis peu, le **San Carlos Apache Cultural Center** vous invite à découvrir la culture de cette tribu à travers des expositions, des démonstrations de techniques artisanales, des danses traditionnelles. Situé sur la US 70 entre Globe et Safford. Historic Office, San Carlos Apache Tribe, P.O. Box 0. San Carlos, AZ 85550. Tél. : (520) 475 2894.

◆ Que faire ?

La diversité du paysage (du désert aux montagnes verdoyantes, en passant par des rivières et des lacs) attire de nombreux visiteurs. De plus, la réserve est un immense territoire sauvage et giboyeux, où vous pouvez chasser et pêcher. Pour cela, il vous faut demander une licence au Recreation and Wildlife Department, dont les bureaux se trouvent à Peridot. Tél. : (602) 475 2343. Riches en poissons (truites, poissons-chats), les lacs **Talkalai, Point of Pine**, **Seneca** et **San Carlos** offrent aussi des endroits de baignades et de promenades en bateau, ainsi que des aires de camping aménagées.

Le **Tribal Farm** est à visiter si vous souhaitez connaître la vie des agriculteurs modernes indiens. Adressez-vous au bureau officiel pour prendre rendez-vous. Tél. : (602) 475 2361.

De Globe, sortez de la réserve vers le nord-est par la State 88 et découvrez, à 8 km du lac Roosevelt, le **Tonto National Monument** (n'appartient pas aux Apaches) où se dressent des ruines de type pueblos, construites par une ancienne civilisation indienne, les Salados. Ouvert tous les jours de 8 à 17 heures, prix par véhicule : 4 $. Tél. : (602) 467 2241. Cette région fut le témoin de nombreux combats entre l'armée américaine et les Apaches.

◆ À ne pas manquer

En quittant la réserve par le sud-ouest de Globe et en vous dirigeant vers Tucson (route State 77) et les réserves Tohono O'odham, Pascua Yaqui et San Xavier, arrêtez-vous au **Aravaipa Canyon**, petite merveille de la nature sauvage, hors des sentiers battus. Pour visiter ce parc cerné de cactus, de montagnes et de désert, vous devez obtenir un permis (1,50 $), car il ne peut y avoir plus de 50 visiteurs par jour. Tél. : (602) 428 4040.

CONSEIL SAN JUAN SOUTHERN PAIUTE

Bureau officiel de la réserve
San Juan Southern Paiute Tribe
P.O. Box 2656
Tuba City, AZ 86045
Tél. : (602) 283 4583

➪ Pour y aller

Cette réserve a la particularité de ne pas avoir de terre, et se trouve englobée dans la réserve Navajo. Tuba City, où réside le siège du gouvernement tribal, est située sur la US 160.

Les Paiutes du Sud

(Voir « Réserve Kaibab-Paiutes ».)

Les Paiutes du Sud (groupe linguistique uto-aztèque) vivent dans le nord de l'Arizona depuis plusieurs siècles. Ils occupaient auparavant une immense contrée qui s'étendait dans l'Utah, le sud du Nevada et jusqu'en Californie. Ils étaient divisés en plusieurs groupes occupant chacun un territoire propre. Leur mode de vie était rudimentaire, ils se nourrissaient principalement de fuits et plantes sauvages et de petits gibiers (souris, écureuils, lapins...). Ils découvrirent l'agriculture peu de temps avant que leur territoire ne devienne américain. Les Espagnols, qui arrivèrent parmi eux au XVIIIe siècle, les réduisirent à l'esclavage. L'installation des mormons en Utah, vers 1847, les en libéra.

Les quelque 200 Paiutes du Sud de San Juan vivent aujourd'hui dans deux communautés séparées. L'une se trouve près de Willow Springs et l'autre près de Paiute Canyon-Navajo Mountain (au nord-ouest de la réserve navajo).

◆ Fêtes et cérémonies

San Juan Southern Paiute Powwow : ce powwow annuel a lieu à Hidden Spings, début juin.

◆ Art et artisanat

Réputés pour leur vannerie, les Paiutes du Sud ont fondé une association (San Juan Southern Paiute Yingup Weavers Ass.) dont les locaux sont installés à Tuba City. Vous pourrez y voir de nombreux exemples du travail des vanniers paiutes. Tél. : (602) 283 4109.

RÉSERVE TOHONO O'ODHAM

Bureau officiel de la réserve
Tohono O'odham Nation
P.O. Box 837
Sells, AZ 85634
Tél. : (602) 383 2221

➪ Pour y aller

Située dans le sud central de l'Arizona, la réserve (qui est la seconde en superficie après celle des Navajos) couvre 1 120 000 ha. Appelée auparavant Papago (signifiant « mangeurs de haricots ») Indian Reservation, elle englobe en fait quatre portions séparées géographiquement : Sells, Gila Bend, Florence et San Xavier. Le paysage de la réserve est composé d'une large vallée désertique entrecoupée de plaines et de hautes montagnes.

◆ Les Tohono O'odhams (Papagos)

Les Tohono O'odhams (groupe linguistique uto-aztèque), dont les ancêtres étaient les Hohokams, vivaient dans le désert de Sonora, sur un territoire qui s'étendait sur le Mexique et les États-Unis. Ils définissaient leur mode de vie semi-nomade par le terme de « Deux Villages » établi sur leurs mouvements saisonniers : en été ils s'installaient dans les plaines où, profitant des pluies, ils cultivaient du maïs, des haricots et des courges ; l'hiver ils remontaient dans les montagnes, bien pourvues en sources, et cueillaient des plantes sauvages qui complétaient les produits de leur culture. Ils chassaient toute l'année pour se procurer de la viande. Leur premier contact avec les non-Indiens survint au XVIIe siècle. Jusque-là, les Espagnols, qui ne voyaient dans cette région aucun intérêt économique, les avaient ignorés. En 1687, le jésuite Eusebio Kino fut envoyé chez les Tohono O'odhams pour les convertir. Contrairement aux autres missionnaires espagnols, ce jésuite établit des relations d'amitié et de respect mutuel, fondé entre autres sur des échanges culturels. Il introduisit chez eux le cheval ainsi que la culture du blé et de l'orge. Les Tohono O'odhams appréciaient la présence des missionnaires mais jugeaient que les militaires espagnols étaient leurs adversaires. Considérés comme des sujets du roi d'Espagne, ils ne furent pas déplacés. À la fin de la guerre entre le Mexique et les États-Unis, leur territoire se trouva divisé par la frontière établie entre ces deux pays. Beaucoup de Tohono O'odhams choisirent de vivre en Arizona, où de plus nombreuses opportunités de travail leur étaient offertes qu'au Mexique. Aujourd'hui, la plus grande partie des Tohono O'odhams (appelés Papagos jusque dans les années 1980) résident en Arizona, dans la réserve qui porte leur nom, ainsi que dans deux autres petites communautés, une au nord, la **Gila Bend**, et l'autre à l'est, la **San Xavier**. Organisés sous le nom de

tribu par les Américains, ils se réfèrent entre eux par leur lieux de résidence géographique, comme Sells, Ak-Chin, Gila Bend, etc. La ville de Sells est un véritable melting-pot où la plupart des Tohono O'odhams se sont installés pour trouver du travail. Cette cité faite de maisons en briques rouges est nichée près de la montagne sacrée de Baboquivari, où vit le Protecteur de cette tribu. La population se monte à quelque 21 000 membres inscrits. La plupart des Tohono O'odhams sont catholiques, mais leur culture, leur langue ainsi que de nombreuses croyances anciennes sont encore bien vivantes.

◆ Fêtes et cérémonies

O'odham Tash Indian Celebration : en février à Casa Grande au nord de la réserve. Cet événement, le plus important de l'année, comprend un powwow, un rodéo et une foire à l'art et à l'artisanat. À cette occasion vous découvrirez le style musical typique de cette tribu, appelé *chicken scratch*. Ce style (entre la polka et le « pas de deux » cow-boy) fut sûrement transmis aux Indiens par les missionnaires bien avant l'installation des Euro-Américains. Tél. : (520) 836 4723.

◆ Art et artisanat

Les Tohono O'odhams sont célèbres pour leur vannerie. Parmi les motifs décoratifs utilisés se retrouve souvent l'« homme dans le labyrinthe ». L'importance attribuée à ce personnage (parfois comparé à une divinité) est partagée par beaucoup de tribus indiennes. Une légende raconte que si l'homme parvenait à atteindre le centre du labyrinthe, la fin du monde serait proche.

À l'**Arts and Crafts Center** installé à Sells, vous pouvez découvrir et acheter des objets artisanaux, dont les célèbres vanneries.

Plusieurs manifestations ont lieu dans les différents villages où sont installés des Tohono O'odhams. Ainsi à Casa Grande a lieu en février le **O'odham Tash Indian Celebration**, où viennent exposer de nombreux artistes. Pour obtenir le calendrier exact des événements locaux, adressez-vous au bureau officiel à Sells. Tél. : (602) 383 2221.

◆ Que faire ?

Les activités touristiques abondent sur cette grande réserve et ses abords, depuis les jeux au casino **Desert Diamond Casino** (situé à 7350 S. Old Nogales Highway à Tucson) jusqu'aux promenades dans les parcs nationaux (n'appartenant pas aux Indiens), comme celui de **Organ Pipe Cactus National Monument** (paysage de cactus qui ressemblent à des tuyaux d'orgues, au sud-ouest de la réserve à la frontière avec le Mexique).

Entre Casa Grande et Quijotoa, près du village de Gu Achi, se trouve **Ventana Cave**, site archéologique ouvert au public.

Plusieurs aires de camping sont aménagées sur la réserve.

◆ À ne pas manquer

Visiter le **Kitt Peak National Observatory**, où sont installés sur la montagne d'importants télescopes pour observer les mouvements et la beauté du ciel. Un musée et un centre des visiteurs vous y accueillent. Cet observatoire se trouve sur la State 85. Tél. : (602) 623 5796.

RÉSERVE TONTO APACHE

Bureau officiel de la réserve
Tonto Apache Tribal Council
Tonto Reservation # 30
Payson, AZ 85541
Tél. : (602) 471 5000

➪ Pour y aller

Cette réserve de 34 ha se trouve entre Flagstaff et Phoenix. Payson est situé sur la State 87 au nord de Phoenix.

Les Apaches tonto

(Voir « San Carlos Apache » et « Fort Apache », Arizona.)

◆ Que faire ?

Idéalement située dans une forêt nationale, la réserve ne manque pas d'attraits touristiques pour les amateurs d'activités de plein air (chasse, pêche, sports d'hiver, camping…). Cependant les Apaches n'ont pas encore développé d'infrastructures touristiques, mais pour y remédier, ils construisent actuellement un motel.

LES GUERRES APACHES

Les Apaches furent sûrement les Indiens les plus romancés et les plus craints du Sud-Ouest. Leur nom inspira la terreur aux Pueblos avant d'avoir le même effet sur les Espagnols, les Mexicains et les Américains. Ce furent les Zunis qui leur donnèrent ce nom d'Apaches, signifiant « ennemis ». La guerre et les raids faisaient effectivement partie de leur culture, de même qu'une vie sociale très structurée, enrichie d'une mythologie complexe.

Ils furent les premiers Athaspascans à migrer de l'ouest du Canada vers 850, suivis par les Navajos. Divisés en groupes aux dialectes différents (San Carlos, White Mountains, Aravaipa, Tontos et Cibecue en Arizona ; Mescalero au Nouveau-Mexique et au Mexique ; Chiricahua et Mimbreno en Arizona et au Nouveau-Mexique ; Jicarilla au Nouveau-Mexique et au Colorado ; Kiowa-Apache en Oklahoma ; Lipan au Texas et au Mexique), ils étaient organisés en clans dont les leaders étaient choisis pour leurs qualités de guerriers et de meneurs. Nomades, ils étaient principalement chasseurs et cueilleurs de plantes sauvages, cultivant occasionnellement du maïs et des haricots. Lorsqu'ils arrivèrent dans le Sud-Ouest vers le XVIe siècle, la terre était occupée par les agriculteurs hopis et pimas, et, pour survivre, ils effectuèrent des raids parmi les tribus indiennes autochtones. Avec l'arrivée des Espagnols et des Américains, qu'ils combattirent, ils devinrent ces redoutés guerriers à la réputation sanguinaire.

Ce fut le massacre perpétré en 1871 par des Américains aidés de Papagos contre des Aravaipas, installés à Camp Grant, qui déclencha le conflit connu sous le nom de « guerre apache ». Malgré les efforts du président Grant, ceux-ci refusèrent de signer les traités de paix qui les auraient confinés dans des réserves. 16 forts militaires furent installés en Arizona pour tenter de venir à bout de la guérilla apache. En 1873, les Apaches Verde Valley et leurs alliés yavapais déposèrent les armes. Entre 1876 et 1886, le chef apache chiricahua **Goyathlay**, plus connu sous le nom de

Geronimo, mena des combats incessants contre la cavalerie américaine. Élevé dans la tradition de la guerre, il avait toutes les qualités pour devenir un grand guerrier. Lorsque sa femme et ses enfants furent assassinés par des soldats mexicains, il leur voua une haine inexorable qui le transforma en chef de guerre hors pair. En 1874, Geronimo se joignit au chef **Cochise**, installé sur la réserve chiricahua, instaurée depuis peu. Deux ans plus tard, la réserve fut dissoute pour que les colons puissent s'y installer. Plutôt que d'accepter la déportation, Geronimo s'engagea dans une lutte armée et mena ses troupes dans de nombreuses expéditions de pillages. Il fut capturé en 1877 et conduit à la réserve de San Carlos. Ne pouvant adopter une vie d'agriculteur, il s'échappa de San Carlos en 1881 avec quelques fidèles. Finalement, en 1886, avec 5 000 soldats sans cesse à ses trousses, Geronimo et ses 24 derniers fidèles exténués s'avouèrent vaincus et se rendirent. Malgré l'opinion publique qui désirait la mort des insurgés, ils furent conduits enchaînés (ainsi que les scouts apaches qui servirent contre leurs frères de sang dans l'armée des États-Unis), dans un camp insalubre en Floride, puis en Alabama, où de nombreux Apaches moururent de tuberculose et de désespoir. En 1894, grâce au soutien de quelques amis, ils furent installés dans une réserve à Fort Sill, dans le Territoire indien (Oklahoma). La fin de la vie de Geronimo fut pathétique. Tour à tour considéré comme une légende ou une bête sanguinaire, il fut montré dans des foires comme un animal exotique. Il signait des autographes et vendait les boutons de ses vêtements pour amuser la foule qui se pressait pour le voir. Il devint l'image même de la dégradation culturelle dont furent victimes tous les Indiens. Désespéré, le chef exprimait sa douleur : « Nous sommes en train de disparaître de la Terre, pourtant je n'arrive pas à croire que nous sommes inutiles, sinon pourquoi Usen (Dieu) nous aurait-il créés ? » Il mourut de pneumonie en 1909 sans avoir pu revoir sa terre natale. Enfin, après 27 années de détention, les Chiricahuas retrouvèrent leur liberté. Certains s'installèrent avec les Mescaleros au Nouveau-Mexique tandis que d'autres choisirent de rester en Oklahoma. Aucun des survivants de cette guerre n'eut le droit de revoir sa terre d'Arizona.

YAVAPAI-PRESCOTT

Bureau officiel de la réserve
Yavapai-Prescott Tribe
530 E. Merritt
Prescott, AZ 86301
Tél. : (520) 445 8790

➪ Pour y aller

La réserve, qui couvre 570 ha, est située à 164 km au nord-ouest de Phoenix. Elle est constituée de collines ondulantes où poussent des pins pignons, des chênes et des genévriers. En venant de Phoenix prendre la route US 60 puis la State 89.

◆ Les Tolkepayas et les Yavapes

(Voir « Camp Verde Avapai-Apache », Arizona et encadré sur les tribus yumans.)

Il y a quatre branches d'Indiens yavapais, dont les Tolkepayas et les Yavapes (140 membres inscrits), qui résident dans la réserve de Prescott. L'économie, fondée traditionnellement sur l'exploitation du bois et l'agriculture, cherche un nouvel essort dans le tourisme. Le casino est une autre source importante de revenus.

◆ Fêtes et cérémonies

Yavapai Prescott Al-Indian Powwow : 3e week-end de juin à Prescott. Powwow intertribal auquel participent différentes tribus.

◆ Que faire ?

Prescott, ville au charme victorien, fut la capitale de l'Arizona depuis la constitution de cet État en 1864 jusqu'en 1867. Les activités de plein air été comme hiver abondent, en particulier dans la **Prescott National Forest.** Plusieurs aires de camping sont aménagées. Mais vous pouvez aussi loger dans le luxueux hôtel Sheraton à Prescott, dont les Yavapais sont en partie propriétaires. Dans cet hôtel, plusieurs artistes et artisans Yavapais exposent et vendent leurs œuvres. Tél. : (602) 776 1666.

Colorado

Du haut de leurs 70 millions d'années, les Rocheuses gratifient le Colorado de toute leur magnificence. Au nord dans le Rocky Mountain National Park se cachent de somptueux lacs alpestres perdus au milieu de forêts denses peuplées d'ours, de couguars et de wapitis, tandis qu'au sud-ouest le Mesa Verde National Park dévoile, pudiquement suspendu entre terre et ciel, l'héritage monumental des premiers Indiens. À l'est, les solitudes désertiques des Great Sand Dunes se noient dans d'immenses prairies ondoyantes. Le climat du Colorado est continental semi-aride, très ensoleillé, avec des températures qui fluctuent selon l'altitude et les saisons. Les 270 000 km² du Colorado sont autant de paysages divers et grandioses d'où naît le fleuve Colorado, maître d'œuvre du Grand Canyon de l'Arizona, ainsi que les rivières Platte et Arkansas, qui désaltèrent les terres jusqu'au fleuve Mississippi. C'est le territoire ancestral des Indiens utes, qui y vivaient librement jusqu'à l'arrivée des hommes blancs et qui aujourd'hui sont établis dans deux réserves.

ITINÉRAIRE CONSEILLÉ

Les deux réserves indiennes du Colorado se trouvent adjacentes l'une à l'autre et sont situées dans le sud-ouest du Colorado, dans la région appelée Four Corners. On y parvient par la route US 160. Là se touchent le Colorado, le Nouveau-Mexique, l'Utah et l'Arizona. Les frontières ont été tracées le long des lignes de longitude et de latitude sans tenir compte des frontières naturelles. Si vous avez la possibilité d'y être en mai, assistez à la cérémonie du Southern Ute Bear Dance qui a lieu à San Ignacio fin mai et à Towaoc début juin. Partez ensuite visiter les incomparables ruines de Mesa Verde. Comptez 4 jours de disponibilité et essayez de dormir soit au Sky Ute Lodge à Ignacio (tenu et géré par les Indiens), soit au Far View Lodge dans le Parc national de Mesa Verde.

RÉSERVE SOUTHERN UTE

Bureau officiel de la réserve
Southern Ute Tribe
P.O. Box 737
Ignacio, CO 81137
Tél. : (303) 563 4525
Fax : (303) 563 0393

➪ Pour y aller

La réserve des Utes du Sud, dans le sud-ouest du Colorado, couvre 122 800 ha traversés par sept rivières et leurs vallées, avec des terres boisées et de hautes *mesas* (plateaux). De Denver on prend la route I 25 en direction du sud puis, à Walshenburg, la route US 160 en direction de l'ouest.

◆ Southern Utes

Les Utes sont certainement les plus anciens habitants parmi ceux qui vivent actuellement au Colorado. Avant l'arrivée des Européens, leur territoire englobait la moitié du Colorado, les deux tiers de l'Utah, une partie du Nouveau-Mexique et de l'Arizona. Les Utes se rendaient dans les Rocheuses l'été et passaient l'hiver dans les terres semi-arides du sud-ouest du Colorado et du nord-ouest du Nouveau-Mexique. Cette tribu était divisée en plusieurs bandes, chacune ayant un chef et un territoire propre. Peuple nomade se déplaçant avec des chiens pour porter leurs bagages, les Utes habitaient dans des *wickiups* (huttes de bois et branchages) et chassaient les cervidés comme le petit gibier. Dès qu'ils eurent acquis des chevaux espagnols au XVIIe siècle, ils devinrent chasseurs de bisons et remplacèrent graduellement leurs *wickiups* par des tipis. Les Utes pratiquaient des danses de guerre (Danse du Scalp), la Danse du Soleil (depuis le XIXe siècle) et des danses sociales (Danse de l'Ours, Danse du Coyote, Danse du Chien). Ils étaient craints et respectés par les autres tribus voisines, dont les Pueblos, qui subissaient leurs razzias et les appelaient « Peuple des Montagnes ». Ils s'allièrent aux Comanches pour repousser les Apaches et eurent pour ennemis les Arapahos et les Cheyennes chassés des Plaines par les Blancs. Hormis quelques conflits avec les Espagnols installés chez les Indiens pueblos, leurs premiers contacts avec les Blancs furent pacifiques. Cette paix relative dura jusqu'à ce que leur mode de vie nomade les fasse inévitablement entrer en conflit avec les prospecteurs et les fermiers qui s'installaient à partir de 1800 sur les territoires qu'ils parcouraient. En 1858, de l'or fut découvert dans leurs montagnes San Juan, dans le sud-ouest du Colorado. Ils durent finalement les céder au gouvernement, malgré les habiles négociations diplomatiques de leur grand chef **Ouray** (de la bande uncompahgre, né en 1833 et mort en 1880). De traité en traité, les Utes virent leur territoire se réduire comme peau de chagrin. Le gouvernement assigna aux Utes leurs réserves dans l'Utah, le Colorado et le Nouveau-Mexique. La réserve Southern Ute fut établie en 1873 et sa population est constituée par les Utes des bandes moache et capote. Les Utes parlent le shoshonean, appartenant à la famille linguistique uto-aztèque.

◆ Fêtes et cérémonies

• **Southern Ute Bear Dance** : fin mai à Ignacio. Elle célèbre la fin de la période d'hibernation des ours et donne lieu à des réjouissances et des retrouvailles ; elle est aussi donnée en l'honneur des personnes disparues. La danse se déroule dans une arène délimitée par des haies de branches de cèdre. Encouragés par la voix des chanteurs, hommes et femmes se font face sur deux lignes et exécutent en cadence des pas d'avant en arrière. Le meneur, appelé *Cat Man* (homme félin), règle les mouvements. Les musiciens qui accompagnent les danseurs utilisent comme instruments de musique des *moraches*, bâtons d'une cinquantaine de centimètres dont une arête est dentelée sur toute la longueur. Les *moraches* reposent sur une caisse de résonance en bois couverte de peau tendue, et les musiciens les raclent avec un os de cerf. Vers la fin de la danse, des hommes et des femmes déguisés en ours viennent au milieu des danseurs, qui s'immobilisent tandis que les nouveaux arrivants imitent les mouvements des ours. Ce dernier passage symbolise le réveil des ours et du printemps. C'est la plus ancienne cérémonie ute. Pour plus de renseignements sur les dates exactes de cette manifestation, téléphoner au (303) 563 4525.

• **Sky Ute Stampede Rodeo :** premier week-end de juin. Pour plus de renseignements téléphoner au (303) 563 4502.

• **Southern Ute Sun Dance** : cette cérémonie religieuse se déroule début juillet. L'alcool, la drogue, les armes à feu, les appareils photo et tout enregistrement sonore sont interdits. Certaines règles sont également à respecter, comme de porter des tenues correctes (pas de short). Il faut aussi savoir que les femmes en période de menstruation ne peuvent approcher la Loge de la Danse du Soleil. S'adresser au bureau officiel pour tous renseignements complémentaires.

• **Southern Ute Fair/Powwow** : 2e week-end de septembre à Ignacio. Pour plus de renseignements téléphoner au (303) 563 4525.

◆ Art et artisanat

Bien que la réserve se trouve dans le Sud-Ouest, la culture des Utes est associée à celle des Indiens du Grand Bassin, proche de celle des tribus des Plaines. Les femmes tannaient les peaux de cervidés et de lapins qu'elles décoraient de perles, de coquillages ou de dents d'animaux. Le cuir tanné servait aussi à confectionner toute une variété d'objets usuels (harnachement, sacoches, berceaux, étuis de couteaux). Les guerriers portaient des coiffes en plumes d'aigle, se peignaient le corps et le visage lors de certaines occasions (guerres, chasses, cérémonies) et la Pipe sacrée faisait partie de leurs objets de culte. Des paniers étaient aussi confectionnés en feuilles de sumac ou en saule.

• Le **Southern Ute Indian Cultural Center** à Ignacio est le seul musée fondé et géré par les Utes dans tout le Colorado. On y découvre l'art, l'histoire et la culture des Utes. La galerie expose des artistes contemporains et des œuvres d'artisans traditionnels. Chaque mercredi soir de juin à fin septembre, les **Southern Ute Heritage Dancers,** troupe de danseurs traditionnels, donnent une représentation suivie d'un grand barbecue de style western. Pour tous renseignements complémentaires écrire à P.O. Box 737, Ignacio, CO 81137. Tél. : (970) 563 9883.

• En dehors de la réserve au nord sur la route qui part de Durango et qui mène à Grand Junction (US 550), arrêtez-vous au **Ute Indian Museum** à Montrose. Ce musée, qui appartient à la Colorado Historical Society, comporte la plus intéressante collection d'objets utes du XIXe siècle. Robes et tuniques en peau, à longues franges décorées de dents de wapitis ou de coquillages, coiffes avec des plumes d'aigle, sacoches décorées de perles, mocassins brodés de piquants de porc-épic, *chockers* (larges colliers faits de plusieurs rangs de tronçons d'os polis, portés serrés autour du cou) rappellent que les Utes ne font pas partie de l'aire culturelle des tribus du Sud-Ouest. Ute Indian Museum, 17523 Chipeta Drive, Montrose, CO 81401. Tél. : (970) 249 3098.

◆ Que faire ?

• **Chimney Rock Ruins** est un site archéologique situé à 40 km à l'est d'Ignacio. On ne peut y aller qu'en visite guidée (4 tours par jour ; 4 $ par adulte). Les ruines principales sont Great House, Guardhouse et Great Kiva. Ce site est ouvert de mai à septembre. Pour plus d'informations, contactez le US Forestry Service. Tél. : (303) 264 2268.

• Les pêcheurs peuvent se rendre au **lac Capote** à la jonction des routes US 160 et Hwy 151. Seul le permis de pêche tribal est requis. La saison dure d'avril à novembre mais les campings installés sur le bord du lac restent ouverts toute l'année. Tél. : (303) 731 5256.

• L'hôtel **Sky Ute Lodge** à Ignacio offre 36 chambres, deux piscines, un musée, une boutique, et un restaurant où l'on sert d'authentiques plats du Sud-Ouest. Il appartient à la tribu et est géré par elle. Le prix des chambres varie de 35 $ à 42 $. Pour réserver écrire à Sky Ute Lodge, P.O. Box 550, Ignacio, CO 81137. Tél. : (303) 563 4531.

LES RUINES ANASAZIS

MESA VERDE NATIONAL PARK

Mesa Verde (« Table Verte » en espagnol, se réfère aux denses forêts de pins pignons et genévriers recouvrant le plateau) est le seul parc national créé aux États-Unis pour la préservation des œuvres de l'homme. Il faisait partie du territoire des Utes avant que le gouvernement n'en fasse un site national en 1906, qui fut déclaré en 1978 « parc du patrimoine mondial ». C'est là que se trouvent les ruines de l'ancienne civilisation indienne anasazi, dont sont issues la plupart des cultures des Indiens du Sud-Ouest. En 200 avant J.-C. surgirent de la pénombre du passé les Anasazis (les Anciens). Grands constructeurs d'habitations rupestres, ils s'installèrent sur les plateaux d'altitude du Colorado et bâtirent dans les renfoncements des falaises leurs maisons en terre à étages dont le plus célèbre exemple est **Cliff Palace**. Les ruines de **Sunset House**, **Balcony House**, **Spruce Tree House**, **Step House** et **Long House** ne sont pas moins intéressantes.

La culture anasazi (- 200 av. J.-C. à 1600) atteignit son zénith entre 1000 et 1300 apr. J-C., comme en témoignent les objets utilitaires retrouvés, dont des poteries et de la vannerie.

L'entrée du parc (10 $ par véhicule, valable pour 7 jours) se trouve au nord à une intersection indiquée sur la route US 160 entre Cortez et Moncos. Il est ouvert du Memorial Day (dernier lundi de mai) au Labor Day (1er lundi de septembre). Certains sites ne se visitent qu'accompagné d'un guide. Le **Far View Visitor Center**, où se trouvent une salle d'exposition et une boutique, propose des visites guidées par des rangers. De là, rendez-vous 10 km plus bas à **Chapin Mesa**, où est installé le Musée archéologique du parc, qui est l'un des plus intéressants dédiés à la culture ancienne indienne. Il résume de façon concise l'ensemble des connaissances relatives aux premiers habitants et permet de faire la synthèse des détails glanés tout au long de la visite. Parmi les objets exposés en vitrine, vous découvrez les étonnantes couvertures en plumes de dinde ou des ceintures en poil de chien. Vous pouvez y acheter un billet (1,35 $ par personne) pour visiter **Cliff Palace**, village installé dans une grotte de 18 m de haut où l'on découvre 217 pièces d'habitation et 23 *kivas*, pièces cérémonielles – c'est le plus grand village précolombien sur rochers de toute l'Amérique du Nord –, et **Balcony House** (chemin ouvert l'été seulement), où vous aurez à descendre des marches et escalader des échelles pour arriver aux maisons troglodytes (comptez une journée pour ces deux visites).

• Du centre des visiteurs, vous pouvez rejoindre **Wetherwill Mesa**, situé à 19 km à l'ouest, par une route (navettes puis minitrain panoramique) qui offre des points de vue spectaculaires. Ces ruines ne sont accessibles qu'en été et une visite accompagnée coûte 1,35 $ par personne. Dans ce parc se trouvent plusieurs sites archéologiques que l'on peut découvrir en marchant, comme **Step House** (habitation creusée dans le sol et datant du VIe siècle) ou, en escaladant une soixantaine de mètres, **Long House**, deuxième village par sa taille de Mesa Verde.

Pour tous renseignements concernant le Parc national, téléphoner au (970) 529 4461. Vous pouvez dormir sur place au motel **Far View Lodge** (prix des chambres de 75 $ à 95 $) ou manger au **Metate Room** (les *metates* sont des meules en pierre utilisées par les Anasazis pour moudre le maïs), qui sert d'excellents plats typiques du Sud-Ouest et bénéficie d'une vue spectaculaire sur le parc. Pour tous renseignements concernant le Fair View Lodge téléphoner au (970) 529 4421.

Vous pouvez aussi camper au **Morefield Campground**, ouvert au printemps et fermé à la fin de l'automne. Il est situé à quelques kilomètres de l'entrée du parc et dispose de tous les aménagements utiles (épicerie, station essence, douches, etc.). Pour tous renseignements téléphoner au (970) 565 2133.

CROW CANYON ARCHAEOLOGICAL CENTER

À 3 km au nord de Cortez, sur la route 66, se trouve le **Crow Canyon Archaeological Center**, dont le but, hormis la visite des ruines du village Sand Canyon, est l'étude de la culture des Anasazis. Pour cela, le centre organise des programmes de recherches (durée du programme : une semaine) avec fouilles, auxquels les amateurs de botanique ou d'archéologie peuvent activement participer. Il propose également des stages de poterie avec des artisans indiens. Entre le 15 et le 21 juin, vous pouvez découvrir, avec les guides du centre, la magie de l'aube du solstice d'été à Chaco Canyon, Chimney Rock, Hovensweep et Aztec Ruins, sites qui servaient d'observatoires pour les sociétés anciennes. Le coût de ces activités est de 45 $ par jour et par adulte, repas inclus. Crow Canyon Archaeological Center, 23390 County Road K. Cortez, CO 81321. Tél. : (970) 565 8975 ou numéro gratuit : 1 800 422 975. Site web : www.crowcanyon.org.

ANASAZI HERITAGE CENTER

Pour parfaire vos connaissances sur la civilisation anasazi, faites un détour à Dolores, ville située en dehors de la réserve au nord de Cortez. Le **Anasazi Heritage Center** est un musée dédié aux Anasazis et aux cultures indiennes de la région, ute, navajo et pueblo. Il propose des stages où vous pourrez moudre le maïs avec des meules en pierre, vous servir d'un métier à tisser primitif ou faire des recherches guidées sur ordinateur. La boutique du musée vend des répliques d'objets archéologiques (poterie, meule à grain, pointes de flèches…) et des objets indiens contemporains, ainsi que des livres, CD, posters, etc. À 1 km du musée se trouvent également plusieurs ruines, dont **Dominguez** (3 pièces et une *kiva*) et **Escalante** (20 pièces et une *kiva*). Le musée est ouvert toute l'année sauf les jours de Noël, du Nouvel An et de Thanksgiving (dernier jeudi de novembre). Le billet d'accès au musée et aux ruines coûte 3 $ par personne. Pour plus de renseignements : Museum/Visitors Center, Bureau of Land Management, Anasazi Heritage Center, 27501 Highway 184, Dolores, CO 81323. Tél. : (970) 882 4811.

Site web : www.co.blm.gov/ahchmepge.htm.

UTE MOUNTAIN UTE

Bureau officiel de la réserve
Ute Mountain Ute Tribe
P.O. Box 52
Towaoc, CO 81334
Tél. : (970) 565 3751

➪ Pour y aller

La réserve s'étend sur 239 000 ha, principalement au Colorado, mais aussi au Nouveau-Mexique et dans l'Utah, dans la région appelée Four Corners. Le Parc national de Mesa Verde est bordé en trois endroits par la réserve. La partie est de la réserve est constituée par un haut plateau entrecoupé de canyons dont le canyon de Mancos. De Denver on prend la route I 25 en direction du sud, puis à Walshenburg, la route US 160 en direction de l'ouest.

◆ Les Weeminuches

(Voir « Réserve Southern Ute », Colorado.)

Grâce aux efforts de leur chef **Ignacio**, la bande ute weeminuche fut installée sur la réserve Ute Mountain Ute, établie en 1895 après division de la réserve Southern Ute (bandes moache et capote). Aujourd'hui, près de 1 300 Mountain Utes y vivent, principalement à Towaoc, qui est la seule ville de la réserve.

◆ Fêtes et cérémonies

• **Ute Mountain Bear Dance :** cette manifestation a lieu à Towaoc, la 1re semaine de juin ; elle dure du jeudi au lundi. Elle célèbre la fin de la période d'hibernation des ours et le début du printemps. C'est la plus ancienne cérémonie ute qui réunissait les bandes et familles séparées pendant les mois d'hiver. Tél. : (970) 565 3751.

• **Ute Mountain Rodeo** : du 12 au 14 juin à Cortez. Tél. : (970) 565 4485.

◆ Art et artisanat

• À la bibliothèque tribale, la **Towaoc Library**, se trouve un musée qui conserve, entre autres, les archives tribales que vous pouvez consulter après en avoir demandé l'autorisation au bureau officiel. Pour prendre rendez-vous, téléphoner au (970) 565 3751.

• Au **Visitors Center** du Ute Mountain Tribal Park, situé à 32 km au sud de Cortez, se trouve un musée qui retrace l'histoire des Anasazis et des Utes.

• Le plus important centre artistique, le **Cortez Cultural Center and Museum**, se trouve à Cortez. Cette ville, qui porte le nom du célèbre conquistador espagnol, fut pendant longtemps un lieu de rencontre pour les Indiens navajos et utes qui venaient échanger leur production artisanale dans les comptoirs commerciaux. Ce musée, bien que n'appartenant pas aux Utes, est consacré à la culture indienne. Vous pouvez écouter des conférences sur la culture des Anasazis et des Utes ou les légendes racontées par des conteurs indiens et vous promener dans les salles d'expositions permanentes ou temporaires qui exhibent des objets et des photographies. Parmi les poteries contemporaines, vous remarquerez sans doute celles du célèbre potier **Norman Lessing**, de la tribu Mountain Ute. Du dernier lundi de mai au premier lundi de septembre, le centre présente des danses et chants traditionnels indiens qui se déroulent du lundi au jeudi à 17 h 30. Pour un programme plus détaillé, écrire au Cortez Cultural Center and Museum, 25 North Market St., Cortez, CO 81321. Tél. : (970) 565 1151. Fax : (970) 565 4075. E-mail : cucenter@fone.net.

◆ Que faire ?

• Pour aller jouer ou simplement faire une visite au **Ute Mountain Casino** à Towaoc, roulez en direction de l'ouest sur la route US 64 jusqu'à Shiprock, puis prenez le nord sur la US 66 pendant quelque 60 km. Impossible de manquer les lumières éclatantes. Vous pouvez dîner au **Kuchu's**, le restaurant du casino qui vous sert de la bonne cuisine *Southwestern*, puis si la nuit vous semble malgré tout longue, louez un tipi au **Sleeping Ute RV Park**, situé près du casino. Tél. : (970) 946 1170 ou numéro gratuit (USA) 800 889 5072. Près du casino se trouve également une fabrique artisanale de poteries inspirées de l'art des Anazasis où vous pouvez acheter des pots en terre délicatement décorés.

• Les visites au **Ute Mountain Tribal Park** (au sud du Parc national Mesa Verde) doivent se faire avec un guide ute, afin de préserver les ruines anasazis qui s'y trouvent. Les guides vous font voyager dans le temps et découvrir les mystères de cette civilisation ancienne. Une visite complète (15 $ pour une demi-journée et 25 $ pour la journée entière, par personne) débute au centre des visiteurs à 35 km au sud de Cortez sur la route US 666. Si vous utilisez votre véhicule, veillez à faire le plein, car les ruines principales se trouvent à 70 km en dehors des routes goudronnées. Pour une faible somme (5 $ par personne), vous pouvez circuler dans le minibus de votre guide. Des randonnées pédestres ou en « mountain bike » (qui peuvent durer de 1 à 4 jours) sont aussi organisées. Un camping rudimentaire se trouve dans le parc près de la rivière Mancos. Lors de ces expéditions, vous découvrez les pictogrammes et hiéroglyphes gravés sur la roche ainsi que les habitations à étages anasazis, accessibles par des échelles en bois. Ces villages possèdent des *kivas* (mot hopi signifiant « pièce cérémonielle ») creusées dans le sol et recouvertes d'un toit, qui symbolisent les liens entre les mondes. Certaines sont ornées de peintures rituelles. Pour prendre rendez-vous, contactez le Ute Mountain Tribal Park, Towaoc, CO 81334. Tél. : (970) 565 3751 ou 9653 ou numéro gratuit (USA) 800 847 5485.

Pour vous tenir informés des nouvelles indiennes locales, achetez

(1 $) le journal *The Ute Bulletin* ou consultez le site web : www.uwin.com/ute/.

◆ À ne pas manquer

Contemplez le coucher de soleil sur la montagne **Sleeping Mountain Ute**. S'élevant à l'horizon de Towaoc, elle se détache du ciel, dessinant la silhouette d'un Indien allongé. Les légendes racontent que cette montagne est l'empreinte laissée par un dieu guerrier venu sur terre pour combattre les mauvais esprits. Dans la lutte il fut blessé et s'allongea pour se reposer. Avant de disparaître, il façonna à son image le Sleeping Mountain Ute. Du sang de ses blessures naquirent les eaux qui abreuvent la région. Quand les nuages caressent le plus haut sommet, les Utes disent que le dieu est content de son peuple et qu'il va faire tomber la pluie.

Nouveau-Mexique

Le Nouveau-Mexique s'étire sur 315 200 km^2 de paysages qui témoignent de son passé géologique tumultueux. Traversé du nord au sud par le Rio Grande, il est formé de hauts plateaux creusés de profonds canyons et de chaînes montagneuses. Dans le sud-est, l'eau, qui y est rare, a sculpté les célèbres Carlsbad Caverns, grotte impressionnante qui vous emmène 250 m sous terre dans un palais de stalactites, tandis que l'érosion des montagnes Sacramento façonnait à White Sand la plus grande dune de gypse fin du monde. C'est un univers de sommets enneigés (Wheeler Peak : 4 145 m), de vallées verdoyantes, de villes fantômes, de cités lumineuses, de zones désertiques (dans le sud) et alpines (dans le nord). Ces différents climats expliquent la diversité de plantes et d'animaux qui y vivent : des yuccas géants aux majestueux pins Douglas, sans oublier la rhapsodie jaune ocre des trembles qui enflamment les montagnes en automne, la nature manifeste au gré des saisons sa beauté insoumise. Du scorpion à l'ours brun, de nombreuses espèces se partagent cette terre comme ils se partagent encore les premiers rôles dans les légendes et rituels indiens. Ce fut le coyote, esprit fauteur de troubles impénitent, qui, provoquant une inondation, obligea le peuple navajo à émerger des mondes souterrains pour bâtir une immense nation. Quant à l'ours brun et à l'aigle à tête blanche, ils sont considérés comme des ancêtres spirituels par les Apaches, peuple nomade et mystérieux dispersé dans le Nouveau-Mexique et en Arizona. Le Nouveau-Mexique est aussi et surtout le pays ancestral des Pueblos, le Peuple des Villages, qui édifièrent leurs maisons d'adobe dans la vallée du Rio Grande comme autant d'oasis dans le désert. Ces Pueblos, qui sont aujourd'hui répartis dans 19 villages, savent faire surgir miraculeusement des terres arides le maïs ou les melons comme le faisaient leurs ancêtres les Anasazis. Leurs premiers contacts avec les Blancs remontent au XVIe siècle, avec l'arrivée en 1540 des troupes espagnoles de Coronado ; les Indiens résistèrent plus de deux siècles avant d'être obligés d'accepter l'inexorable marche de l'histoire. Leur territoire fut tour à tour sous l'hégémonie espagnole (1540-1821) puis mexicaine (1821-1848) et enfin depuis 1848 sous celle des États-Unis, dont le Nouveau-Mexique devint officiellement un État de l'Union en 1912. Aujourd'hui encore des communautés d'Hispaniques y sont installées, mais les Indiens les considèrent toujours en partie comme des intrus.

Vingt-deux tribus indiennes vivent au Nouveau-Mexique. Elles font de cette région une terre sacrée où le souffle divin, qui résonne dans la musique des flûtes et des tambours, est omniprésent dans chaque geste de la vie quotidienne. De leur longue relation avec des civilisations

étrangères, les Indiens du Nouveau-Mexique ont beaucoup appris. Ils ont entre autres compris que des 3,3 milliards de dollars que le tourisme rapporte chaque année à l'État, une grande partie leur est due puisque, outre les beautés du paysage, les touristes sont attirés par la richesse de leur artisanat et de leurs traditions. Il s'agit donc pour eux de récupérer une partie de ce qui leur revient en développant leurs propres infrastructures touristiques. Fortement attachés à leurs traditions, leur attitude concernant le tourisme est ambiguë, ils acceptent mal d'être considérés comme des curiosités et en redoutent les conséquences sur leur culture. C'est pourquoi il est nécessaire de comprendre et d'accepter les restrictions qu'ils imposent aux visiteurs. Certaines réserves interdisent caméras, appareils photo ou d'enregistrement sonore, ainsi que de faire des croquis. Dans d'autres, une permission (souvent payante) peut être obtenue auprès du bureau officiel. Partout, l'interdiction est en vigueur lors des danses traditionnelles et l'image du touriste en short n'est pas convenable lors de ces manifestations. Il n'en reste pas moins que la rencontre avec les Indiens du Nouveau-Mexique est une source d'émerveillement et une porte ouverte sur bien des mystères.

PUEBLO ACOMA

Bureau indien officiel de la réserve
Pueblo of Acoma
P.O. Box 309
Acoma, NM 87034
Tél. : (505) 552 6604
Fax : (505) 552 6600

➪ Pour y aller

La réserve couvre quelque 105 000 ha répartis autour de la ville d'Acoma. Située à 90 km d'Albuquerque et perchée comme un îlot sur une *mesa* aride aux parois abruptes, cette cité céleste porte aussi le nom de Sky City (Cité du Ciel). Pour s'y rendre, emprunter la route I 40 à partir d'Albuquerque.

◆ Le Peuple de la Cité du Ciel

Créée vers 900 après. J-C., par les descendants des Mogollons, Acoma est encore habitée en permanence par une dizaine de familles. Envahis par les Espagnols au XVIe siècle, les Pueblos ont toujours résisté à leurs adversaires. Le plus triste épisode de cette colonisation eut lieu en 1599. En représailles d'une attaque contre les collecteurs d'impôts, le gouverneur espagnol Juan de Onate ordonna l'assaut du village, brûlant les habitations et massacrant 800 villageois, hommes, femmes et enfants. La population du village s'est dispersée à partir du XVIIIe siècle. Aujourd'hui la plupart des Acomas (groupe linguistique keresan) sont installés dans deux villages en contrebas où ils élèvent des bovins et des ovins. Ils reviennent célébrer les fêtes importantes à Acoma.

◆ Fêtes et cérémonies

La plupart des cérémonies traditionnelles qui se déroulent tout au long de l'année sont ouvertes au public. Leur calendrier n'est pas immuable. Renseignez-vous auprès du bureau officiel pour en connaître la programmation. Tél. : (505) 552 6604. Certaines d'entre elles sont à date fixe.

• **Governor's Feast :** début février. Danses traditionnelles.

• **Santa Maria Feast Day :** le 1er dimanche de mai. Danses sociales.

• **San Lorenzo's Feast Day :** le 10 août.

• **San Esteban Feast Day :** le 2 septembre, fête en l'honneur du saint patron d'Acoma. Hormis les danses il s'y déroule une procession où se mélangent les influences catholique et indienne.

Le village est fermé aux dates suivantes : 24 et 29 juin, du 10 au 13 juillet et le 25 juillet.

Peu habité, le village d'Acoma n'est pas un musée, bien qu'il faille s'acquitter d'un droit de visite modique, et il est important de respecter la vie privée des habitants. Demandez l'autorisation d'utiliser les caméras vidéo ou appareils photo pendant les cérémonies.

◆ Art et artisanat

Acoma Pueblo Museum : le musée installé au centre des visiteurs présente des expositions de poteries et autres objets artisanaux datant de 1400 à nos jours. Tél : (505) 470 4966. **Frances et Dorothy Torivio, Lollita Concho, Carolyn Concho ou Emma Lewis** sont des artistes célèbres pour leurs poteries, que l'on peut voir au musée d'Acoma comme à l'**Indian Pueblo Cultural Center** d'Albuquerque. Ce centre, géré en communauté par 19 tribus pueblos, se trouve au 2401 Twelfth Street NW, Albuquerque, NM 87104. Tél. : (505) 843 7270. Sur la réserve, la production locale est vendue dans une boutique appartenant aux Indiens, **Pueblo Pottery**, P.O. Box 366, San Fidel, NM 87049. Tél. : (505) 552 6748. Site web : www.collectorsguide.com/pueblo pottery.

◆ Que faire ?

• Considéré comme le plus vieux village habité des États-Unis, Acoma est très visité. On y accède en voiture par une route carrossable ou à pied par un petit sentier escarpé. Des visites guidées ont lieu tous les jours sauf du 10 au 13 juillet. Leur coût est de 5 $ à 7 $ par personne, plus 10 $ pour avoir le droit de prendre des photos. Dans ce village vous trouvez de nombreuses boutiques artisanales qui vendent des poteries avec des motifs de style mimbres inspiré de l'art ancien mogollon.

• L'église en adobe et en pierre **San Esteban del Rey Mission** se dresse, massive, sur la *mesa*. Elle fut bâtie en 1629 par les missionnaires catholiques espagnols. Tous les matériaux utilisés pour la construire, en particulier les lourds bois de charpente ainsi que l'eau pour faire les briques, durent être montés en haut de la *mesa* par un sentier abrupt. Tél. : (505) 252 1139.

• Vous pouvez visiter (et y jouer) le **Sky City Casino**, qui appartient à la tribu. Il est situé à Acomita, à 15 km du vieux village sur la route I 40. Il est ouvert du mercredi au dimanche. Tél. : (505) 552 6017.

• Le **Sky City Visitors Center** est installé au pied de la *mesa.* Il comporte un restaurant dans lequel vous pouvez goûter la cuisine traditionnelle, un musée, une boutique de souvenirs et propose un service de visites guidées. Vous pouvez aussi camper dans le terrain aménagé à cet effet. Écrire à Sky City Visitors Center, P.O. Box 309, Acoma NM 87034. Tél : (505) 470 4966 ou numéro gratuit (USA, Canada) 800 747 0181.

• Pour se loger, se rendre à Grants, qui est la ville la plus proche.

◆ À ne pas manquer

• **Enchanted Mesa** (Mesa Enchantée), énorme monolithe qui se dresse telle une forteresse, à quelques kilomètres à l'est du village d'Acoma.

• Plus à l'est, en bordure de la réserve, dans une zone recouvrant 46 000 ha de volcans éteints, se trouvent **Malpais National Monument** et **La Ventana Arch.** Le premier est composé de quatre immenses coulées de lave datant de plus de 3 000 ans. Le meilleur point de vue se trouve sur la pointe nord à une dizaine de kilomètres au sud de la réserve sur la I 40. Quant à La Ventana, qui se trouve plus à l'est, elle est la plus grande arche naturelle du Nouveau-Mexique. Avant de vous y rendre, arrêtez-vous au centre visiteurs à Grants. Tél. : (505) 285 4641.

LES PUEBLOS

Les premiers habitants du Sud-Ouest, dont la culture devient identifiable vers 200 av. J.-C., sont les Anasazis, les Hohokams et les Mogollons. Ils furent probablement les ancêtres des populations indiennes du Nouveau-Mexique, connues sous les noms de Pueblos, Yumans et Pimas. Les Pueblos (mot espagnol qui signifie « village » et « peuple » à la fois) ont conservé d'eux plusieurs traits religieux et culturels : *kiva* (espace sacré réceptacle des Esprits qui animent la création, représenté par une salle souterraine circulaire ou rectangulaire, où sont célébrées les cérémonies), maison en briques de terre à étages, vie sédentaire fondée sur une économie agricole et de chasse, méthodes d'irrigation par canaux, travail de la poterie et de la vannerie.

La plupart des communautés pueblos s'installèrent aux XIVe et XVe siècles dans la vallée du Rio Grande, tandis que d'autres, comme les Hopis et les Zunis, s'établirent plus à l'ouest. Chacune dispose d'un riche répertoire oral sur son histoire. Bien que les détails varient d'un pueblo à un autre, les fondements du mythe de l'émergence des peuples pueblos sont les mêmes. Ils racontent leur voyage dans quatre mondes différents, puis leur arrivée sur celui-ci. Les humains partageaient un pays souterrain avec les animaux, les plantes et les Esprits. Il y a très longtemps, les hommes aidés par des Esprits quittèrent cet univers en traversant plusieurs sphères avant d'arriver à la surface par un passage appelé *Sipapu*, représenté par un trou entouré de pierres, creusé dans le sol des *kivas*. Les traditions divergent quant à l'emplacement originel de cette sortie, de même que le thème de l'émergence et du retour au monde souterrain s'inscrit dans un espace spécifiquement tribal et non pas abscons. Ainsi, pour les Tewas, le *Sipapu* se trouvait dans un lac d'eau saumâtre. La cosmologie pueblo ne comporte aucun lieu de damnation éternelle.

En 1640, avec les Espagnols, apparurent les chevaux et les moutons, mais aussi la tyrannie par la croix et le glaive. Les Pueblos, pour qui la fonction de leurs pratiques religieuses était de garantir la qualité de l'existence terrestre, se trouvèrent confrontés avec la notion d'un au-delà meilleur. Non seulement les missionnaires les exhortaient à sauver leur âme pour une vie éternelle future, mais ils leur apprirent aussi la crainte d'un châtiment éternel et de la mort. Cette dernière était considérée jusqu'alors par les Indiens comme la fin normale d'une vie, à l'issue de laquelle l'humain rejoint les Esprits. Les notions de paradis et d'enfer leur étaient totalement inconnues. Sous le joug de la Croix, les cérémonies religieuses indiennes furent proscrites et durement réprimées. Les entrées des *kivas* furent scellées, les masques et objets de culte détruits (la loi garantissant la liberté de culte aux Indiens ne date que de 1978).

En août 1680, les guerriers pueblos se révoltèrent contre les Espagnols. Ils parvinrent à les chasser de leur région et la population espagnole se retrancha vers El Paso (Texas). Les Pueblos brûlèrent les églises, les instruments du culte chrétien et tous les registres cléricaux, comme pour effacer l'influence d'un siècle de christianisation. Mais la reconquête espagnole du Nouveau-Mexique commença en 1692 pour s'achever par le rétablissement total de la domination espagnole en 1700. Cependant, les Espagnols n'exigèrent plus de tributs aux Pueblos et les pratiques ancestrales religieuses furent plus ou moins tolérées. En outre, ils établirent avec les Pueblos des alliances militaires pour lutter contre les raids de leurs ennemis communs, les tribus nomades apache, navajo et comanche.

À l'arrivée des Espagnols, il y avait quelque 85 pueblos au Nouveau-Mexique ; aujourd'hui il n'en reste que 19. Les nouvelles lois espagnoles de 1542 prônaient, pour principes fondamentaux, qu'une fois christianisés les Indiens devaient être considérés comme des citoyens à part entière et traités comme tels ; politique que poursuivirent les Mexicains et les Américains, qui reconnurent aux Pueblos la nationalité américaine avant les autres tribus indiennes (à partir de 1924, tous les enfants indiens nés aux États-Unis recevaient la nationalité américaine).

La Cour suprême américaine déclara en 1876 que les Pueblos, étant un « peuple pacifique, agricole, honnête et christianisé », ne devaient pas être considérés comme des Indiens et qu'ils n'avaient donc aucun droit de propriété exclusive sur leurs territoires, ni liberté politique. Dans la pratique, les Pueblos ne bénéficièrent ni des droits que leur donnait la nationalité américaine, ni de l'autonomie relative des réserves, considérées comme des entités politiques et groupes raciaux différents. Et puis, en 1913, après que des rapports eurent fait état de problèmes d'alcoolisme et de la persistance de pratiques païennes, la Cour suprême décréta qu'en réalité les Pueblos étaient bien des Indiens et, en 1931, elle leur accorda les mêmes droits et statuts qu'aux autres nations indiennes. Depuis cette date, les Pueblos possèdent des territoires délimités avec leurs propres gouvernements et conseils qui, bien qu'étant assujettis aux lois fédérales, jouissent d'une autonomie politique.

Chaque pueblo est une théocratie organisée autour d'une vie rituelle complexe. Parmi les rituels se trouvent le culte kachina (esprits invisibles, messagers entre les humains et les Dieux), important surtout chez les Pueblos de l'Ouest, et les cultes des « sociétés-médecine » (à but curatif principalement) développées surtout chez les Pueblos de l'Est. Malgré les vagues successives d'hégémonies étrangères, les Indiens ont préservé, grâce à leur sédentarité et à leur conservatisme, leur culture presque intacte tout en s'adaptant à celles venues de l'extérieur. Dans les villages séculaires que l'on visite, il n'y a souvent ni électricité ni eau courante, et la plupart des Pueblos parlent leur langue, mais aussi l'anglais et l'espagnol. De même, chaque village célèbre traditionnellement sa propre fête annuelle (Feast Day), qui généralement honore aussi le saint chrétien patron du village.

Pour avoir été souvent exploités dans le passé, les Pueblos, quoique accueillant les visiteurs, ont établi des règles très strictes visant à contrôler les ingérences des étrangers déferlant chez eux comme dans des parcs d'attractions. Il faut s'en enquérir auprès du bureau tribal de chaque pueblo avant toute visite.

Pour tous renseignements sur les Pueblos et autres tribus du Sud-Ouest :

• **New Mexico Indian Tourism Association**, P.O. Box 27407, Albuquerque, NM 87125. Tél. : (505) 843 7270. Fax. : (505) 842 6959.

• **Indian Pueblo Cultural Center**, 2401 12th Street NW, Albuquerque, NM 87104. Tél. (505) 843 7270. Fax : (505) 842 6959.

• **Department of Indian Tourism :** 491 Old Santa Fe Trail, Santa Fe, NM 87503. Tél. : (505) 827 7382. Fax : (505) 827 7402. Site web : www.newmexico.org/.

PUEBLO COCHITI

Bureau officiel de la réserve
Pueblo of Cochiti
P.O. Box 70
Cochiti Pueblo, NM 87041
Tél. : (505) 465 2200
Fax : (505) 465 2245

➪ Pour y aller

La réserve couvre 20 227 ha de terrain vallonné, recouvert de pins pignons et de genévriers. Elle est située à l'ouest de la route I 25, à quelque 70 km au nord d'Albuquerque.

◆ Les Cochitis

Les Indiens cochitis (groupe linguistique keresan) occupent cette position géographique depuis plus de 700 ans et le village cochiti est construit au centre de leur territoire. La plupart des 1 400 membres continuent de vivre sur la réserve.

◆ Fêtes et cérémonies

La plupart des cérémonies traditionnelles qui se déroulent tout au long de l'année sont ouvertes au public. Leur calendrier n'est pas immuable. Renseignez-vous auprès du bureau officiel pour en connaître la programmation. Tél. : (505) 465 2200. Ni caméra vidéo ni appareil photo ne sont autorisés pendant les cérémonies. Certaines d'entre elles sont à date fixe.

• **Riverman's Day** : le 3 mai.

• **San Buenaventura Feast Day** : cette célébration en l'honneur du saint patron de Cochiti a lieu le 14 juillet.

◆ Art et artisanat

En 1964, une artiste de Cochiti, **Helen Cordero**, créait des figurines qui allaient devenir les symboles d'un style pueblo. Appelées ***Storyteller*** (Conteur), elles représentent un personnage assis, bouche ouverte et jambes étirées devant lui, sur lesquelles de petits enfants sont installés. La tradition des figurines en terre cuite pueblos remonte aux années 1880 mais, en créant ce personnage, Helen Cordero l'a ravivée. À l'exemple de **Serafina Ortiz** ou **Virgil Ortiz**, potiers de Cochiti nationalement connus, des artistes perpétuent ce style en y ajoutant, souvent avec humour, leur touche innovatrice et contemporaine. Vous pouvez voir et acheter des œuvres de qualité produites par ces artistes et bien d'autres au **Wheelwright Museum**, 704 Camino Lejo, Santa Fe, NM 87501. Tél. : (505) 982 4636 ; numéro gratuit (USA) : 800 607 4636, ou à l'**Institute of American Indian Art**, 108 Cathedral Place, Santa Fe, NM 87501. Tél. : (505) 988 6212. Et encore au **Pueblo Pottery**, P.O. Box 366, San Fidel, NM 87049. Tél. : (505) 552 6748. Site web : www.collectorsguide.com/pueblopottery.

De nombreuses galeries privées, tant dans les grandes villes que parfois sur le bord de la route, vendent des *Storytellers*, dont les prix fluctuants ne sont pas toujours garants de qualité. L'autre production artisanale célèbre de Pueblo Cochiti est la fabrication de tambours cérémoniels.

◆ Que faire ?

• Hormis l'église **San Buenaventura Mission**, vieille de trois siècles, il reste peu d'habitations anciennes à Cochiti. Des attractions plus ludiques ou sportives attirent les touristes, comme les greens du **Cochiti Lake Golf Course**. Ce golf de 18 trous est classé parmi les meilleurs par plusieurs journaux spécialisés. Un restaurant y est aussi installé. Tél. : (505) 465 2230.

• Le **Cochiti Lake Marina and Recreational Center**, qui se trouve au nord de la réserve, appartient aux Indiens. Vous pouvez pratiquer tous les sports nautiques, ou encore jouer au tennis. Pour pêcher, il faut demander une autorisation au bureau officiel qui délivre les permis de pêche. Tél. : (505) 465 2245.

• Pour se loger, hormis les campings aménagés sur la réserve, il faut se rendre à Grants, qui est la ville la plus proche.

PUEBLO ISLETA

Bureau officiel de la réserve
Pueblo of Isleta
P.O. Box 1270
Isleta Pueblo, NM 87022
Tél. : (505) 869 3111
Fax : (505) 869 4239

➪ Pour y aller

La réserve couvre 84 444 ha de paysages variés qui s'étendent des montagnes Manzano, à l'est, aux *mesas* à l'ouest. Située à 20 km au sud d'Albuquerque, on y accède par la route US 47 que l'on prend à un embranchement de la route I 25.

◆ Les Isletas

Pueblo Isleta était déjà dressé à cet emplacement quand Francisco Coronado et ses troupes explorèrent la région en 1540. Quelques années plus tard, en 1598, l'Espagnol Juan de Onate, gouverneur du Nouveau-Mexique, entreprenait sa colonisation dévastatrice. Sa politique allait de pair avec la christianisation forcée des Indiens et, en 1610, la première mission catholique fut construite à Isleta. Alors que les Isletas ne participèrent pas à la révolte pueblo de 1680, ils subirent les mesures répressives espagnoles. Le village fut détruit et la plupart des habitants furent déportés dans le sud, à l'exception de quelques familles qui trouvèrent refuge chez les Hopis. Ce n'est qu'en 1743 que le village reprit vie avec le retour des exilés. Officiellement, la réserve existe depuis 1864. Les 3 000 Isletas parlent le tiwa, appartenant au groupe linguistique tanoan. Ils sont dispersés dans plusieurs communautés installées près du Rio Grande, où ils pratiquent l'agriculture et l'élevage.

◆ Fêtes et cérémonies

La plupart des cérémonies traditionnelles qui se déroulent tout au long de l'année sont ouvertes au public. Leur calendrier n'est pas immuable. Renseignez-vous auprès du bureau officiel pour en connaître la programmation. Tél. : (505) 869 3111. Certaines d'entre elles sont à date fixe.

• **San Reyes Day :** le 1er ou 2e week-end de janvier. La Danse du Maïs est exécutée lors de cette manifestation en l'honneur des Rois Mages.

• **Governor's Feast** : le 3e ou 4e week-end de juin.

• **San Augustine Feast Day :** c'est la plus importante manifestation. Elle est donnée en l'honneur de San Augustine, saint patron d'Isleta. Elle commence le soir du 28 août avec messe, processions et danses traditionnelles, qui se renouvellent le matin suivant. Musique, plats indiens, exposition-vente d'objets artisanaux animent cette manifestation.

◆ Art et artisanat

Quoique moins réputée que celle d'Acoma et de Cochiti, la poterie est pratiquée par les Isletas. On en découvre des exemples au petit musée adjacent à l'église San Augustine.

◆ Que faire ?

• Le vieux village vaut la peine d'être visité, et en particulier l'église de la mission **San Augustine**, construite aux environs de 1610. C'est l'un des lieux de culte les plus honorés du Nouveau-Mexique. Seul ce bâtiment peut être photographié.

• La tribu gère et possède un des plus grands casinos du Nouveau-Mexique à Albuquerque, le **Isleta Gaming Palace**, qui, en plus d'être une source de revenus importante, emploie plus de 700 personnes. Des bus gratuits assurent les liaisons entre le casino et les alentours. Tél. : (505) 869 2614 ou numéro gratuit (USA) 800 4605686.

• Sur la réserve plusieurs lacs permettent de pratiquer de nombreuses activités ludiques ou sportives. On peut y camper et y pêcher (après avoir obtenu un permis tribal). S'adresser au bureau officiel. Tél. : (505) 869 3111.

◆ À ne pas manquer

• Arrêtez-vous à Albuquerque à 20 km de la réserve pour visiter le **Indian Pueblo Cultural Center.** Ce centre qui est aussi un musée est géré en communauté par 19 tribus pueblos. Outre les danses données chaque week-end et les démonstrations du savoir-faire des artisans, le centre organise l'**American Indian Week**, qui a lieu vers le 20 avril. Pendant une semaine, à travers des spectacles, des conférences, des animations, l'héritage culturel pueblo est à l'honneur. Pour plus de renseignements, adressez-vous à : Indian Pueblo Cultural Center, 2401 Twelfth Street NW, Albuquerque, NM 87104. Tél. : (505) 843 7270.

• En avril également se déroule ce qui est, selon certains, le plus grand powwow des États-Unis : le **Albuquerque Gathering of Nations**, vers les 25 et 26 avril. Cette célébration attire plus de 100 000 personnes (dont 2 000 danseurs) qui se rassemblent au PIT, le stade de basket-ball de l'université d'Albuquerque. Danses, musiques, élection de la Miss Monde indien et foire artisanale animent cette réunion qu'il ne faut pas manquer. Les billets d'entrée pour les deux jours consécutifs coûtent 10 $ par personne. Pour plus d'informations, téléphonez au (505) 836 2810 ou consultez le site web : www.gatheringofnations.com.

PUEBLO JEMEZ

Bureau officiel de la réserve
Pueblo of Jemez
P.O. Box 100
Jemez Pueblo, NM 87024
Tél. : (505) 834 7359
Fax : (505) 834 7331

➪ Pour y aller

Située à l'entrée d'un canyon spectaculaire, la réserve de Jemez s'étend sur 36 000 ha. À 77 km au nord-ouest d'Albuquerque, on y accède par la route I 25 *via* la route US 44 que l'on prend à Bernadillo.

◆ Les Jemez

Les Indiens jemez vivaient près de Chaco Canyon jusqu'au XIVe siècle, époque à laquelle ils migrèrent pour la région qu'ils occupent encore aujourd'hui. Ils eurent leurs premiers contacts avec les Espagnols en 1541. Vers 1600, le premier missionnaire catholique espagnol, frère Alonso de Lugo, s'installait parmi eux. Le peuple jemez fut hostile à cette religion étrangère et lutta contre l'hégémonie espagnole. Leur histoire comme celle des autres Pueblos fut bouleversée par le sang, la révolte et l'exil. Ce n'est qu'entre 1703 et 1706 que les Jemez se réinstallèrent définitivement à Pueblo de Jemez. Quoique la possession de leur territoire fût reconnue depuis la colonisation espagnole, la réserve fut établie officiellement en 1864, dix-huit ans après l'annexion du Nouveau-Mexique aux États-Unis.

LES DANSES PUEBLOS

Les danses pueblos font toutes partie d'un cycle cérémoniel annuel, extrêmement complexe, organisé par diverses confréries appelées sociétés, rattachées à une *kiva*. Les rites secrets et la préparation des danseurs se déroulent dans la *kiva* avant qu'une célébration publique (danse) ne soit donnée sur la place du village. Les pratiques religieuses ont pour fonction de garantir l'harmonie entre les humains et le reste de l'univers, d'obtenir l'appui des forces spirituelles contre les vicissitudes de la nature. Les *kivas* sont le lieu de culte par excellence, et sacrées au même titre que des montagnes ou des lacs où se déroulent aussi des cérémonies.

Lors des danses kachinas (surtout développées chez les Zunis et les Hopis), les danseurs masqués représentent les Esprits invisibles. Les Kachinas sont pour les Indiens pueblos à la fois des ancêtres, des esprits (de plantes, d'animaux) ou des dieux. Ce sont surtout des êtres bienveillants, détenteurs de bonne fortune (pluie, fertilité, bonne récolte). Certains sont cependant démoniaques et leur fonction est disciplinaire. Il y a plus de deux cents Kachinas, toutes différemment nommées. Les figurines en bois appelées « poupées kachinas » ont un rôle protecteur et pédagogique auprès des enfants.

Dans ces célébrations, toutes les affaires cérémonielles et sociales sont évoquées, depuis la chasse, la fertilité de la terre et la fécondité des femmes jusqu'au pouvoir. Les autres personnages importants des célébrations sont les Clowns sacrés (appelés entre autres *mudhead, koshare, koyemshi*). Avec un jeu grotesque où se mêlent l'obscénité et le sacré, le rôle du Clown est celui de bouffon et de redresseur de torts. Il distrait la foule et les danseurs, et réprimande ceux qui ont un comportement déplacé.

Chaque attribut des danseurs, des masques aux objets dont ils se servent, possède une signification précise. Les hochets en calebasse ou les crécelles en écailles de tortue imitent le bruissement d'une pluie de printemps, les plumes ou plumeaux en coton portés sur la tête sont des symboles du ciel et des nuages, les brindilles de conifère qu'ils tiennent à la main représentent la longévité et la vie éternelle. La plupart des rituels ancestraux ont subi, à des degrés différents, l'influence de la religion espagnole ; c'est ainsi que Noël et Pâques sont commémorés par des processions catholiques ainsi que par des danses traditionnelles. Chaque village célèbre sa propre fête annuelle, appelée **Feast Day**, et honore à cette occasion le saint patron du village.

• **Matachina Danse :** l'origine espagnole de cette danse apparaît clairement. Outre les hautes coiffes en forme de mitre que portent les danseurs, ce sont souvent des instruments à cordes accompagnés de tambours qui guident leurs mouvements. Parmi ceux-ci, on reconnaît un pas de danse qui ressemble à un quadrille de style européen. Cette célébration se déroule au moment des fêtes chrétiennes de fin d'année, elle symbolise l'expulsion des Espagnols du Territoire indien. Une ancienne danse espagnole similaire commémorait la victoire espagnole sur les Maures.

• **Corn Dance :** la Danse du Maïs, rite de fertilité, est la danse la plus populaire. Elle prend diverses formes selon les Pueblos et se rapporte à tous les stades de la culture du maïs, depuis sa plantation jusqu'à sa récolte. Elle s'appelle aussi danse **Tablita**, du nom des coiffes en planches de bois décorées et découpées en forme d'escaliers que certaines danseuses portent sur la tête comme un diadème. Les hommes ont le torse nu couvert de colliers et portent un pagne blanc, tandis qu'à leurs chevilles des grelots ponctuent les mouvements de leurs pas. Au rythme des tambours et des hochets en calebasse, les participants dansent en ligne tandis que des Clowns sacrés essaient de les distraire.

• **Shalako Dance :** les six Shalakos zunis, personnages d'origine mythologique, sont les messagers des dieux de la Pluie. Ils sont représentés, lors de la danse des Shalakos, par des hommes cachés sous une structure haute de plus de 4 m. Ces danseurs, rattachés au culte kachina, sont chacun escortés d'un accompagnateur et d'un groupe de personnes appartenant à différentes « sociétés-médecine » (à but curatif). Chaque Shalako danse sur la musique et les chants exécutés par les membres de la société qui l'honore.

• **Animal Dances :** les danses consacrées aux animaux symbolisent les relations entre les Indiens et les animaux dont ils dépendirent pendant des siècles pour se nourrir. Dans la **Danse du Bison**, le leader de la troupe est habillé en chasseur. Le visage noirci, les danseurs portent une coiffe en peau de bison avec des cornes. D'une main ils tiennent un arc et des flèches et de l'autre une calebasse remplie de cailloux. Les « bisons », généralement en deux rangées parallèles séparées par une ou deux femmes, suivent les directives du « chasseur ». En hiver, une femme appelée « mère bison » porte sur le dos de sa robe le symbole du soleil, en été elle porte une coiffe en plumes et est appelée « dindon sauvage ». L'arrivée de la troupe venant de l'extérieur du village est un spectacle surprenant. Une fois sur la place centrale, les danseurs se rendent dans leurs *kivas*. Ils en ressortent quelque temps plus tard et commencent à danser. Ils sont accompagnés par des tambours et un chœur de chanteurs masculins. La cérémonie se termine par un simulacre de chasse.

Les Jemez sont les derniers Indiens à parler towa, dialecte appartenant au groupe linguistique tanoan. Aujourd'hui, sur les 2 500 Jemez recensés, 1 700 vivent sur la réserve.

◆ Fêtes et cérémonies

La plupart des cérémonies traditionnelles qui se déroulent tout au long de l'année sont ouvertes au public. Leur calendrier n'est pas immuable. Renseignez-vous auprès du bureau officiel pour en connaître la programmation. Tél. : (505) 834 7359. Certaines d'entre elles sont à date fixe.

• **Animal and Matachina Dances** : le 1er janvier à Jemez.

• **San Persingula Feast Day** : le 2 août à Jemez. Lors de cette manifestation se déroulent la Danse du Maïs et celle du Pecos Bull Dance (Danse du Taureau) en l'honneur des Indiens pecos qui rejoignirent les Jemez vers 1838.

• **San Diego Feast Day** : le 12 novembre à Jemez. Cette manifestation en l'honneur du saint patron est la plus importante.

◆ Art et artisanat

• Les femmes jemez sont célèbres pour leur vannerie réalisée avec des feuilles de yucca et aussi pour leur broderie en fil de coton sur vêtements. Vous pouvez visiter les ateliers des artistes sculpteurs (comme **Kathleen Wall, James A. Vigil, Joe V. Cajero Jr**) et céramistes (comme **Angela** et **Lorraine Chinana, Helen Tafoya Henderson)** ou voir leurs œuvres dans des galeries (« Columbine Pottery » à Jemez) et musées.

• Profitez aussi du **Annual Jemez Red Rocks Arts and Crafts Show,** foire de l'art et de l'artisanat qui se déroule au mois d'octobre à Red Rocks, sur la route panoramique SR4. Tél. : (505) 834 7235.

◆ Que faire ?

• L'accueil touristique est assuré par le **Walatowa Visitors Center**, qui propose des visites guidées sur la réserve. Elles conduisent, entre autres, sur les ruines du village pueblo **Guisewa**, où se trouvent un musée et une église du XVIIe siècle. Le centre organise aussi des expositions et vend des objets artisanaux dans sa boutique.

• Le **Jemez River Canyon** est une gorge spectaculaire parsemée de sources d'eau chaude. Certaines sont aménagées (piscine, campings), comme celles de **Holy Ghost Spring** et **Sheep Spring Fish Pond**.

• Les activités que cette zone montagneuse offre sont nombreuses, depuis le ski de fond en hiver jusqu'aux randonnées en bicyclette l'été. Pour tous renseignements, s'adresser au Walatowa Visitor Center, 040 Trading Post Rd., Jemez Pueblo, NM 87024. Tél. : (505) 834 7235. Site web : jemez.com/pueblo.

• La pêche, la chasse aux wapitis et la chasse à l'arc aux dindons sauvages sont autorisées. Il faut se renseigner au centre des visiteurs Walotowa, qui propose des parties de pêche avec guides, ou au bureau officiel pour obtenir les permis nécessaires. Tél. : (505) 834 7359.

◆ À ne pas manquer

• Lorsque vous quittez la réserve, prenez au nord la route US 4 passant par Alamos et qui conduit au **Bandelier National Monument**. Ce dernier se trouve au Frijoles Canyon dans la spectaculaire **Valle Grande**. Dans cette vallée large de 20 km, l'érosion a formé des canyons dont les falaises volcaniques sont creusées par les vents, comme si ceux-ci voulaient s'y introduire. Les maisons troglodytes du **Bandelier National Monument** burinées par le temps font partie du patrimoine national. Parmi ces ruines pueblos, **Stone Lions** est encore un site religieux honoré par les Indiens. Plusieurs autres ruines dans le Frijoles Canyon ne sont accessibles que par une courte marche à pied. Ouvert toute l'année ; le billet d'entrée coûte 5 $ par véhicule. Tél. : (505) 672 3861.

• De là reprenez la route qui mène à Santa Fe et poursuivez plus à l'est sur la I 25 jusqu'au **Pecos National Historical Park** (à 40 km de Santa Fe). Ce grand pueblo abandonné en 1838 consistait en un bloc de maisons communautaires de quatre à cinq étages comprenant en tout plus de 700 pièces. Au crépuscule, vous admirerez les grandes *kivas* circulaires maintenant silencieuses et solennelles depuis que les Indiens pecos s'installèrent à Pueblo Jemez. Au centre des visiteurs, vous pouvez demander à être accompagné par un guide. Tél. : (505) 757 6414 ou 6032. Le billet d'entrée coûte 5 $ par véhicule.

PUEBLO LAGUNA

Bureau officiel de la réserve
Pueblo of Laguna
P.O. Box 194
Laguna Pueblo, NM 87026
Tél. : (505) 552 6654
Fax : (505) 552 6941

➪ Pour y aller

La réserve couvre 213 500 ha de terrain semi-aride entrecoupé de collines, de montagnes et de hauts plateaux désertiques. Elle se trouve dans l'extrémité sud du canyon de San Diego, à presque 75 km à l'ouest d'Albuquerque sur la route I 40.

◆ Les Lagunas et les réfugiés

Selon les historiens, Laguna Pueblo fut fondé entre 1697 et 1699 par les Indiens lagunas qui, auparavant, vivaient depuis l'an 1400 au village de Punyana, situé dans la montagne. Établi près d'un étang maintenant disparu, le pueblo était plus ouvert aux influences extérieures que d'autres pueblos nichés sur des *mesas*. Les Lagunas se mélangèrent aux réfugiés cochitis, Santo Domingo, jemez et zunis, qui vinrent grossir la population du pueblo.

Avant qu'ils ne deviennent éleveurs sous l'impact de l'influence espagnole au XVIe siècle, leur économie de subsistance reposait sur l'agriculture. Les Lagunas sont aujourd'hui répartis dans six communautés – Encinal, Laguna, Mesita, Paguate, Paraje et Seama – installées dans la vallée de la rivière San Jose. Laguna Pueblo (appelé aussi Old Laguna) en est le centre politique. Les 4 000 Lagunas, qui parlent le keresan, ont su préserver en grande partie leur mode de vie traditionnel et leurs coutumes religieuses.

◆ Fêtes et cérémonies

La plupart des cérémonies traditionnelles qui se déroulent tout au long de l'année sont ouvertes au public. Leur calendrier n'est pas immuable. Pour en connaître les dates exactes, adressez-vous au bureau officiel. Tél. : (505) 552 6654. Certaines d'entre elles sont à date fixe.

• **St. Joseph's Annual Feast Dances :** cette célébration a lieu deux fois par an à Old Laguna Village, autour du 19 mars et aussi le 19 septembre. Cette dernière, qui réunit tous les villages de la réserve, est la plus importante. Outre les danses traditionnelles, une foire artisanale est organisée ainsi que des parades et des compétitions sportives. D'autres tribus indiennes y participent également.

• **St. Ann's Annual Feast Day :** 26 juillet à Seama Village.

• **Assumption of Our Blessed Mother** : 15 août à Mesita Village.

• **The Nativity of the Blessed Virgin Mother** : 8 septembre à Encinal Village.

• **St. Elizabeth's Annual Feast Day** : 25 septembre à Paguate Village.

• **St. Margaret Mary's Annual Feast Day** : 17 octobre à Paraje Village.

• **Christmas Mass and Christmas Days** : messe (suivie de danses traditionnelles) le 24 décembre à 22 heures, à Old Laguna Village ; puis danses traditionnelles du 24 au 28.

◆ Art et artisanat

Le **Casa Blanca Market Place** à Pueblo Laguna est un supermarché de l'art et de l'artisanat local. Tél. : (505) 552 9030.

◆ Que faire ?

• La **St. Joseph Mission**, bâtie par le frère Antonio de Miranda en 1699, est une des plus intéressantes églises pueblos. Pour visiter le village, contacter Ann Rose Ray au (505) 552 9771.

• On peut pêcher dans la rivière San Jose et chasser les antilopes et les wapitis sur les terres de la réserve. Pour obtenir les autorisations, se renseigner au bureau officiel. Tél. : (505) 552 6654.

• Pour se loger, hormis les campings aménagés sur la réserve, il faut se rendre à Grants, qui est la ville la plus proche.

PUEBLO NAMBÉ

Bureau officiel de la réserve
Pueblo of Nambé
Route 1. P.O. Box 117 BB
Santa Fe, NM 87501
Tél. : (505) 455 2036
Fax : (505) 455 2038

➪ Pour y aller

Faisant partie de ce que l'on appelle les Huit Pueblos du Nord (*Eight Northern Indian Pueblos*), la réserve s'étend sur 7 650 ha dans le centre nord du Nouveau-Mexique. Elle se trouve à 29 km au nord-est de Santa Fe et pour s'y rendre il faut prendre les routes US 84 et 185.

◆ Les gardiens des Montagnes Sangre de Cristo

Les Nambés disent qu'ils vivent au pied des montagnes Sangre de Cristo depuis toujours. Ils parlent le tewa, appartenant au groupe linguistique

tanoan. Aujourd'hui, 600 membres tribaux vivent sur la réserve et font activement revivre leur culture à travers les arts et les cérémonies, tout en étant attentifs à préserver leur environnement naturel.

◆ Fêtes et cérémonies

Les dates pendant lesquelles se déroulent les danses traditionnelles peuvent varier. Les touristes peuvent la plupart du temps y assister, en tenant compte des restrictions imposées par la tribu. Contactez le bureau officiel. Tél. : (505) 455 2036.

• **King's Day Celebration :** 6 janvier. Danse du Bison.

• **Esater** : 12 avril, danses de l'Arc et des Flèches.

• **St. Francis Feast Day** : début du mois d'octobre. Des danses sont exécutées en l'honneur du saint patron du village.

◆ Art et artisanat

• De nombreux artistes et artisans ouvrent les portes de leurs ateliers aux visiteurs. La plupart exposent à la **Cloud Eagle Studio Gallery**, située sur la route Nambé Waterfalls. Tél. : (505) 455 2662.

• La manifestation **Nambé Falls Ceremonial**, qui a lieu le 4 juillet, comprend des danses traditionnelles, mais est surtout aussi une foire artisanale.

◆ Que faire ?

• **Nambé Pueblo Tours** est le seul tour-opérateur appartenant aux Indiens dans tout le Nouveau-Mexique. Leurs guides vous font découvrir la beauté des chutes Nambé ainsi que les autres pueblos, les sites historiques ou spectaculaires, tout en vous dévoilant les richesses de leurs cultures et de leurs histoires. Ils vous accompagnent aux différentes fêtes et cérémonies et vous invitent à écouter des conteurs. Pour toutes informations : Nambé Pueblo Tours, Route 1, Box 117 BB, Nambé Pueblo, NM 87501. Tél. : (505) 455 2036.

• La réserve, au pied des majestueuses montagnes **Sangre de Cristo**, possède un lac et des cascades, ainsi que des paysages enchanteurs où il fait bon se promener.

Nambé Falls Recreation Area, situé au nord du village, est un site populaire en été pour camper, se promener ou aller à la pêche. Le camping est abrité par un petit bois de peupliers avec pour toile de fond les sommets enneigés des montagnes Sangre de Cristo. Pour tous renseignements s'adresser au bureau officiel ou au Nambé Pueblo Tours (tél. : (505) 455 2036).

SANTA FE

De loin, lorsque l'on approche Santa Fe, on est surpris de trouver une grande ville américaine d'où ne dépasse aucune tour de verre. Santa Fe est une ville où les constructions n'essaient pas de « gratter le ciel », un immense pueblo dont les maisons aux teintes rouge et ocre semblent construites en terre. Il s'y mêlent des *casas* et *palacios* de style colonial espagnol, avec des patios flamboyants de fleurs qui offrent un calme et une fraîcheur apaisante dans ce pays où le soleil brille 300 jours par an.

Peuplée par 62 000 habitants, Santa Fe est une mosaïque de cultures, de visages, d'odeurs et de couleurs, née des méandres de l'histoire. Les Indiens, dont les ancêtres gardent ce pays depuis la nuit des temps, puis les descendants des conquistadores espagnols, partagent avec eux depuis le XVIe siècle un amour pour les hautes terres désertiques. Santa Fe, capitale du Nouveau-Mexique, est la plus ancienne capitale des États-Unis, établie en 1610 sur les ruines d'un ancien village tanoan à 2 100 m d'altitude. Elle fut le centre d'un commerce actif ouvert sur tous les horizons, où les convois de chariots venant du Missouri par le Santa Fe Trail déballaient leurs cargaisons au XIXe siècle. Les Indiens venaient échanger leurs marchandises contre celles des Blancs et beaucoup de chevaux partirent de là pour conquérir les Plaines. La période idéale pour la visiter est septembre-octobre, lorsque l'automne l'illumine et que la vague touristique de l'été s'en est éloignée ; mais aussi avant que ne reviennent les skieurs en hiver. Les nombreux hôtels, motels et autres établissements d'accueil absorbent parfois difficilement les populations saisonnières. Pour ne pas perdre la trace indienne, l'idéal est de poser ses bagages dans le seul hôtel appartenant aux Indiens, le Santa Fe Hotel (1501 Paseo de Peralta, Santa Fe NM 87501 ; tél. : (505) 982 1200). Cet hôtel luxueux, d'architecture pueblo, est à quelques minutes de marche de la Plaza, centre historique de la ville où se trouvent le **Museum of Fine Arts** et le **Palace of the Governors**. Ce dernier, construit par les Espagnols en 1610, est le plus ancien bâtiment public des États-Unis ; il abrite également le **Museum of New Mexico**. Dehors, sous le *portal* (arcades), les Indiens viennent s'asseoir tous les jours pour vendre leurs bijoux et leurs poteries.

Santa Fe a des airs de marché de l'art et elle revendique le titre d'en être un des plus grands au monde. Il faut bien reconnaître qu'avec plus de 250 galeries d'art, 70 bijoutiers, 12 musées, des églises et bâtiments historiques, des antiquaires et des bouquinistes, elle ne peut que donner envie de découvrir et d'acheter. Elle fait tout pour susciter la curiosité et la convoitise. On y trouve les photos de E. S. Curtis, reproductions parfaites à côté des originaux. Plus loin, dans une vitrine, des candélabres dorés hispaniques encadrent une Kachina hopi. Il y en a pour tous les goûts. On y dépense des fortunes ou quelques dollars en rêvant d'acquérir un échantillon de la culture hispanique ou américaine romantique. À circuler dans les rues, on se demande pourquoi les Indiens, qui ont été tant dépréciés, sont représentés partout dans les tableaux ou sculptures d'artistes non indiens. Cependant l'art indien authentique est présent à chaque détour, dans les galeries comme dans les musées, dont certains lui sont dédiés. C'est le cas du **Museum of Indian Arts and Culture** (710 Camino Lejo, Santa Fe, NM 87501 ; tél. (505) 827 6344) et du **Wheelwright Museum of the American Indian** (704 Camino Lejo, Santa Fe, NM 87501 ; tél. : (505) 982 4636), situés tous deux sur une colline au sud-est de la ville. L'**Institute of American Indian Arts Museum** (108 Cathedral Place, Santa Fe 87504 ; tél. : (505) 988 6211) se trouve quant à lui près du centre.

Chaque année depuis 76 ans, se déroule au mois d'août (autour des 23 et 24 août) le Marché de l'art indien. Le **Indian Market** organisé par la Southwestern Association for Indian Arts (**SWAI** P.O. Box 15353, Santa Fe, NM 87506-5353 ; tél. : (505) 983 5220 ; fax : (505) 983 7647 ; site web : www.swaia.org/swaia) est la plus importante manifestation artistique indienne des États-Unis. Plus de 1 200 artistes indiens viennent présenter leurs meilleures œuvres. Le centre de Santa Fe ressemble alors à une fourmilière en effervescence avec ses milliers de promeneurs qui déambulent coude à coude au milieu de centaines de stands installés partout. La fête est dans l'air, la musique indienne se fond dans le brouhaha et les effluves de plats traditionnels s'exhalent des échoppes aménagées pour la cuisine. Si la plupart des artistes sont originaires du Sud-Ouest, beaucoup se déplacent de tous les États-Unis. Ils viennent de l'Est (Dawn Dark Mountain, peintre oneida, ou Shirley Brauker, céramiste ottawa), des Plaines (Dorothy Brave Eagle, Sioux oglala, qui travaille avec des perles), du Sud-Est (Kenneth Jonhson, bijoutier creek/séminole) ou encore du Nord-Est (Larry Ahvakana, sculpteur inupiat). Les plus nombreux sont les céramistes, les sculpteurs et les bijoutiers, mais toutes les formes d'art présentes dans la vie quotidienne sont au rendez-vous, de la poésie à la tapisserie. C'est ainsi que l'on découvre des techniques inhabituelles, comme la peinture sur sable, ou des objets cérémoniels (pipes, flûtes, tambours, éventails). Des ventes aux enchères et des concours sont organisés ainsi que des défilés de mode, des concerts et des ballets, et des projections de films indiens.

Cette manifestation unique attire plus de 75 000 visiteurs et collectionneurs qui viennent rencontrer des artistes célèbres et découvrir de nouveaux talents. Il est difficile de trouver une chambre durant cette période, mieux vaut réserver le plus tôt possible.

Pour tous renseignements concernant la ville et les environs s'adresser au **Santa Fe Visitors Bureau Sweeney Center**, 201 W. Marcy Street, Santa Fe, NM 87501-0909. Tél. : (505) 986 6760. Site web : www.santafe.org. Ou au **New Mexico State Department Of Tourism**, Lamy Building, 491 Old Santa Fe Trail, Santa Fe, NM 87501. Tél. : (505) 827 7400. On y trouve des brochures en français.

JICARILLA APACHE

Bureau officiel de la réserve
Jicarilla Apache Tribe
P.O. Box 507
Dulce, NM 87528
Tél. : (505) 759 3242
Fax : (505) 759 3005

➪ Pour y aller

La réserve, située dans le nord du Nouveau-Mexique, couvre 348 226 ha de montagnes boisées et de hautes zones désertiques. On y accède, au sud, par la route State 44 qui part de Bernalillo, sur la route I 25 entre Santa Fe et Albuquerque.

◆ Fêtes et cérémonies

• **Little Beaver Round-Up** : ce « rassemblement du petit castor » a lieu le 3e week-end de juillet. Rodéos, danses traditionnelles et carnaval s'y déroulent. Une foire artisanale est aussi organisée.

• **Gojiiya** : les 14 et 15 septembre. Cette célébration en l'honneur de la moisson fait partie des rites traditionnels ancestraux. On assiste à une course-relais entre l'équipe des Llaneros et celle des Olleros. Un rodéo, des danses, une foire à l'art et à l'artisanat attirent beaucoup de visiteurs.

◆ Art et artisanat

Les Jicarillas sont réputés pour leur vannerie (« jicarilla » est dérivé d'un mot espagnol signifiant « petit panier »). Vous pouvez voir comment ils travaillent et admirer des modèles anciens exposés parmi des bijoux et des peintures, au **Tribal Art and Crafts Shop and Museum** à Dulce.

◆ Que faire ?

• La réserve possède des paysages variés à la beauté incomparable. De nombreuses opportunités d'en profiter vous sont offertes, depuis les 20 lacs et multiples rivières jusqu'aux immenses forêts que vous pouvez découvrir en randonnées pédestres ou équestres. Vous pouvez aussi pêcher, faire du canoë ou chasser même si, malgré l'abondance du gibier, la chasse est extrêmement réglementée. En tant que non-membre tribal, vous devez impérativement recruter et rémunérer un guide accrédité par la tribu. Seuls les chiens de chasse appartenant aux guides peuvent vous accompagner. Si vous en avez le cœur, vous pouvez tenter de tuer, au fusil ou à l'arc, un lion des montagnes (couguar) avec un permis qui vous coûtera 400 $, et 200 $ si vous préférez le dindon sauvage. Vu le faible nombre de permis délivrés (1 par an pour les couguars) et la courte période où vous pouvez vous en servir (7 jours consécutifs), vous devez poser votre candidature bien avant l'ouverture de la chasse, variable selon les années. Mais surtout, rien ne vous empêche d'admirer les animaux sans les tuer.

Pour tous renseignements concernant la pêche et la chasse, adressez-

LES JICARILLAS

Les Jicarillas (se prononce Ik-a-ri-ya) font partie des tribus de langue athapascane, dont les origines se situent géographiquement près du lac Athabasca, dans le nord-ouest du Canada. Lors de leur migration, les Athapascans se scindèrent en plusieurs groupes, dont les Apaches, qui sont différenciés aujourd'hui selon un critère géographique, les Apaches du Nouveau-Mexique (Jicarillas, Mescaleros) et les Apaches de l'Ouest, qui se trouvent en Arizona (White Mountains, San Carlos, Cibecue, Tontos…). Dans la région des Plaines, en Oklahoma, se trouvent aussi des Kiowas-Apaches et des Chiricahuas. Les Apaches arrivèrent dans le Sud-Ouest il y a plus de 500 ans. Nomades sur une terre souvent ingrate, ils circulaient selon les saisons sur un vaste territoire s'étendant du Texas au centre de l'Arizona et du Colorado jusqu'aux provinces mexicaines de Chihuahua et Coahuila. Au contact des Indiens des Plaines, ils devinrent chasseurs de bisons, tout en entretenant avec les Indiens pueblos des relations de troc et parfois de pillage. Les Jicarillas résistèrent farouchement aux invasions espagnoles (1540-1821), mexicaines (1821-1848) et américaines tout en guerroyant contre leurs ennemis comanches. Ils devinrent des parias et comme tels furent impitoyablement combattus. Après avoir été ballottés d'une région à une autre, le président Cleveland leur accorda en 1887 une réserve sur leur terre ancestrale. La réserve connut un véritable « boom économique » vers 1993 avec l'exploitation de pétrole et de gaz naturel. Son économie repose encore en grande partie sur l'exploitation de ces ressources. Aujourd'hui, sur les 3 140 membres inscrits, plus de 2 000 vivent sur la réserve. La topographie géographique de la réserve a fondé les bases de sa structure sociale divisée en deux bandes : les **Llaneros**, ou habitants des plaines, et les **Olleros**, qui occupent les montagnes et leurs vallées.

vous au Jicarilla Game and Fish Department, P.O. Box 313, Dulce, NM 8728. Tél. : (505) 759 3255. Fax : (505) 759 3457.

• Vous pouvez camper sur les bords de tous les lacs sauf à **Horse Lake.** Contre une redevance de 5 $ par véhicules vous avez accès aux aires de camping aménagées autour des lacs **Stones** et **La Jara**.

• La tribu jicarilla vient récemment d'acheter un ranch de 12 800 ha en dehors de la réserve, à Chama. Ce ranch luxueux reçoit des clients fortunés amateurs de trophées de chasse ou de parties de pêche.

• Le **Best Western Jicarilla Inn** à Dulce vous accueille et vous propose dans son restaurant des mets indiens. Le gérant, Thomas Vigil, est un Jicarilla respecté qui s'est retiré des affaires politiques de Washington pour s'intéresser de plus près à celles de sa tribu. Si vous avez la chance de pouvoir lui parler, vous découvrirez sa perception du monde moderne indien, extrêmement érudite et clairvoyante. Sur les murs de cet hôtel plusieurs tableaux contemporains côtoient des photos anciennes et sont représentatifs de l'évolution du peuple jicarilla. Tél. : (505) 759 3663 ou numéro gratuit (USA) : 800 528 1234.

◆ À ne pas manquer

Le petit train historique **Cumbres and Toltec** en gare de Chama vous permet d'accéder aux paysages enchanteurs des montagnes San Juan. Bien qu'il n'appartienne pas à la tribu, il vous conduit cahin-caha sur leur ancien territoire. De Chama il vous emmène à Antonito, au Colorado, pour 52 $ par personne (aller-retour). Tél. : (505) 756 2151.

RÉSERVE MESCALERO APACHE

Bureau officiel de la réserve
Mescalero Apache Tribe
P.O. Box 176
Mescalero, NM 88340
Tél. : (505) 671 4494
Fax : (505) 671 5051

➪ Pour y aller

Située dans le centre sud du Nouveau-Mexique, la réserve s'étend sur 185 200 ha de territoire montagneux et boisé dont le plus haut sommet culmine à 3 648 m. En venant de Alamogordo, sur la route US 84, on se dirige vers le nord jusqu'à l'intersection avec la route US 70 qui mène à la réserve. La réserve se trouve à 4 heures de route d'Albuquerque.

◆ Les Mangeurs de mescal

Comme les Apaches jicarillas, les Apaches mescaleros (mot espagnol signifiant « mangeurs de mescal ») font partie des tribus de langue athapascane dont les origines se situent géographiquement dans le nord-ouest du Canada. Les Apaches arrivèrent dans le Sud-Ouest, à proximité des Pueblos, il y a plus de 500 ans.

Sous la domination espagnole au XVIIe siècle, ils furent la proie des raids d'esclavagistes. Peuple de nomades habiles à la guérilla, ils harassèrent et pillèrent les Espagnols et les tinrent hors de leurs frontières pendant plus de 100 ans. Leurs assauts répétés contre la première capitale coloniale à San Juan Pueblo (temporairement baptisée San Gabriel par les Espagnols) poussèrent les Espagnols à déplacer leurs quartiers généraux à Santa Fe. Au XVIIe siècle, les Apaches subirent des attaques des Comanches qui s'enfonçaient vers le sud. Lorsque le Nouveau-Mexique devint américain en 1848, ils vécurent le siècle le plus sanglant de leur histoire. De plus en plus nombreux, les Blancs installaient leurs ranchs sur les terres des Apaches, obligeant ces derniers à prendre les armes pour se protéger. Le général J. H. Carleton reçut alors pour mission de « pacifier » les rebelles. L'exil forcé des Apaches débuta en 1862 lorsque les troupes du colonel Kit Carson confinèrent les 450 Apaches mescaleros dans une réserve inhospitalière à Bosque Redondo (près de Fort Summer, dans le centre est du Nouveau-Mexique), où ils furent rejoints par 9 000 Navajos vaincus. Après trois années de misère entrecoupées d'épidémies de variole, ils demandèrent à être déplacés. En 1873, la réserve dans les montagnes Sacramento fut enfin établie près de leur montagne sacrée, la **Sierra Blanca**. C'est là qu'aujourd'hui vivent encore 3 300 Apaches mescaleros (les plus nombreux), lipans et quelques chiricahuas (descendants du fameux chef Geronimo). Leur économie repose d'abord sur l'exploitation forestière, mais aussi sur l'élevage et le tourisme.

◆ Fêtes et cérémonies

• **Fourth of July** : pendant 4 jours à partir de la 1re semaine de juillet, des danses indiennes et des rodéos sont présentés. Parmi les danses se trouvent la très importante Cérémonie rituelle de Puberté, la Danse des Apaches et la Danse des Dieux de la Montagne. C'est le moment où vous verrez le plus de tipis montés sur la réserve.

• **Coming of Age Ceremony** : 1re semaine de juillet. Ce rite de la puberté consacre le passage de l'adolescence à l'âge adulte des jeunes filles. Elle débute à l'aurore avec les chants des « hommes-médecine » (un par jeune fille présentée), des parents et amis, d'où se détachent par intervalles les vibrantes mélopées des femmes. Pendant les chants, chaque famille dresse un tipi pour la participante. Un petit monticule est construit au centre de la piste cérémonielle, et des couvertures y sont étalées. La jeune fille sort ensuite du tipi, exécute des pas de danse et vient s'agenouiller devant les couvertures, face au soleil. En face d'elle se trouve un homme-médecine qui récite les prières rituelles, tandis que sa mère et une assistante l'encadrent. L'adolescente, habillée d'une robe en peau à franges décorée de broderies en perles, porte un sac en cuir dans lequel se trouve du pollen jaune (provenant de fleurs aquatiques), symbole de force et de fécondité. Son assistante-marraine y puise une pincée de pollen qu'elle sème dans les quatre directions cardinales. Elle en dépose ensuite sur les épaules de sa filleule et lui trace une ligne jaune qui part du torse jusqu'au nez. Des gens s'alignent sur la droite de la jeune fille, face au soleil, et défilent devant elle pour être bénis. Pendant tout ce temps les chants continuent, ponctués par des crécelles faites avec des sabots de cerf. Des hommes masqués accomplissent des danses pour chasser les démons et protéger l'initiée contre les maladies.

• **Christmas Holiday Powwow :** les 26, 27 et 28 décembre.

◆ Que faire ?

• Près de Ruidoso, dans la Sierra Blanca, la réserve possède la plus grande station de ski du Nouveau-Mexique, la **Ski Apache Area**. La saison d'hiver dure de fin novembre à Pâques. On peut louer sur place tout l'équipement nécessaire. Tél. : (505) 336 4356. Site web : fort.lookingglass.net/ski apach/index.htm.

• Vous pouvez loger au **Inn of the Mountain Gods**, luxueux complexe touristique des Mescaleros. Situé au centre de la réserve, dans un cadre idyllique au bord du lac Mescalero, ce complexe possède, outre plusieurs restaurants, un terrain de golf de 18 trous, des écuries pour faire des randonnées équestres, des piscines, des terrains de tennis et d'autres installations sportives. Sur son lac, vous pouvez pêcher, vous baigner ou vous promener en bateau, et le soir vous pouvez tenter votre chance au casino puisque dehors, sous la lumière de la lune, les Dieux de la Montagne veillent sur vous. Inn of the Mountain Gods, P.O Box 269, Mescalero, NM 88340. Tél. : (505) 257 5141.

• Trois campings aménagés se trouvent sur la réserve, près de lacs où l'on peut pêcher.

• Pour goûter les saveurs culinaires apaches, le mieux est de profiter de la fête annuelle de juillet, lorsque de nombreuses échoppes s'installent pour faire la cuisine traditionnelle. Ou encore arrêtez-vous au restaurant **Dan Li Ka** du complexe touristique.

• Si vous voulez vous rendre sur un des lieux les plus marquants et dramatiques de l'histoire des Apaches et des Navajos, allez au monument historique de **Bosque Redondo** à **Fort Summer**, à plus de 200 km au nord-est de la réserve. Un petit musée retrace l'histoire du conflit entre les Indiens et l'armée américaine. Tél. : (505) 355 2573.

◆ À ne pas manquer

Poussez votre voyage, hors réserve, un peu plus vers le sud-ouest jusqu'à Carlsbad, puis 40 km plus au sud encore sur la route US 62/180 pour atteindre **Carlsbad Caverns National Park.** Au coucher du soleil, le vol de milliers de chauves-souris habitant de mai à septembre dans une des plus grandes grottes du monde vous signalera que vous êtes bien arrivés. La profonde caverne, à la beauté imposante rehaussée par un judicieux éclairage électrique, vous dévoilera tous ses secrets au fur et à mesure que vous vous enfoncerez dans ses tréfonds, jusqu'au cœur de ses mystères, à 250 m sous le sol. Dans le silence, de **Big Room** (« grande salle »), spacieuse comme un terrain de football, à **Papoose Room** (« salle de l'enfant indien »), vous pénétrerez dans un univers fantasmagorique de stalactites, de stalagmites et de lacs sombres. Carlsbad Chamber of Commerce, P.O. Box 910, Carlsbad, NM 88221. Tél. : (505) 785 2232 ou numéro gratuit (USA) 800 221 1224.

RÉSERVE NAVAJO ALAMO

Bureau officiel de la réserve
Alamo Chapter (« chapter » est l'appellation du gouvernement local navajo)
P.O. Box 383
Magdalena, NM 87825
Tél. : (505) 854 2686

(Voir « Navajo Nation », Arizona.)

➪ Pour y aller

La réserve, qui couvre 14 500 ha, se trouve au sud-ouest d'Albuquerque. La seule route goudronnée qui y mène est la route 160 qui se prend à Magdalena, ville située sur la route US 60.

◆ Art et artisanat

Les Navajos sont réputés pour leurs tissages et tapisseries ainsi que pour leurs bijoux en argent et turquoises. Vous pouvez en trouver d'excellente qualité au **Navajo Enterprise Arts and Crafts Enterprise.**

◆ Fêtes et cérémonies

Alamo Indian Day : les 9 et 10 octobre. Parade, foire à l'art et à l'artisanat, powwow, chants et danses traditionnels navajos, cuisine navajo. Tél. : (505) 854 2686.

◆ Que faire ?

• Bordée sur trois frontières par la forêt nationale Cibola, la réserve est dans une belle contrée montagneuse et boisée. On peut y camper, pêcher et aussi chasser. Pour plus de renseignements, s'adresser au bureau officiel. Tél. : (505) 854 2686.

• Pour vous tenir informés des nouvelles de la nation navajo, et aussi du calendrier des festivités, achetez le quotidien *Navajo Times*.

RÉSERVE NAVAJO RAMAH

Bureau officiel de la réserve
Ramah Navajo Chapter (« chapter » est l'appellation du gouvernement local navajo)
Rte. 2 P.O. Box 13
Ramah, NM 87321
Tél. : (505) 775 3310

(Voir « Navajo Nation », Arizona.)

➪ Pour y aller

La réserve navajo de Ramah couvre 58 800 ha et borde l'est de la réserve zuni. En venant de Grants à 80 km sur la route I 40, on prend sur la gauche la route State 53.

◆ Que faire ?

• Il y a sur la réserve plusieurs habitats troglodytes anciens mais surtout le **El Morro National Monument.** On y accède par la State 53. Ce site, bien que classé monument national, est peu visité. De loin, cette *mesa* granitique évoque la proue d'un bateau géant, au sommet duquel vous découvrez les ruines d'un ancien village pueblo. Au pied de la *mesa* vous pouvez lire de nombreux pétroglyphes indiens ainsi que des inscriptions tracées par les conquistadores espagnols. Dans une faille de ce roc immense et aride coule en permanence une source qui était une halte bienfaisante pour les voyageurs des anciennes pistes. Au bureau des visiteurs, vous trouverez les indications concernant les aires de camping et vous pourrez également participer à une visite guidée. El Morro National Monument, Rte 2 P.O. Box 43, Ramah, NM 87321. Tél. : (505) 783 4226.

• À Ramah, vous pouvez visiter l'entreprise tribale **Saddle Shop.** Vous y trouverez de nombreux articles en cuir, dont des selles.

• En vous dirigeant au nord vers la réserve de la nation navajo, dont la plus grande partie se trouve en Arizona, arrêtez-vous à **Crowpoint** (à 80 km au nord-ouest de Gallup), où se déroule chaque mois une vente aux enchères de très beaux tapis navajos.

• De là partez visiter à 60 km sur la route State 57 les magnifiques ruines anasazis de **Chaco Culture National Historical Park** et celles plus au nord de **Aztec Ruins National Monument. Chaco Culture National Historical Park** est un des sites les plus impressionnants, par sa taille et la beauté de ses ruines (plus de 3 500). Le tarif d'entrée est de 4 $ par véhicule. National Historic Park, Star Route 4, Box 6500, Bloomfield, NM 87413. Tél. : (505) 786 7014.

• Dans la partie du Nouveau-Mexique de la réserve Navajo Nation, à 150 km au nord de Gallup, se trouve la ville de **Shiprock**, qui accueille au mois d'octobre une grande foire navajo lors de laquelle se déroule la cérémonie **Yei-Be-Chai** (cérémonie de guérison).

• Pour vous tenir informés des nouvelles de la nation navajo, et aussi du calendrier des fêtes et cérémonies, achetez le quotidien *Navajo Times*.

RÉSERVE CANONCITO

Bureau officiel de la réserve
Canoncito Chapter (« chapter » est l'appellation du gouvernement local navajo)
P.O. Box 498
Canoncito, NM 87026
Tél. : (505) 836 2843

(Voir « Navajo Nation », Arizona.)

➪ Pour y aller

La réserve couvre 31 500 ha de terres arides encastrées sur deux côtés dans la réserve Pueblo Laguna. Elle se trouve à une quarantaine de kilomètres à l'ouest d'Albuquerque. On y accède par la route I 40.

49 communautés navajos (chapters) se trouvent au Nouveau-Mexique. Pour avoir leurs calendriers des fêtes et cérémonies, s'adresser au Navajo Tourism Department, P.O. Box 663, Window Rock, AZ 86515. Tél. : (520) 871 6436. Fax : (520) 871 7381. Site web : www.atiin.com/navajoland.

PUEBLO PICURIS

Bureau officiel de la réserve
Pueblo of Picuris
P.O. Box 127
Penasco, NM 87553
Tél. : (505) 587 2519
Fax : (505) 587 1071

➪ Pour y aller

Cette petite réserve de 6 000 ha se trouve dans une vallée boisée des montagnes Sangre de Cristo de la région centre nord du Nouveau-Mexique. Située entre Santa Fe et Taos, on y accède par la route State 75.

◆ Les habitants du plus petit pueblo

Vers 1250, un groupe d'Indiens tanoans choisit de s'établir dans cette vallée reculée pour échapper aux raids incessants des Indiens des Plaines. Ces Indiens y prospérèrent jusqu'à l'invasion espagnole, qu'ils combattirent en participant à la révolte pueblo de 1680. Du fait de leur rôle dans l'insurrection, les Espagnols leur imposèrent d'énormes redevances, qui les acculèrent à la famine et à l'exil. Ils partageaient avec les Taos certains traits culturels, comme la particularité d'avoir un culte de société guerrière secrète dont les membres détenaient la fonction non seulement de protéger mais aussi de soigner les habitants de leur communauté. Aujourd'hui 340 Picuris vivent sur la réserve et parlent tiwa, appartenant à la famille linguistique tanoan. Ils font partie du Conseil des Huit Pueblos du Nord (*Eight Northern Indian Pueblos Council*).

◆ Fêtes et cérémonies

Les dates auxquelles se déroulent les danses traditionnelles peuvent varier. Ce sont des cérémonies religieuses et sociales auxquelles les touristes peuvent la plupart du temps assister, en tenant compte des restrictions imposées par la tribu. Contactez le bureau officiel. Tél. : (505) 587 2519. Ou le Tribal Museum. Tél. : (505) 587 2957. Tous deux délivrent des autorisations pour caméras vidéo et appareils photo.

• **St. Paul's Feast Day** : le 25 janvier.

• **Danses traditionnelles** : le 2 février.

• **San Lorenzo Feast Day** : le 9 août au coucher de soleil se déroule la première danse, puis le lendemain matin une messe est donnée, suivie d'une procession dans le village. Des courses à pied, traditionnelles, se déroulent ensuite et, dans l'après-midi, d'autres danses ont lieu. De nombreuses échoppes sont installées par les artistes et artisans.

• **Sundown Torchlight Procession :** cette procession avec des torches suivie de danses a lieu le 24 décembre au soir.

• **Matachina Dance** : le 25 décembre.

• **Holy Innocents Day Children's Dances** : ces Danses des Enfants se déroulent le 28 décembre.

◆ Art et artisanat

• Les femmes fabriquent des poteries utilitaires couleur brun-rouge incrustées de mica que vous pouvez admirer au **Picuris Pueblo Museum**, où sont aussi exposés des tapisseries, des bijoux et des objets archéologiques. On peut acheter la production artisanale au **Hidden Valley Shop**. Tél. : (505) 587 2957.

• Le **Week-End High Country Arts & Crafts Festival** est un festival de l'art et de l'artisanat indiens organisé le 1er week-end de juillet. Il présente des artistes et artisans appartenant aux trois cultures présentes aux Nouveau-Mexique, celles des Indiens, des Hispanos et des Américains.

◆ Que faire ?

• Installée dans une vallée boisée des montagnes Sangre de Cristo, la réserve est environnée de champs de maïs et de luzerne qui entourent des vergers. Le **Picuris Pueblo Enterprise and Cultural Center** propose des visites guidées qui vous mènent entre autres à des *kivas* vieilles de 700 ans. Au programme également une dégustation de plats indiens traditionnels. P.O. Box 487, Penasco, NM 87553. Tél. : (505) 587 2957. Fax : (505) 587 1071.

• Le **Hidden Valley Restaurant** du centre culturel offre une halte rafraîchissante sur la route de Taos, où vous pouvez vous restaurer de cuisine américaine et indienne. Tél. : (505) 587 2957.

• La réserve possède deux lacs prodigues en truites : le **Pu-Na Lake** et le **Tu-Ha Lake**. Des campings et aires de pique-nique y sont aménagés. Contacter le Picuris Pueblo Fish & Game and Parks & Wildlife. Tél. : (505) 587 1601.

• La réserve est majoritairement propriétaire d'un hôtel luxueux à Santa Fe, le seul hôtel indien de la ville, le **Santa Fe Hotel**, où se conjuguent harmonieusement le confort moderne (hot-tub, service Internet, location d'ordinateurs) et la culture traditionnelle picuris (danses, conteurs, cuisson au bois de genévrier du pain indien tous les jeudis matin dans les jardins de l'hôtel). Au **Corn Dance Cafe**, vous pouvez vous faire une idée de la cuisine traditionnelle indienne, agréablement interprétée par le chef, Loretta Barrett Oden. Le prix des chambres varie de 90 $ en chambre normale en basse saison (14 fév.-30 avr. et 2 nov.-23 déc.) à 200 $ en haute saison (20 juin-24 août et 24 déc.-3 janv.) pour une suite. L'hôtel propose aussi un service de visites guidées par Alan Osborne (un historien non indien) dans la ville et dans les pueblos. Pour réserver : Hotel Santa Fe, 1501 Paseo de Peralta, Santa Fe, NM 87501. Tél. : (505) 982 1200 ou numéro gratuit (USA) 800 825 9876. Site web : www.hotelsf.com/guest.

PUEBLO POJOAQUE

Bureau officiel de la réserve
Pueblo of Pojoaque
Route 1. P.O. Box 71
Santa Fe, NM 87501
Tél. : (505) 455 2278
Fax : (505) 455 2950

➪ Pour y aller

La réserve s'étend sur 4 640 ha. Pojoaque se trouve à 26 km au nord de Santa Fe, près de l'intersection des routes US 84-285 et State 502.

◆ Pojoaques

Les Pojoaques vécurent l'oppression espagnole, qui les poussa dans la révolte pueblo de 1680. Vers 1900, ils subirent une épidémie de petite vérole, qui, avec la guerre, les décima. En 1915, le village était totalement abandonné et le serait encore aujourd'hui si en 1930 John Collier, alors commissaire aux Affaires indiennes, n'avait aidé quelques familles à réinvestir leur village. Depuis, grâce aux efforts des quelque 200 Pojoaques recensés, le village connaît un renouveau économique et culturel. Ils font partie du Conseil des Huit Pueblos du Nord (*Eight Northern Indian Pueblos Council*).

◆ Fêtes et cérémonies

Our Lady of Guadalupe : le 12 décembre. Des danses sont exécutées en l'honneur de Notre-Dame de Guadalupe, la sainte patronne du Nouveau-Mexique.

◆ Art et artisanat

On peut découvrir l'art contemporain pueblo au **Poeh Cultural Center and Museum** de Pojoaque, qui vous propose une visite guidée. Ouvert du mardi au samedi de 9 à 17 heures. Tél. : (505) 455 489.

◆ Que faire ?

• Le spacieux Pojoaque Tourist Center propose des cartes et des livres que sauront vous conseiller les membres tribaux assurant l'accueil des visiteurs. Tél. : (505) 455 3640. Au centre, la plupart des week-ends, des représentations de danses traditionnelles ont lieu, ainsi que des démonstrations de réalisation d'objets artisanaux.

• Le casino **Cities of Gold Casino**, au nom (« Cités de l'Or ») chargé du rêve des conquistadores, vous propose de dépenser votre argent (ou d'en gagner) et vous invite à dîner dans son restaurant. Tél. : (505) 455 7493.

• La tribu a récemment acquis le **Santa Fe Downs**, où se déroulent toute l'année des courses de chevaux (Quarter Horses et Thoroughbreds) organisées par les Indiens.

PUEBLO SANDIA

Bureau officiel de la réserve
Pueblo of Sandia
P.O. Box 6008
Bernalillo, NM 87004
Tél. : (505) 867 3317
Fax : (505) 867 9235

➪ Pour y aller

La réserve s'étend sur 9 200 ha constitués de collines semi-désertiques couvertes de pins pignons et aussi de terres cultivables dans la vallée du Rio Grande. Sa frontière à l'ouest monte sur les sommets des montagnes Sandia. La réserve se trouve à une vingtaine de kilomètres au nord d'Albuquerque sur la route US 85.

◆ Sandia

Fondé vers 1300, Sandia fut abandonné après la révolte pueblo en 1680 lorsque ses habitants se réfugièrent chez les Hopis pour fuir les représailles espagnoles. Ils revinrent sur leur terre vers les années 1700, mais le vieux village resta en ruine. Sur les 4 000 habitants de la réserve, seuls 400 sont des Pueblos sandia.

Ils parlent tiwa, appartenant à la famille linguistique tanoan.

◆ Fêtes et cérémonies

Annual Feast Day : cette manifestation en l'honneur du saint patron, saint Antoine de Padoue, se déroule le 13 juin. La journée commence par une messe, suivie d'une procession. Des danses ont lieu toute la journée. Les caméras vidéo et les appareils photo sont interdits. Il est de même interdit de faire des croquis.

◆ Art et artisanat

• Au **Governor's Office** vous pouvez découvrir, à travers une exposition permanente de photographies, la vie du village et de ses habitants. Tél. : (505) 867 3317.

• Les artisans vendent directement depuis leurs ateliers ou au **Bien Mur Market**. Ce grand bâtiment circulaire est un des plus importants *trading posts* du Sud-Ouest appartenant aux Indiens. Dans ce marché exceptionnel, on trouve beaucoup d'objets réalisés par les artisans et artistes pueblos, mais aussi navajos, apaches ou hopis, pour des prix généralement plus abordables qu'à Santa Fe ou Albuquerque. Il est situé sur la Tramway Road. Tél. : (505) 821 5400.

◆ Que faire ?

• Au **Sandia Lake Recreation Area** plusieurs aires sont aménagées pour accueillir les promeneurs ou pêcheurs. Tél. : (505) 897 3971.

• Le ranch **Los Amigos Roundup** (le Rassemblement des amis) propose des randonnées équestres avec ou sans guide et dispose d'une salle de banquet où sont donnés des concerts. Tél. : (505) 898 8173.

• Autre possibilité pour des promenades équestres le long des berges du Rio Grande : le **Sandia Trails**, situé à 5 km au sud de Sandia Lake. Prendre la I 25 jusqu'à la sortie Tramway, puis se diriger vers l'ouest. Tél. : (505) 898 6970.

PUEBLO SAN FELIPE

Bureau officiel de la réserve
Pueblo of San Felipe
P.O. Box 4339
San Felipe Pueblo, NM 87001
Tél. : (505) 867 3381
Fax : (505) 867 3383

➪ Pour y aller

La réserve couvre 19 600 ha à l'ouest du Rio Grande. Située à une quarantaine de kilomètres au nord d'Albuquerque, on y accède par la route I 25.

◆ San Felipe

Les Indiens de San Felipe prirent activement part à la révolte pueblo de 1680. À la suite de cet épisode, ils durent s'exiler dans les pueblos cochitis, picuris, Santo Domingo et taos, avant de regagner San Felipe à partir de 1692. Le site actuel du village fut établi au début du XVIIIe

siècle. Les Indiens San Felipe appartiennent à la branche linguistique keresan et font partie des Pueblos les plus conservateurs. On compte aujourd'hui 2 800 San Felipe.

◆ Fêtes et cérémonies

San Felipe étant un pueblo très traditionaliste, la présence des touristes n'est pas toujours bienvenue. Cependant, en vous conformant aux règles établies par la tribu, vous pouvez assister aux cérémonies publiques. Tout enregistrement visuel et sonore est interdit.

• **Christmas Eve** : 24 décembre. Sous la forme de danseurs masqués, les Esprits-Animaux viennent rendre hommage à l'Enfant Jésus le soir de la Nativité.

• **St. Philip's Feast Day** : le 1er mai. Il s'y déroule une importante Danse du Maïs Vert à laquelle participent plusieurs centaines de danseurs.

◆ Art et artisanat

Le **San Felipe Pueblo Arts & Crafts Show**, foire de l'artisanat et de l'art, se déroule chaque année en octobre.

◆ Que faire ?

Bien que conservatrice, la réserve gère et possède le **San Felipe's Casino Hollywood** près duquel se trouve le **West Turquoise Trail Gift Shop,** boutique qui vend des objets artisanaux.

PUEBLO SAN ILDEFONSO

Bureau officiel de la réserve
Pueblo of San Ildefonso
Rte. 5. P.O. Box 315-A
Santa Fe, NM 87501
Tél. : (505) 455 2273
Fax : (505) 455 7351

➪ Pour y aller

La réserve couvre plus de 10 400 ha, qui s'étendent du Rio Grande jusqu'aux montagnes près de Los Alamos. Située à une trentaine de kilomètres au nord-ouest de Santa Fe, on y accède par la route US 84/285. À l'embranchement de Pojoaque, prendre vers l'ouest sur la route State 502.

◆ San Ildefonso

Longtemps auparavant, les Indiens San Ildefonso habitaient dans la région de Mesa Verde au Colorado puis, vers 1300, une forte sécheresse les poussa à émigrer dans une contrée plus hospitalière, près de là où ils se trouvent actuellement. Ils construisirent des villages sankewis, otowis et potsuwis, qu'ils abandonnèrent à la suite des conflits armés qui les opposèrent aux Espagnols en 1694. Les San Ildefonso trouvèrent refuge sur la Black Mesa, d'où ils repoussèrent les Espagnols pendant deux ans avant de capituler et de s'installer dans leur village actuel. Les maladies colportées par les Blancs les décimèrent, et aujourd'hui seuls 500 Indiens San

Ildefonso sont recensés. Ils parlent tewa, appartenant à la branche linguistique tanoan, et font partie du Conseil des Huit Pueblos du Nord (*Eight Northern Indian Pueblos Council*).

◆ Fêtes et cérémonies

Des danses ont lieu tout au long de l'année. Les dates auxquelles elles se déroulent peuvent varier. Ce sont des cérémonies religieuses et sociales auxquelles les touristes peuvent la plupart du temps assister, en tenant compte des restrictions imposées par la tribu. Contactez l'office du tourisme de San Ildefonso. Tél. : (505) 455 3549 ou 2273.

• **Annual Feast Day** : 13 janvier sur la place du village ; cérémonie où les Danses des Animaux sont à l'honneur.

• **St. Antonio's Feast Day** : vers le 13 juin. Donnée en l'honneur du saint patron du pueblo, cette manifestation comprend la Danse comanche, influencée par la culture des Indiens des Plaines (on y retrouve les coiffes à plumes, que les Pueblos n'ont jamais portées).

◆ Art et artisanat

• Ce village est devenu célèbre grâce à **Maria Martinez** (1886-1980), céramiste internationalement connue. Cette femme, qui réalisait des poteries depuis son enfance, a su métamorphoser l'art de la céramique traditionnelle. Ses poteries, inspirées de celles des Anasazis, ont des tons noir sur noir qui révèlent après cuisson une belle patine luisante. Son mari, Julian, les décorait souvent de différents motifs, dont le *avanyu* (dessin d'un serpent aquatique), désormais caractéristique du style de San Ildefonso. Ses poteries, qu'elle vendait entre 5 $ et 10 $ en 1930, sont maintenant hors de prix et considérées comme de rares pièces de musée. Ses œuvres sont exposées au musée **Millicent Roger Museum** à Taos et au **Heard Museum** à Phoenix (Arizona). Le **Popovi Da Studio** à San Ildefonso en expose aussi. Son fils Popovi Da et son petit-fils Tony Da ont innové à leur tour les techniques, après Maria, en développant des teintes polychromes et en incrustant des turquoises. D'autres familles, comme les **Tafoya,** sont également reconnues comme de grands céramistes. On ne peut qu'être surpris par le prix qu'atteint le moindre petit pot réalisé par ces artistes.

• Au **San Ildefonso Pueblo Museum** sont exposés des poteries mais aussi des tapisseries, des bijoux et une collection de photographies anciennes relatant l'histoire du pueblo. San Ildefonso Pueblo Museum Rte, 5. P.O. Box 315-A, Santa Fe, NM 87501. Tél. : (505) 455 3549.

• Plusieurs galeries indiennes et privées exposent les œuvres des artistes et artisans. Parmi les plus intéressants : **Popovi Da Studio,** tél. : (505) 455 3332. **Juan Tafoya Pottery,** tél. : (505) 455 2418.

◆ Que faire ?

Pour pénétrer dans le village, il vous faut payer un droit d'entrée. Pour tous renseignements s'adresser au **San Ildefonso Pueblo Visitor and Information Center**, Rte. 5, P.O. Box 314-A, Santa Fe, NM 87501.Tél. : (505) 455 3549 ou 2273.

◆ À ne pas manquer

Le 3e week-end de juillet a lieu le **Eight Northern Indian Pueblos Artist and Craftsman Show.** Plus de 1 000 artistes et artisans pueblos viennent y exposer leurs œuvres. C'est le plus important marché d'art et d'artisanat organisé par des Indiens. Des plats traditionnels sont servis et de nombreuses danses sont interprétées. Tél. : (505) 852 4265 poste 31, ou numéro gratuit (USA) : 1 800 793 4955 poste 31.

PUEBLO SAN JUAN

Bureau officiel de la réserve
Pueblo of San Juan
P.O. Box 1099
San Juan Pueblo, NM 87566
Tél. : (505) 852 4400
Fax : (505) 582 4820

➪ Pour y aller

La réserve couvre 4 880 ha de la fertile vallée du Rio Grande à 40 km au nord de Santa Fe. On y accède par la route US 84.

◆ Le Peuple de Popé

Vers 1598, le gouverneur espagnol Juan de Onate choisit d'établir la première capitale du Nouveau-Mexique à San Juan. En 1676, plusieurs leaders religieux pueblos opposés au régime espagnol furent jetés en prison. Parmi eux se trouvait **Popé**, un Indien de San Juan qui amorça et mena la révolte pueblo de 1680, lors de laquelle les insurgés parvinrent à repousser les Espagnols hors du Nouveau-Mexique. Après le retour des Espagnols, en 1692, le village devint un centre paroissial et commercial important. Aujourd'hui, il exhibe deux grandes places dominées par une église moderne catholique et deux *kivas*. Quoique catholiques, les Indiens de San Juan respectent leur rites traditionnels. Ils parlent le tewa, appartenant à la branche linguistique tanoan. Sur les 5 000 habitants de la réserve, 1 200 sont des Pueblos. San Juan fait partie du Conseil des Huit Pueblos du Nord (*Eight Northern Indian Pueblos Council*).

◆ Fêtes et cérémonies

Des danses ont lieu tout au long de l'année. Les dates auxquelles elles se déroulent peuvent varier. Il s'agit de cérémonies religieuses et sociales auxquelles les touristes peuvent la plupart du temps assister, en tenant compte des restrictions imposées par la tribu. Contactez le bureau officiel. Tél. : (505) 852 4400.

• **Cloud or Basket Dances** : la Danse des Nuages ou celle des Paniers sont données en janvier.

• **St. Antonio's Feast Day** : le 13 juin. Des Danses comanches et du

Maïs sont données à cette occasion.

• **Vespers and Evening Dances** : le 24 juin. Plusieurs Danses des Animaux ont lieu lors de cette célébration.

• **Harvest Dances** : ces Danses de la Moisson ont lieu après les récoltes, le dernier week-end de septembre.

• **Matachina Dances** : 24 et 25 décembre. Procession aux torches et Danse matachina.

• **Turtle Dance :** cette Danse de la Tortue, animal symbole de la longévité et de la vie éternelle, a lieu le jour qui suit la Danse matachina, c'est-à-dire le 26 décembre (photographies interdites).

◆ Art et artisanat

La coopérative **Oke Oweenge Crafts Coop.** offre un large choix de bijoux, poteries, peintures, tapisseries et broderies. On y rencontre généralement les artistes et artisans de San Juan. Tél. : (505) 852 2372. La broderie traditionnelle des Pueblos sur des étoffes utilisées lors des cérémonies a failli disparaître au profit de la poterie et de la bijouterie. Grâce à certaines femmes, dont **Ramoncita Sandoval**, elle est redevenue à la mode dans le village de San Juan.

◆ Que faire ?

Il faut obtenir une autorisation du bureau officiel pour prendre des photographies dans le village, où la plupart des anciens bâtiments, vieux de 700 ans, sont encore bien conservés. La place de l'église et des *kivas* est le cœur du village où se déroulent les cérémonies. Un camping est aménagé au **Ohkay RV/Campground**. De là vous pouvez pêcher dans les eaux de la réserve après avoir obtenu un permis au bureau officiel. Vous pouvez aussi déjeuner de délicieuses spécialités indiennes au **Tewa Indian Restaurant** (ouvert de 9 heures à 14 h 30) ou encore jouer au casino. Tél. : (505) 747 1668.

◆ À ne pas manquer

Pour changer d'atmosphère et rapporter un peu des saveurs indiennes, visitez la coopérative **Ohkay T'owa Gardens**, qui conditionne, après les avoir fait sécher selon des méthodes traditionnelles, les plantes utilisées dans la cuisine pueblo. Tél. : (505) 747 3147.

PUEBLO SANTA ANA

Bureau officiel de la réserve
Pueblo of Santa Ana
2 Dove Road
Bernalillo, NM 87004
Tél. : (505) 867 3301
Fax : (505) 867 3395

➪ Pour y aller

À 48 km au nord-ouest d'Albuquerque, la réserve s'étend sur 24 770 ha. Prendre la route US 44 qui part de Bernalillo.

◆ Santa Ana

Au XIVe siècle les Pueblos Santa Ana travaillaient les terres fertiles au confluent des fleuves Rio Grande et Rio Jemez. Plus tard, ils s'installèrent là, où ils construisirent Old Santa Ana, mais finirent par retourner sur leurs terres cultivées au XVIIe siècle. Depuis, les 600 Santa Ana recensés y ont fondé trois communautés, sur la rive du fleuve près de Bernalillo. Ils ne retournent à Old Santa Ana qu'à l'occasion des cérémonies.

◆ Fêtes et cérémonies

Le vieux village n'est ouvert qu'aux dates suivantes : 1er et 6 janvier, Pâques, 24 juin, 25 et 26 juillet, et du 25 au 28 décembre. Ces dates correspondent aux cérémonies auxquelles les touristes peuvent assister, en tenant compte des restrictions imposées par la tribu (photographies interdites). Contactez le bureau officiel. Tél. : (505) 867 3301.

◆ Que faire ?

Bien que le vieux village ait été fermé aux visiteurs, les Santa Ana ont développé plusieurs activités touristiques, dont un casino construit en adobe, un restaurant, le **Prairie Star Restaurant,** qui offre des plats traditionnels avec en prime une vue extraordinaire sur les Sandia Mountains. Tél. : (505) 867 3327. Enfin, un terrain de golf où se combinent comme par miracle le désert et huit lacs d'eau cristalline. Tél. : (505) 867 9464.

PUEBLO SANTA CLARA

Bureau officiel de la réserve
Pueblo of Santa Clara
P.O. Box 580
Espanola, NM 87532
Tél. : (505) 753 7326
Fax : (505) 753 8988

➪ Pour y aller

La réserve de Santa Clara s'étend sur 18 400 ha de collines boisées et de plateaux panoramiques. Située à une quarantaine de kilomètres au nord-ouest de Santa Fe, on y accède par la route US 84 puis, vers le sud d'Espanola, par la route State 30.

◆ Les habitants de Kha p'o

Auparavant, les ancêtres des Pueblos Santa Clara avaient bâti leurs villages dans des cavernes aux flancs des montagnes volcaniques Le Puye Cliff. Il y a 400 ans, une sécheresse les poussa sur les rives fertiles du Rio Grande, qu'ils occupent encore actuellement. Ils y bâtirent un village, **Kha p'o**, ce qui en langue tiwa signifie « Vallée des roses sauvages ». Les Espagnols le rebaptisèrent Santa Clara, après y avoir édifié une église entre 1622 et 1629. Les 2 600 Pueblos de la réserve sont principalement éleveurs et agriculteurs. Santa Clara fait partie du Conseil des Huit Pueblos du Nord (*Eight Northern Indian Pueblos Council*).

◆ Fêtes et cérémonies

Des danses ont lieu tout au long de l'année. Les dates pendant lesquelles elles se déroulent peuvent varier. Ce sont des cérémonies religieuses et sociales auxquelles les touristes peuvent la plupart du temps assister, en tenant compte des restrictions imposées par la tribu. Contactez le bureau officiel. Tél. : (505) 753 7326.

• **San Antonio's Feast Day** : le 13 juin. Les Danses comanches et du Maïs y sont données.

• **Puye Cliff Ceremonial** : en juillet à Puye (qui fait partie du plateau Pajarito) se déroule une Danse des Aigles donnée en mémoire des ancêtres qui vivaient là. C'est un lieu majestueux et magique qui convient parfaitement à cette danse costumée inspirée des rapaces nichant dans les hautes falaises.

• **Santa Clara's Feast Day** : 12 août. Cette manifestation donnée en l'honneur de la sainte patronne du village est la plus importante de l'année.

◆ Art et artisanat

Plusieurs familles de potiers ont fait la célébrité de Pueblo Santa Clara. Parmi les plus réputées la famille **Folwell** (Susan, Jody et Polly Rose), la famille **Naranjo** (Rose, Elizabeth, Reycita) et la famille **Tafoya** (Margaret, Camilio). Ne manquez pas non plus les œuvres de **Nathan Youngblood**, célèbre pour sa poterie noire. Ces artistes, qui s'expriment dans le style traditionnel ou contemporain, exposent dans des galeries de Santa Fe et dans leurs ateliers de Santa Clara. Le 1er week-end de décembre se déroule une foire artisanale. Tél. : (505) 753 7326.

◆ Que faire ?

• La sereine beauté du canyon de la rivière Santa Clara est accueillante. Sur les rives des lacs vous pouvez camper sur les espaces aménagés et vous livrer au plaisir de la pêche. Le canyon est ouvert d'avril à fin octobre. Renseignez-vous au bureau officiel pour connaître les réglementations sur la pêche. Tél. : (505) 753 7326.

• Les **Puye Cliff Dwellings**, sites archéologiques des anciennes habitations des Santa Clara, sont ouverts toute l'année. Vous pouvez participer à une visite guidée dans laquelle sont inclus, pour le même prix, un repas, le tour du pueblo et des démonstrations de techniques de poterie. Tél. : (505) 753 7326.

PUEBLO SANTO DOMINGO

Bureau officiel de la réserve
Pueblo of Santo Domingo
P.O. Box 99
Santo Domingo Pueblo, NM 87052
Tél. : (505) 465 2214
Fax : (505) 465 2688

➪ Pour y aller

La réserve, qui s'étend sur 28 532 ha, se trouve à une cinquantaine de kilomètres au sud-ouest de Santa Fe. On y accède par la route I 25.

◆ Sur le Camino Real

Santo Domingo tira prestige d'être une halte sur le *Camino Real* (Route royale) qui allait de Mexico à Taos. La mission que les Espagnols fondèrent fut une des plus importantes de la région. Sur les 4 000 Santo Domingo inscrits, près de 3 500 résident sur la réserve. Ils appartiennent au groupe linguistique keresan.

◆ Fêtes et cérémonies

Des danses ont lieu tout au long de l'année. Les dates auxquelles elles se déroulent peuvent varier. Il s'agit de cérémonies religieuses et sociales auxquelles les touristes peuvent la plupart du temps assister, en tenant compte des restrictions imposées (pas de photographies) par la tribu. Contactez le bureau officiel. Tél. : (505) 465 2214.

• **Three Kings' Day :** le 6 janvier. Manifestation en l'honneur des Rois Mages.

• **Candelaria Day Celebration :** le 2 février. Des Buffalo Dances (Danses du Bison) ont lieu lors de cette célébration.

• **Santo Domingo Pueblo Feast Day** : le 4 août. Gigantesque fête donnée en l'honneur du saint patron du village, à laquelle participent plus de 2 000 danseurs et spectateurs indiens. On assiste notamment à une Danse du Maïs spectaculaire. Des échoppes qui distribuent des repas et d'autres où se vendent des objets artisanaux sont installées dans le village. On ne paye pas de droit d'entrée, mais les donations sont appréciées.

◆ Art et artisanat

• Le **Santo Domingo Cultural Center** gère un petit musée qui, outre des objets d'artisanat local, possède une belle collection de photographies qui retrace l'histoire du village depuis le début du siècle. Ce centre fait aussi office d'accueil touristique et organise chaque année une foire artisanale à l'occasion du Labor Day, c'est-à-dire le 1er lundi de septembre. Tél. : (505) 465 2625.

• Depuis des générations, la plupart des habitants de Santo Domingo sont bijoutiers. La notoriété du village vient des bijoux en coquillages marins, nommés ***heishi*** (mot keresan signifiant coquillage). Ils sont très chers (de 200 à plus de 1 000 $) car leur réalisation est un long travail de patience et de dextérité. Les coquillages sont d'abord brisés puis percés à la main. Ceux qui sont épais sont coupés en deux. Une fois percées, les pièces sont enfilées sur une cordelette et roulées dans du sable fin pour être polies.

• Pour réaliser leurs pendentifs dont la forme et la taille rappellent une coquille Saint-Jacques, les artisans combinent en mosaïque des turquoises, du jais et des coquillages. Souvent, quelles que soient les matières et formes utilisées, les bijoux sont à tort appelés *heischi.*

• Depuis peu, les bijoutiers, influencés par l'artisanat navajo, confectionnent des pièces en argent et travaillent aussi l'or. Vous pouvez acheter des productions artistiques et artisanales au **Roseta's Gift Shop.** Tél. : (505) 465 2625.

◆ Que faire ?

Dans ce village fermé certains jours de l'année, les photos sont interdites. Les touristes viennent surtout pour assister à la fête du 4 août et visiter les bijoutiers.

Une foire à l'artisanat et à l'art a lieu chaque année au week-end du Labor Day (1er lundi de septembre). Pour se loger, se rendre à Santa Fe.

PUEBLO TAOS

Bureau officiel de la réserve
Pueblo of Taos
P.O. Box 1846
Taos, NM 87571
Tél. : (505) 758 9593
Fax : (505) 758 4604

➪ Pour y aller

La réserve, qui est la plus au nord des 19 pueblos, couvre 38 000 ha. En venant de Fanta Fe, on y accède par la route I 25 puis la route US 68.

◆ Les Taos

Les Indiens taos (dialecte tiwa, groupe linguistique tanoan) vivaient dans cette vallée bien avant l'arrivée des Espagnols. Les ruines anciennes témoignent de leur présence, qui remonte à plus de 1 000 ans. Le vieux village fut construit, entre 1000 et 1400, sur un site exceptionnel à plus de 2 000 m d'altitude, qui fit croire aux conquistadores qui s'en approchèrent qu'ils venaient de découvrir une des légendaires Sept Cités d'Or de Cibola.

Avec les autres Pueblos, Taos lutta contre l'hégémonie espagnole et sa position géographique reculée en fit une base secrète où se réunissaient les chefs rebelles. Taos délimitait la frontière nord du territoire colonisé par les Espagnols, et les Indiens des Plaines s'y retrouvaient pour commercer avec les Indiens pueblos et les colons. Depuis ces contacts, certains Indiens de Taos ont adopté des traits culturels des tribus des Plaines, comme de coiffer leur chevelure en longues tresses, coutume que l'on ne retrouve traditionnellement nulle part ailleurs chez les autres Pueblos.

En 1906, le gouvernement américain s'appropria sur la réserve 19 200 ha de montagnes, dont **Blue Lake**, le site sacré des Indiens taos, pour les intégrer à la forêt nationale de Carson. Après de nombreuses délibérations, la cause indienne triompha en 1970 et leur terre leur fut restituée ; Blue Lake est aujourd'hui déclaré zone interdite à toute personne non tribale. Sur les 1 900 Taos recensés, 150 vivent à **Taos Pueblo** (le vieux village), alors que les autres sont dispersés dans la réserve et dans la ville touristique de Taos. La population est divisée en deux groupes sociaux : le **North House** et **le South House**, séparés par la rivière Taos. Ces groupes s'affrontent dans des compétitions sportives lors de la célébration de San Geronimo en septembre. Taos fait partie du Conseil des Huit Pueblos du Nord (*Eight Northern Indian Pueblos Council*).

◆ Fêtes et cérémonies

Les visiteurs sont les bienvenus à plusieurs cérémonies annuelles. Mais les caméras et appareils photo sont strictement interdits. Les cérémonies ont lieu au vieux village de Taos, appelé Taos Pueblo.

• **Turtle Dance** : le 1er janvier.

• **Buffalo ou Deer Dance** : le 6 janvier. Danse du Bison ou du Cerf.

• **Feast of Santa Cruz** : 3 mai. Une course à pied traditionnelle s'y déroule, ainsi que des Danses du Maïs.

• **Feast of San Antonio** : 13 juin. Danse du Maïs.

• **Feast of San Juan** : 24 juin. Danse du Maïs.

• **Taos Pueblo Powwow :** 2e week-end de juillet. Cette cérémonie porte le nom des grandes réunions des Indiens des Plaines, précisément parce que les Indiens taos eurent de nombreux contacts avec eux dans le passé. Lors de ce powwow, des danses guerrières typiques des Plaines sont exécutées. De nombreuses communautés indiennes assistent à cette célébration sociale.

• **Feast of Santa Ana and Santiago** : 25 et 26 juillet. Danses du Maïs.

• **Feast of San Geronimo** : 29 et 30 septembre. La célébration débute le matin par une course à pied traditionnelle entre le groupe social North House et celui de South House. Plus qu'une épreuve sportive, c'est la victoire de l'effort commun qui est honoré et fêté dans l'allégresse et le bruit des pétards. Une foire intertribale est organisée, et les artisans et artistes exposent leurs œuvres, tandis que dans des échoppes les femmes préparent des plats traditionnels. Des danses se déroulent tout au long de la célébration. Dans la fin de l'après-midi, les *Koshares* (Clowns sacrés) font leur entrée. Ces clowns, bien que comiques, ont un rôle très sérieux d'instructeurs et de redresseurs de torts.

Ils n'hésiteront pas à vous jeter dans le ruisseau du village s'ils jugent que vous vous tenez mal.

• **Christmas Eve** : 24 décembre au soir. Cette procession aux torches, parfois sous la neige, est magique. Les voix rauques des chanteurs accompagnant les tambours avant que ne démarre la procession vous font frissonner dans l'obscurité !

• **Christmas Day** : le 25 décembre. Danses matachinas et Danses des Cerfs.

◆ Art et artisanat

Poteries, bijoux, mocassins inspirés par la culture des Plaines et tambours se vendent dans les ateliers et nombreuses boutiques (plus de 30) installés dans les maisons en adobe de Taos Pueblo. Il y a de plus en plus d'artistes qui exposent des œuvres contemporaines.

◆ Que faire ?

• Taos Pueblo est sûrement le village pueblo le mieux conservé et le plus visité. Ses maisons en adobe à plusieurs étages entourent la place centrale, au milieu de laquelle court un petit ruisseau que l'on traverse par des passerelles en bois. L'afflux touristique est parfois dérangeant, c'est une des raisons pour lesquelles il faut veiller à respecter l'intimité des gens qui y vivent et ne pas s'aventurer au-delà des signes (*restricted area*) qui interdisent un passage. Vous êtes par contre les bienvenus dans les boutiques qui vendent de l'artisanat et de l'art. Vous pouvez aussi déjeuner au **Tiwa Kitchen**, petit restaurant qui sert des plats traditionnels. Le village est ouvert au public à 8 heures et, à 17 h 30, il se vide comme par miracle. Les visiteurs doivent absolument partir. Il faut payer un droit d'entrée de 5 $ par véhicule et 1 $ par personne. Pour prendre des photos, il vous en coûtera 5 $, et si vous voulez prendre votre caméra vidéo, ce sera 10 $. Quoi qu'il en soit, demandez toujours aux habitants la permission de les photographier. Les règles à observer sont détaillées dans les dépliants qui vous sont donnés à l'entrée du pueblo. Avant de partir, emportez avec vous un pain frais fabriqué par **Crucita L. Romero** et dégustez-le pendant que vous suivez la caravane de voitures et d'autocars. Si le rythme vous paraît trop lent, quittez la file au **Taos Mountain Casino** à la sortie du village. Ce casino est construit dans un beau bâtiment de style pueblo. Outre les machines à sous, tables de poker et roulettes, le Daily Delight Deli vous invite à goûter de bons plats et sandwiches de la cuisine du Sud-Ouest.

• Si vous aimez les randonnées équestres, adressez-vous au **Taos Indian Horse Ranch**. Tél. numéro gratuit (USA) : 800 659 3210.

• Pour tous renseignements complémentaires, adressez-vous au **Taos Pueblo Department of Tourism**, P.O. Box 1846, Taos, NM 87571. Tél. : (505) 758 9593.

• Pour se loger il faut aller à Taos, où

de nombreuses possibilités d'hébergement vous sont proposées.

◆ À ne pas manquer

Visitez Taos, fondée vers 1600 par les conquistadores. Située à 3 km au sud de Taos Pueblo, cette ville possède de nombreux musées et galeries (plus de 80) à explorer. Mais elle est aussi une ville historique que des artistes de la côte Est élevèrent en 1912 au rang de ville d'art en y constituant la **Taos Society of Artists**. Pour ce qui est de l'histoire de l'Ouest, faites un tour au **Kit Carson Home and Museum** pour tout savoir sur cet aventurier qui y vécut vers 1850. Si vous rêvez de maisons de style Sud-Ouest en adobe, visitez celle de **Mabel Dodge Luhan**. Dans les années 1920, cette riche extravagante, patronne des arts, fit de Taos une ville chic en invitant chez elle des artistes (dont Georgia O'Keefe) et écrivains (D. H. Lawrence) célèbres. La pureté de l'air et le bleu du ciel en ont conquis plus d'un. Sa maison, située dans un recoin tranquille de Taos, est transformée aujourd'hui en galerie d'art et en *bed and breakfast* (entre le gîte rural et l'hôtel de luxe).

• Ne manquez pas non plus l'église **Ranchos de Taos Church**, à la lisière de la ville. Elle est admirée pour sa superbe architecture pueblo classique.

• L'art présenté à Taos est indien, hispanique et américain. La galerie **One Nation Gallery** expose essentiellement des artistes indiens : 108-A Civic Plaza Dr., Taos, NM 87571. Tél. : (505) 758 4647.

• Taos et ses environs présentent tous les aspects d'un grand complexe touristique. À la belle saison, on y pratique toutes sortes d'activités, dont les randonnées à cheval, le golf, la pêche, ou encore les sports nautiques.

• Si vous y êtes en hiver vous pouvez faire du ski dans les très belles stations **Sipapu, Red River, Taos Ski Valley** ou **Angel Fire**. Ces stations ne sont pas gérées par les Indiens.

• À signaler : à la sortie de Taos vers Santa Fe, un peu en retrait à droite de la route, se trouve un grand bâtiment moderne qui annonce **Native Scents**. C'est une coopérative de récoltants de plantes sauvages de la région. Vous pouvez y acheter du *kinnick kinnick*, traditionnel mélange d'herbes que l'on fume dans les cérémonies, ou encore les petits faisceaux de brins de sauge du désert enveloppés dans des fils de coton que l'on fait brûler pour purifier l'air. Des *dream pillows* (oreillers pour rêver) aux plumes d'aigle en bois odorant, vous trouvez de petits cadeaux souvenirs originaux et bon marché. Tél. : (505) 758 9656.

• Quelque 8 km plus au sud de Taos sur la route US 68, arrêtez-vous aux tipis décorés qui signalent l'entreprise **Taos Drums**. Installée depuis 1951, cette manufacture de tambours perpétue les traditions ancestrales des Indiens du Sud-Ouest. Elle organise également des stages de musique. Tél. : (505) 758 3796.

• Pour tous renseignements : **Taos County Chamber of Commerce**,

P. O. Box Drawer 1, Taos, NM 87571. Tél. : (505) 758 3873. Fax : (505) 758 3872. Site web : taos webb.com/TAOS/tcccdir.html.

PUEBLO TESUQUE

Bureau officiel de la réserve
Pueblo of Tesuque
Rte. 5, P.O. Box 360-T
Santa Fe, NM 87501
Tél. : (505) 983 2667
Fax : (505) 983 2331

➪ Pour y aller

La réserve s'étend sur 6 800 ha aux pieds des panoramiques montagnes Sangre de Cristo. Elle se trouve à 16 km au nord de Santa Fe. On y accède par la route US 84/285.

◆ Sur la rivière Tesuque

Un premier village pueblo existait avant 1200 mais fut abandonné après la révolte pueblo en 1680. Le village actuel fut construit vers 1694 le long de la rivière Tesuque et aujourd'hui 400 Indiens tesuques y vivent. Ils parlent le tewa, appartenant à la branche linguistique tanoan. Tesuque fait partie du Conseil des Huit Pueblos du Nord (*Eight Northern Indian Pueblos Council*).

◆ Fêtes et cérémonies

Des danses ont lieu tout au long de l'année. Les dates auxquelles elles se déroulent peuvent varier. Il s'agit de cérémonies religieuses et sociales auxquelles les touristes peuvent la plupart du temps assister, en tenant compte des restrictions imposées par la tribu. La plupart du temps, les photographies sont interdites. Contactez le bureau officiel. Tél. : (505) 983 2667.

• **Annual Feast Day of San Diego** : 12 novembre.

• **Christmas Day Celebration** : le 24 décembre, danses traditionnelles après la messe de minuit.

• **King's Day Celebration** : le 6 janvier. Célébration en l'honneur des Rois Mages.

• **Blessing of the Fields** : le 1er samedi de juin. Pour cette bénédiction des cultures, la Danse du Maïs est exécutée.

◆ Art et artisanat

Quelques potiers, peintres et sculpteurs vivent à Tesuque. Visitez la **Duran's Pottery** et, pour la peinture, **Thomas Tapia**. Si vous rencontrez la céramiste **Teresa Tapia**, elle vous expliquera que quand elle travaille elle pense à ses ancêtres, à qui elle doit son talent, et remercie « Mère Argile » qui dirige ses gestes.

◆ Que faire ?

• Les paysages de la réserve ont souvent servi de cadre à des productions cinématographiques. Les beautés de la nature justifient bien ce choix, que ce soit les rochers en forme de champignons géants de **Camel Rock** ou les frémissantes forêts de peupliers qui poussent sur les collines sacrées des Indiens. Vous pouvez les admirer en vous y promenant et en vous installant au camping de **Camel Rock RV Park**, sur la route US 84/285. Tél : (505) 455 2661.

• Le **Pueblo Artist Cafe** au **Camel Rock Resort** est ouvert sans interruption et vous invite à ses tables joliment décorées de fleurs fraîches. Des musiciens et chanteurs viennent animer les soirées cinq fois par semaine. Tél. : (505) 984 8414.

• Depuis peu, la tribu pratique l'agriculture biologique et vend ses productions sur les marchés. Si l'agriculture biologique indienne vous intéresse, vous pouvez visiter ces exploitations appelées les **Tesuque Natural Farms** en prenant rendez-vous auprès du bureau officiel. Tél. : (505) 983 2667.

PUEBLO ZIA

Bureau officiel de la réserve
Pueblo of Zia
135 Capitol Square Dr.
Zia Pueblo, NM 87053
Tél. : (505) 867 3304
Fax : (505) 567 3308

➪ Pour y aller

La réserve s'étend sur 47 800 ha et le village zia est perché sur une *mesa* de roches volcaniques. Zia se trouve à 58 km au nord-ouest d'Albuquerque. On y accède par la route I 25 puis, en prenant vers l'ouest, la route State 40.

◆ Zia

Les ancêtres des Zias habitaient plus au nord-ouest au Chaco Canyon. Vers le XIIe siècle, une longue

sécheresse les poussa à s'installer là où ils sont aujourd'hui. Ils survécurent aux turbulences de l'histoire, subissant le joug de la politique et de la religion espagnoles. En 1692, pour avoir participé à la révolte pueblo, ils durent accepter un baptême en masse et devinrent tous catholiques, sans pour autant abjurer leurs propres croyances. Sur les 750 membres tribaux inscrits, 600 vivent sur la réserve et parlent le keresan. Leur économie repose sur l'élevage et la production agricole, mais aussi sur la fabrication de poteries célèbres.

◆ Fêtes et cérémonies

Peu de cérémonies sont ouvertes au public. Les vidéos, photos et croquis sont interdits.

• **Annual Feast Day** : le 15 août. Danse du Maïs en l'honneur de leur sainte patronne Notre-Dame de l'Assomption.

◆ Art et artisanat

Les poteries de Zia se reconnaissent à leurs motifs fleuris et animaliers sur fond blanc. Un de leurs symboles, représentant le soleil stylisé, est reproduit sur le drapeau du Nouveau-Mexique. Le **Zia Pueblo Cultural Center** vend et expose de très belles poteries, ainsi que des peintures, bijoux ou tapisseries. Tél. : (505) 867 3304.

◆ Que faire ?

Si vous voulez découvrir les paysages de la réserve, prenez les routes 78 et 79 qui se trouvent derrière le village. Elles conduisent aux **montagnes Nacimiento** et aux **plateaux Pajarito** et **Jemez.** Avant de vous y aventurer, il vous faut demander une permission tribale.

PUEBLO ZUNI

Bureau officiel de la réserve
Pueblo of Zuni
P.O. Box 339
Zuni, NM 87327
Tél. : (505) 782 4219
Fax : (505) 782 2700

➪ Pour y aller

La réserve, qui s'étend sur quelque 185 200 ha, se trouve dans l'ouest du Nouveau-Mexique, à la frontière de l'Arizona. En venant de Gallup, on prend en direction du sud la route State 602 puis, pour aller au vieux village zuni, on tourne vers l'ouest sur la route State 53. Pueblo Zuni est à 64 km au sud de Gallup.

◆ Les Zunis

Les Zunis occupaient les vallées des rivières Zuni et de la Little Colorado depuis plus de 2 000 ans. Ils furent les premiers Pueblos à entrer en contact avec les Espagnols. Mandatée en 1539 par Mendoza, vice-roi de la Nouvelle-Espagne, une expédition de reconnaissance conduite par le frère Marcos de Niza mena les Espagnols aux abords du pueblo zuni. De loin, les maisons en adobe du vieux village **Hawikuh** brillaient au soleil, et les Espagnols crurent qu'ils avaient enfin trouvé les Sept Cités d'Or de Cibola. Ils retournèrent au Mexique, porteurs de la fausse nouvelle. Une année plus tard, Coronado et ses troupes envahissaient Hawikuh sans bien sûr y trouver d'or. Le village vécut sous l'occupation espagnole pendant un siècle avant d'être abandonné. Bien que la terre des Zunis ne révélât aucune richesse, les Espagnols s'y installèrent pour tirer parti de la main-d'œuvre indienne, qu'ils exploitèrent dans leurs ranchs et missions. Des six importants villages occupés en 1692, seul Pueblo Zuni, le plus grand village pueblo du Nouveau-Mexique, est encore habité. Depuis le XIXe siècle, d'autres villages s'implantèrent sur les terres arables, aux emplacements qui constituaient traditionnellement les agglomérations agraires d'été. Aujourd'hui quelque 8 000 Zunis (groupe linguistique zunian) sur les 9 500 inscrits vivent sur la réserve. Ils ont comme particularité d'avoir une organisation cérémoniale très élaborée, centrée sur six *kivas,* chambres cérémonielles qui représentent les quatre directions cardinales, plus les points opposés de la voûte céleste, le zénith et le nadir. Ces *kivas* sont rattachées à des sociétés qui pratiquent un culte ésotérique (culte kachina) dans lequel officient des prêtres.

◆ Fêtes et cérémonies

Peu de cérémonies sont ouvertes au public, mais parmi celles auxquelles vous pouvez assister, la danse des *Shalakos* est vraiment spectaculaire. Les célèbres danses des kachinas zunis sont rarement annoncées à l'avance. Pour en connaître la programmation et obtenir l'autorisation d'y assister, adressez-vous au bureau officiel. Tél. : (505) 782 4481.

• **Shalako Ceremony** : fin novembre ou début décembre. Ce cérémonial s'étend en fait sur toute l'année pour s'achever en beauté à la fin de l'année zuni. Les *Shalakos,* figures grotesques à tête d'oiseau hautes de plus de 3 m, représentent les messagers géants des dieux de la Pluie qui viennent bénir les Zunis. Au milieu de l'après-midi, ils font leur entrée dans le village et dansent toute la nuit devant les maisons qui les honorent.

◆ Art et artisanat

Les joailliers zunis jouissent d'une réputation internationale pour leur orfèvrerie incrustée de petits morceaux de pierres semi-précieuses (turquoise, jais, nacre et corail), découpées finement et serties dans de l'argent. Leur spécialité, qui demande beaucoup de dextérité, est le *needlepoint* (point aiguille). Il est formé par une mosaïque de tout petits morceaux des matières citées (principalement des turquoises).

Les Zunis sont aussi connus pour leurs fétiches animaliers. Ces petites figurines transmettent au possesseur les pouvoirs de l'animal représenté. Elles sont sculptées dans des pierres, de la corne ou des coquillages. Chacune des six directions cardinales zunis possède son fétiche animal : le couguar pour le nord, l'ours ou le coyote pour l'ouest, le chat sauvage pour le sud, le loup pour l'est, l'aigle pour le zénith et la taupe pour le nadir. Cette tradition des fétiches animaliers remonte à la préhistoire, la légende prétendant qu'il fut un temps où les dieux pétrifièrent les animaux.

Lorsque les potiers zunis décorent leurs pots, ils laissent toujours un espace dans la ligne qu'ils tracent tout autour, pour éviter qu'un malheur ne leur arrive s'ils fermaient la « route de la vie ».

• Le **Zuni Museum**, installé près du bureau officiel de la tribu, expose quelques très belles pièces ainsi que des photographies et objets anciens. Il est ouvert du lundi au vendredi de 9 à 17 heures. Tél. : (505) 782 4403.

• Vous pouvez trouver des bijoux et autres objets zunis dans le magasin coopératif, le **Zuni Craftsmen Cooperative Association**. Tél. : (505) 782 4425. Ou dans les magasins privés : le **Pueblo of Zuni Arts and Crafts**. Tél. : (505) 782 5531. Et le **Shiwi Messenger**. Tél. : (505) 782 2363.

◆ Que faire ?

• Le **lac Nutria** et la **rivière Zuni** sont d'excellents endroits de pêche et vous pouvez aussi y faire du kayak.

• La **forêt nationale Cibola**, qui borde la réserve, ne manque pas de beaux sentiers de randonnée. On peut camper au **Nutria Campground** et au **Ojo Caliente Campground**. Dans ce dernier, vous avez la possibilité de louer des cabanes rustiques en rondins.

• Restaurants, boutiques d'artisanat, galeries d'art se suivent porte à porte à Pueblo Zuni.

• L'église de la mission construite en adobe, **Our Lady of Guadalupe**, est située au centre de Pueblo Zuni. Ses murs sont recouverts de dessins de kachinas. Elle n'est ouverte au public qu'à heures fixes. Tél. : (505) 782 2888.

• Des visites guidées sont organisées sur les sites archéologiques de la réserve, tels que les ruines anasazis de **Hawikuh** ou de **Village of the Great Kivas** (petit village de 18 pièces et 2 grandes *kivas*). On ne peut absolument pas se rendre sur ces lieux sans une autorisation tribale. Tél. : (505) 782 4481 pour l'autorisation et (505) 782 4814 (département archéologique tribal) pour des renseignements.

• Sur les ondes, on peut écouter la radio qui émet de Pueblo Zuni, la KSHI-FM.

◆ À ne pas manquer

Si vous vous dirigez ensuite vers le nord, arrêtez-vous à **Gallup**. Si Santa Fe est la ville la plus renommée et Albuquerque la plus peuplée, Gallup est celle qui se trouve le plus au cœur de ce pays indien rendu populaire par les romans de Tony Hillerman. C'est aussi l'agglomération où l'on rencontre le plus d'Indiens. Cette ville fournit des emplois liés au commerce de l'art indien à quelque 40 000 personnes. Plus de

100 boutiques, galeries et musées en font une halte indispensable pour les amateurs. Dans les pittoresques *trading posts*, comme le **Joe Milo's** installé depuis 1940, vous pouvez dénicher des objets anciens et de grande qualité. Ce *trading post* se trouve à mi-chemin entre Pueblo Zuni et Gallup sur la route State 602. Tél. numéro gratuit (USA) : 800 748 2154.

• Le **Gallup Intertribal Indian Ceremonial**, qui a lieu vers le 12 août et qui dure plusieurs jours, est un événement important. De nombreuses danses, des rodéos, des pow-wows, des parades et des compétitions sportives réunissent les tribus venues de tous les États-Unis et du Canada. De nombreux artistes et artisans viennent proposer leurs œuvres. Pour tous renseignements, téléphonez au : (505) 863 3896 ou au numéro gratuit (USA) : 800 233 4528.

• Si de Gallup vous vous rendez ensuite vers Albuquerque, choisissez la route mythique **66** plutôt que la I 40, qu'elle longe. Pendant une quinzaine de kilomètres vous circulez dans un paysage de rocs rouges, dont la beauté culmine au **Red Rock State Park**. La **Route 66** traversait d'est (Chicago) en ouest (Los Angeles) huit États. Officiellement elle n'existe plus depuis 1985, mais plusieurs tronçons sont encore accessibles.

Musées

ARIZONA

Ak-Chin Him Dak (T)
Maricopa, AZ 85239
Tél. : (602) 568 2221

Gila River Arts & Crafts Center (T)
P.O. Box 457
Sacaton, AZ 85427
Tél. : (602) 963 3981

Heard Museum
22 E. Monte Vista Rd.
Phoenix, AZ 85018
Tél. : (602) 252 8848

The Hoo-Hoogam Ki Museum (T)
10000 E. Osborn Rd.
Scottsdale, AZ 85256
Tél. : (602) 874 8190

Navajo Nation Museum (T)
State Route 264 N.
Window Rock, AZ 86515
Tél. : (520) 871 6675

Pueblo Grande Museum
4619. E Washington St.
Phoenix, AZ 85034
Tél. : (602) 275 3452

San Carlos Apache Cultural Center (T)
Historic Office. San Carlos Apache Tribe
P.O. Box 0
San Carlos, Arizona 85550
Tél. : (520) 475 2894

Yavapai-Apache Visitors Center Museum (T)
P.O. Box 1167
Camp Verde, AZ 86322
Tél. : (602) 567 3109

COLORADO

Anasazi Heritage Center
27501 Highway 184
Dolores, CO 81323
Tél. : (970) 882 4811

Chapin Mesa Archeological Museum
Mesa Verde National Park
P.O. Box 8
Mesa Verde, CO 81330-0008
Tél. : (970) 529 4475

Cortez Cultural Center and Museum
25 North Market St.
Cortez, CO 81321
Tél. : (970) 565 1151
Site web : www.swcolo.org

Denver Art Museum
100 W. 14th Ave. Parkway
Denver, CO 80204
Tél. : (303) 575 2295

Denver Museum of Natural History
2001 Colorado Blvd.
Denver, CO 80205
Tél : (303) 322 7009

El Pueblo Museum
324 West 24th St.
Pueblo, CO 81004
Tél. : (719) 583 0453

Koshare Indian Museum
115 W. 18th St.
La Junta, CO 81050-0580
Tél. : (719) 384 4411

Southern Ute Indian Cultural Center (T)
P.O. Box 737
Ignacio, CO 81137
Tél : (970) 563 9883

Ute Indian Museum (T)
P.O. Box 1736
Montrose, CO 81401
Tél. : (970) 249 3098

DAKOTA DU NORD

Three Affiliated Tribes Museum (T)
P.O. Box 220
New Town, ND 58763
Tél. : (701) 627 4477

DAKOTA DU SUD

Akta Lakota Museum (T)
St. Joseph's Indian School
Chamberlain, SD 57326
Tél. : (605) 734 3455

Buechel Memorial Lakota Museum (T)
St. Francis, SD 57572
Tél. : (605) 747 2361

Cultural Heritage Center
900 Governor Dr.
Pierre, SD 57501
Tél. : (605) 773 3458

Dakota Territorial Museum
610 Summit
Yankton, SD 57078
Tél. : (605) 665 3898

H.V. Johnston Lakota Cultural Center (T)
Cheyenne River Sioux Tribe
P.O. Box 590
Eagle Butte, SD 57625
Tél. : (605) 964 2542

Indian Museum of North America
Crazy Horse Memorial
Avenue of the Chiefs
Crazy Horse, SD 57730-9506
Tél. : (605) 673 4681

Klein Museum
1829 W. Grand Crossing
Mobridge, SD 57501
Tél. : (605) 845 7243

Sioux Indian Museum
515 West Blvd.
Rapid City, SD 57709
Tél. : (605) 348 6099

Siouxland Heritage Museums
200 W. 6th St.
Sioux Falls, SD 57101
Tél. : (605) 335 4210

Tekakwitha Fine Arts Center (T)
401 S 8th Avenue W.
Sisseton, SD 57622
Tél. : (605) 698 7058 ou 698 4972
Site web : swcc.cc.sd.us/tek.htm

W.H. Over State Museum
University of South Dakota
P.O. Box 414
Vermillion, SD 57069
Tél. : (605) 677 5228

KANSAS

Iowa Sac and Fox Mission Museum (T)
Highlands, KS 66434
Tél. : (913) 442 3304

Mid-America All Indian Center and Museum
650 N. Seneca
Wichita, KS 67202
Tél. : (316) 265 5221

Kansas State Historical Society
120 W. 10th St.
Topeka, KS 66603-3712

MONTANA
C.M. Russell Museum
400 13th Street North
Great Falls, MT 59401
Tél. : (406) 727 8787

Crow/Northern Cheyenne Hospital Museum (T)
Crow Agency
MT 59022

Museum of the Rockies
600 West Kagy Blvd.
Bozeman, MT 59717-0272
Tél. : (406) 994 2251

Museum of the Plains (T)
P.O. Box 400
Browning, MT 59417
Tél. : (406) 338 2230

Northern Cheyenne Tribal Museum (T)
Lame Deer, MT 59043
Tél. : (406) 477 6284

People's Center (T)
P.O. Box 278
Pablo, MT 59855
Tél. : (406) 675 0160

Plenty Coups Memorial Museum
Pryor, MT 59022
Tél. : (406) 252 1289

Flathead Indian Museum (T)
St. Ignatius, MT 59865
Tél. : (406) 745 2951

Fort Peck Assiniboine and Sioux Museum (T)
Poplar, MT 59255
Tél. : (406) 768 5155

St. Labre Indian School Museum (T)
Ashland, MT 59043
Tél. : (406) 784 2200

OKLAHOMA
Black Kettle Museum
P.O. Box 252
Cheyenne, OK 73628
Tél. : (405) 497 3929

Choctaw Nation Council Museum (T)
HC 64 Box 3270
Tuskahoma, OK 74702
Tél. : (918) 569 4465

Creek Council House (T)
Town Square
Okmulgee, OK 74447
Tél. : (918) 756 2324

Five Civilized Tribes Museum (T)
Honor Heights Drive
Muskogee, OK 74401
Tél. : (918) 638 1710

Gilgrease Museum
1400 Gilgrease Museum Road
Tulsa, OK 74127-2100
Tél. : (888) 655 2278
ou (918) 596 2700

Museum of the Great Plains
6th & Ferris
Lawton, OK 73502
Tél. : (580) 581 3460

Osage Tribal Museum (T)
600 N. Grandview Ave.
Pawshuka, OK 74056
Tél. : (918) 287 2495

Osage County Historical Museum
700 N. Lynn Ave.
Pawshuka, OK 74056
Tél. : (918) 287 9924

Potawatomi Indian Museum
1901 South Gordon Cooper Dr.
Shawnee, OK 74801
Tél. : (405) 257 3121

The Phillbrook Museum of Art
2727 S. Rockford Road
Tulsa, OK 74119
Tél : (918) 749 7941

Seminole Nation Museum (T)
524 S. Wewoka Ave.
Wewoka, OK 74884
Tél. : (405) 257 5580

Woolaroc Museum
Route 123
Battlesville, OK 74003
Tél. : (918) 336 0307

TEXAS

Fondation De Mesnil
1515 Sul Ross Ave.
Houston, TX 77000
Tél. : (713) 525 9400

Museum of History
12901 Gateway W. & Americana Ave.
El Paso, TX 79900
Tél. : (915) 858 1928

Tigua Cultural Center (T)
122 South Old Pueblo
El Paso, TX 79936
Tél. : (915) 859 3916

Wilderness Museum
2000 Transmountain Road
& Gateway
El Paso, TX 79900
Tél. : (915) 755 4332

WYOMING

Buffalo Bill Historical Center
270 Sheridan Ave.
Cody, WY 82414
Tél. : (307) 587 4771
Site web : TrueWest.com/BBHC

Shoshone Tribal Cultural Center (T)
P.O. Box 1008
Fort Washakie, WY 82514-1008
Tél. : (307) 332 9106

St. Stephens Indian Mission (T)
P.O. Box 278
St. Stephens, WY 82524

NOUVEAU-MEXIQUE

Acoma Museum (T)
P.O. Box 309
Acoma, NM 87034
Tél : (505) 470 4966

Indian Pueblo Cultural Center (T)
2401 Twelfth Street NW.
Albuquerque, NM 87104
Tél. : (505) 843 7270
Numéro gratuit (USA et Canada) :
1 800 766 4405

Institute of American Indian Art
108 Cathedral Place
Santa Fe, NM 87501
Tél. : (505) 988 6212

Wheelwright Museum
704 Camino Lejo
Santa Fe, NM 87501
Tél. : (505) 982 4636
Numéro gratuit (USA et Canada) :
1 800 607 4636

Glossaire

AIM : American Indian Movement. Mouvement militant créé en 1968 par des Indiens chippewas dans le Minnesota, pour venir en aide aux Indiens dans les ghettos. Ce mouvement est rapidement devenu une force sur le plan national. L'AIM se veut le défenseur d'une contre-culture reposant sur les valeurs symbolisées par les anciens Indiens.

Bande : la bande est « une unité sociale, sous un commandement séparé, bien que chaque bande fasse intégralement partie de la nation ».

BIA : Bureau of Indians Affairs. Bureau des affaires indiennes créé par le gouvernement américain en 1824. Ce département traitait des questions indiennes et les agents employés (des Blancs pour la majorité) dans les réserves servaient de liaison entre le gouvernement et les conseils tribaux. Jusqu'en 1849, il faisait partie du ministère de la Guerre ; depuis cette date il fait partie de celui des Affaires intérieures. Le BIA est souvent critiqué par de nombreux Indiens.

Continental Divide : une ligne imaginaire qui court le long des crêtes de la chaîne des montagnes Rocheuses. Elle part du Canada jusqu'au Mexique et divise les eaux du continent nord-américain. Les eaux qui partent à l'ouest nourrissent la rivière Columbia avant de se jeter dans le Pacifique. Celles qui vont vers l'est rejoignent le bassin des fleuves Missouri et Mississippi et coulent jusqu'au golfe du Mexique.

Fort : les forts militaires furent construits le long des pistes empruntés par les colons, afin de les protéger des attaques indiennes. Des comptoirs commerciaux (*trading posts*) s'y installèrent et parfois des villes s'établirent tout autour.

Give-away : distribution rituelle de cadeaux.

Homme-médecine : le mot de « médecine » est une déformation franco-anglaise de l'algonquin « midewiwin », et désigne aussi bien la guérison des maux que le pouvoir magique. L'homme-médecine (ou la femme-médecine) est celui qui possède des pouvoirs magiques, qui connaît les rites pour guérir et sait interpréter les rêves et visions.

IRA : Indian Reorganization Act. Loi de réorganisation des affaires indiennes votée en 1934. Elle eut pour effet entre autres d'octroyer la liberté religieuse aux Indiens. Bien que contestée par plusieurs Indiens, elle fut la première réforme à ne pas avoir la prétention d'accaparer les terres indiennes.

Kachinas (Pueblos) : êtres surnaturels représentés parfois dans les danses.

Kiva : chambre cérémonielle des Indiens du Sud-Ouest. Lieu sacré dans lequel les non-Indiens pénètrent rarement.

Native American Church : Église des Premiers Américains. Église indienne inspirée à la fois du christianisme et en réaction contre lui. Le culte du peyotl est pratiqué par les adhérents, qui peuvent être traditionalistes ou chrétiens.

Parflèche : sacoche en cuir servant à transporter des aliments ou des vêtements et non des flèches.

Pemmican : mélange de viande séchée et de baies sauvages.

Peyotl : petit cactus poussant au Texas et au Mexique et dont les boutons hallucinogènes sont ingérés lors des cérémonies des adhérents de la Native American Church.

Pawn shop : boutique d'objets gagés. Les objets mis « au clou » et non récupérés sont revendus. Les Indiens y déposent leurs biens précieux (bijoux, couvertures, poteries) ainsi que des téléviseurs.

Réserve : terre commise à la garde du gouvernement fédéral réservée à l'utilisation des Indiens. La réserve était d'abord un domaine réservé des Indiens avant de devenir une concession faite aux Indiens sur le territoire des Blancs. Les réserves furent transformées en lieu de déportation, d'incarcération et d'éducation (sur le modèle blanc). Les Indiens veulent en faire des États parmi les autres États de l'Union.

Shalakos : personnages zunis mythologiques, figurant les messagers des dieux de la Pluie. Ils sont représentés, lors de la danse des Shalakos, par des hommes cachés sous une structure haute de plus de 4 m.

Sociétés : associations fraternelles qui se consacraient au bien-être de la tribu. Certaines étaient à caractère militaire, particulières aux Indiens des Plaines (protection du camp, police interne, contrôle de la chasse), d'autres à caractère civil et à but curatif. Chacune possédait ses propres rituels et secrets.

Trading posts : traditionnellement, c'étaient des « postes de troc » où les Indiens venaient échanger et vendre leurs biens à un commerçant Blanc. Ces comptoirs commerciaux font partie de l'histoire de l'Ouest. Dans ces *trading posts* s'ouvrirent rapidement des casiers à *paws* (objets gagés).

Tribu : le terme passe-partout « tribu » désigne aussi bien notre équivalent moderne de bande, confédération, nation. En fait, on peut délimiter quatre niveaux d'appartenance pour un individu donné : la nation, la tribu et la bande, le clan.

Yuwipi : mot lakota voulant dire « on l'attache ». Désigne un rite secret des Lakotas à but curatif.

Bibliographie

Romans

Doane (Michael), *Balle au cœur,* éd. du Rocher, 1998.

Power (Susan), *Danseur d'Herbe,* éd. Albin Michel, 1997.

Alexie (Sherman), *Indian Blues,* éd. Albin Michel, 1997.

Momaday (N. Scott), *L'enfant fait de mots*, éd. du Rocher, 1998.

Welch (James), *L'Hiver dans le sang*, éd. Albin Michel, 1992.

Barker (Rodney), *Le Cercle brisé, meutres en pays Navajo,* éd. du Rocher, 1995.

Querry (Ron), *Le Dernier Powwow,* éd. du Rocher, 1996.

Carr (A.A.), *Le Tueur d'ennemis,* éd. du Rocher, 1998.

Hyde (George E.), *Les Premiers Peuples des Plaines*, éd. du Rocher, 1998.

Histoire-Sciences Humaines-Religion

Starita (Jo), *Nous les Dull Knife, une famille sioux dans le siècle,* éd. Albin Michel, 1997.

Weatherford (Jack), *Ce que nous devons aux Indiens d'Amérique*, éd. Albin Michel.

Brave Bird-Crow Dog (Mary), *Femme sioux envers et contre tout,* éd. Albin Michel, 1995.

Mails (Thomas E.), *Fools Crow, sagesse et pouvoir,* éd. du Rocher, 1994.

Debo (Angie), *Histoire des Indiens des États-Unis*, éd. Albin Michel, 1994.

Batteux (Slim), *Je parle sioux-lakota*, éd. du Rocher, 1997.

Lame Deer (Archie F.), *Le Cercle sacré, Mémoires d'un homme-médecine sioux,* éd. Albin Michel.

Waters (Frank), *Le livre du Hopi,* éd. du Rocher, 1992.

Le Renouveau indien aux États-Unis, éd. L'Harmattan, 1986.

Curtis (Edward S.), *Les Apaches,* éd. Hors Collection.

Curtis (Edward S.), *Les Cheyennes,* éd. Hors Collection.

Curtis (Edward S.), *Les Sioux,* éd. Hors Collection.

Catlin (George), *Les Indiens d'Amérique du Nord,* éd. Albin Michel.

Cazeneuve (Jean), *Les Indiens Zunis,* éd. du Rocher, 1993.

Terre indienne, un peuple écrasé, une culture retrouvée, éd. Autrement, collection « Monde », 1991

Sites Internet

Arts/Musées

Navajo Arts and Crafts Enterprise (Arizona)
www.navajoland.com/nace

Indian Arts and Crafts Association (Nouveau-Mexique)
Activités et expositions
www.iaca.com

Koshare Indian Museum (Colorado)
Activités et expositions
www.ruralnet.net/~koshare

The Heard Museum (Arizona)
Activités et expositions
www.heard.org

Native American Computer Art (Nouveau-Mexique)
www.artcomputer.com

The National Museum of the American Indian (Washington, DC)
www.si.edu/nmai

Eiteljorg Museum
www.eiteljorg.org

Cinéma
American Indian Film Festival
www.aifisf.com

Musique
Canyon Records Productions
www.canyonrecords.com

Makoche
www.makoche.com

SOAR (Nouveau-Mexique)
CD et vidéos
www.soundofamerica.com

SiverWave (Colorado)
www.silverwave.com

Tourisme États/Réserves
Alliance of Tribal Tourism Advocate (Sud Dakota)
atta.indian.com

Cherokee Nation (Oklahoma)
www.cherokee.org

Communication, Presse
Native Peoples Magazine
www.nativepeoples.com

Radio. Native American Public Telecommunications (Nebraska)
www.nativetelecom.org

Chicasaw (Oklahoma)
www.gwinnett-arts.w1.com/fireold/people/tribes/saw.htm

Arizona Indian Reservation (Arizona)
www.carizona.com/reservations.html

Departement of Indian Tourism (Nouveau-Mexique)
www.newmexico.org

Rosebud (Dakota du Sud)
www.tradecorridor.com/rosebud

Parcs, sites historiques
Crow Canyon (Colorado)
www.crowcanyon.org

Événements
Gathering of Nations Powwow (Nouveau-Mexique)
www.gatheringofnations.com

Tipis
Blue Star (Montana)
www.bluestar-inc.com

Remerciements

Remerciements, pour leur inestimable collaboration, aux responsables des relations extérieures des conseils tribaux et des offices du tourisme des États cités.

En particulier sur la Terre indienne :

– E. Big Bear, Mescalero Apache, AZ
– Edward P. Reina, Communauté Pima-Maricopa, AZ
– Ellyn Bigrope, Centre Culturel Mescalero Apache, NM
– Fraznces B. Clymer, Buffalo Bill Historical Center, WY
– Germaine White, St Ignatius, MT
– Jennie Terrapin, Nation Cherokee, OK
– Lorentino Lalio, Dir. du Bureau du tourisme indien, et Leslie Kedelty, Santa Fe, NM
– Loretta Fisher-Pepion, conservatrice du musée de Browning, MT
– Lucy Vanderburg, du Salish Culture Community, MT
– Marion Houn, Office du Tourisme du Nord-Dakota, ND
– Mary Jane Charlo, du People Center de la réserve Flathead, MT
– Maxine Namoki, Hopi, AZ
– Pam Gosink, Office du Tourisme du Montana, MT
– Pam Hendrickson, CM Russell Museum, MT
– Paul Margeston, Santa-Fe, NM
– Sharon D. Maloof, Office du Tourisme du Nouveau-Mexique, NM
– Shanna Copeland, Absentee-Shawnee, OK
– Thomas Vigil, Jicarilla Apache, NM
– Tyler Medecine-Horse et son épouse Susan Stewart Medecine-Horse, Crow Agency, MT
– Valerie Hemingway, MT

Et loin des pistes indiennes :
– Barbara Jacobs, du Rocky Mountain International en Belgique
– Florence Trouillard, Slim Batteux, Pascale Ragot et Francis Geffard, en France.

Imprimé en France par Pollina, 85400 Luçon - n° : 77189